新貨幣戰爭

鄭德明◎著

新貨幣戰爭 目錄

The New Currency War

通貨膨脹：難以擺脫的「宿命」／113

新貨幣戰爭 目錄

The New Currency War

第六章

新形式的石油金融戰／229

第七章

美國經濟的雙刃劍——美元／257

新貨幣戰爭 目錄

The New Currency War

第八章

前言

1

金融秩序，或者說貨幣問題，是當今國際政治領域裏最重要的問題之一。當「蝴蝶效應」日益彰顯其威力，國家債務也變得與每個人息息相關。從匯率暗戰、長期通脹到債務危機，諸多因素盤根交錯、催化演繹，左右著世界經濟的走勢，也晃動著你的錢袋。

中國的金融力量不斷發展與壯大，全世界也都意識到，人民幣遲早會像美元與歐元那樣成爲國際貿易結算貨幣與儲備貨幣。不過，這個過程到底有多長，是五年、十年，還是二十年，甚至五十年？

這幾年，美國的次貸危機、歐元區成員國的主權債務危機連綿不斷，這些國家與地

區所提出的危機解決辦法是搞貨幣寬鬆，本質上就是印鈔票。這可能會引發新的問題，這些新問題會不會威脅到像中國這樣的新興經濟體呢？

一個國家想要獲得經濟的發展本就很不容易，更別說金融與貨幣力量的壯大與崛起了。這一連串的貨幣危機將如何影響你我？世界經濟將何去何從？中美貨幣之爭中的危險和出路又在哪裡？

……

這已不再是宏觀經濟問題，而變成了與你我切身相關的現實問題，每個人都無法對此視而不見。

「萬事預則立，不預則廢」，這是中國人應該銘記於心的一句話。

2

從美聯儲公開的壓力測試，實際上也是美國金融戰略的沙盤推演情景來看，如果內外條件允許，美國將在二〇一九年前後，以超級強勢美元啟動一輪新的世界範圍內的大蕭條，以其他國家的資產價格大破滅，以及隨之而來的美國資本的全球大擴張與大收購，來完成美國從次貸危機中的徹底轉身。

而被美國看作是未來美元最大的挑戰對手的中國，則將是這場金融大對決最重要的目標。當然，從美國為這次大對決所準備付出的代價來看，美國也認識到，中國這個貨幣戰爭的對手非常強大。因此，即使對美國而言，這場大對決也一樣充滿了不可預測性。

也許，一輪史無前例的貨幣戰爭早在醞釀之中，並迫在眉睫，不管願意不願意，我們每個人都被世界資本推到了這場金融大對決的佈局之中。我們的財富是否安全？我們的投資是否會縮水？我們的福利是否有保障或者逐漸增長？……這些都將取決於中國在這場「山雨欲來風滿樓」的金融戰中能否保全自己乃至獲得勝利。看清楚這場傳說中的「新貨幣戰爭」的未來走向，就可以最大限度地保全我們每個人的資產與財富。

3

本書是瞭解當今世界經濟走勢的一本絕佳入門書，適合財經類科系專業教學使用，也可作為金融機構與相關科研人員的參考資料。

作爲資深民間經濟學者，作者以深入淺出的語言勾勒出了一張世界經濟走向的真實地圖，有危險警示，也有應對策略，充分體現了實踐性、現實性和理論性有機結合的特點。

第一章

遠古之戰——世界金融業發端

1 貨幣的演變

用貨幣交換絕非自古而然，貨幣的出現和發展經歷了一個漫長的過程，見證了人類成長的足跡，是人類文明和社會生產力發展的必然產物。

在原始社會早期，人類的生存能力十分薄弱，爲了生存下去，人們只能以氏族部落爲單位，過著群居的生活，依靠集體的力量捕食和抵禦自然災害。那時生產力極度低下，勞動工具十分簡陋，只能依靠集體勞動獲得有限的生活資料，由氏族部落首領平均分配給全體成員，勉強維持生存。在這種生活資料極度匱乏的年代，人們沒有可以交換的東西，當然也就沒有對貨幣的需求。隨著生產力的發展，人類生存能力提高，人們在滿足自身的生存需求之外，有了剩餘產品，這就產生了交換的需要。比如，甲部落擅長捕獵，每天都有剩餘的肉食，但缺少水果；而乙部落精於採摘，每天都有多餘的水果。隨著兩個部落的剩餘產品越來越多，兩個部落自然會想到互通有無，用水果和肉食進行交換。這就是最原始的交易，最初是部落之間通過各自的氏族首領來進行交換，而且所交換的東西是公共財物。

隨著社會生產力的進一步發展，出現了人類歷史上第一次社會大分工，即農業和畜牧業的分離，勞動生產率有了明顯提高。隨著私有財產的出現，個人之間的交換越來越佔優勢，逐步取代了公共物品的交換。交換的物品就是商品，隨著參與交換的商品越來越多，為了方便交易，人們約定了固定的時間和地點來交換，這就產生了集市。

《易經．繫辭下》中記載：「日中為市，致天下之民，聚天下之貨，交易而退，各得其所。」它生動地描述了當時人們交換的場景。傳說，炎帝神農教人們種田和養殖後，人們的生活逐漸得到了改善，出現了剩餘產品和社會分工，有的種五穀，有的狩獵，有的捕魚，有的製陶。有一天，炎帝問大家還有什麼不順心的事，有位長者說，現在生活好多了，就是有些單調，有肉沒魚，有飯缺菜，要是能互相交換些東西就好了。於是，炎帝讓大家把多餘的東西拿出來交易，時間定在每天太陽當頂時，由此形成集市。不用自己生產某種東西，而是通過交換各取所需，生活從此變得豐富多彩，這就是市場交易這個偉大發明的神奇力量！

物物交換雖然極大地豐富了人們的生活，但困難也很多，越來越難以滿足人們的生活需要。首先，物物交換中價值計算過於複雜。交易中，一種商品可以和多種商品交換，比如，一隻羊可以換四十斤米或五張獸皮、六把斧頭、一枚美麗的貝殼，也可以換半塊拳頭大小的鐵；而一張獸皮又和五分之一隻羊、八斤米或一把半斧頭等價。商品價

值的計算和比較，在物與物的直接交換中非常不方便。

其次，物物交換還帶來了流通的不便，有時甚至會導致交易的失敗。倘若以羊換斧頭，以斧頭換羊，雙方按等價成交，那自然很方便。但這種情況並不經常碰得到，更多的是按各自的需要進行交換。比如說，有人想用羊去換麻布，但有布的人不想要羊而想要糧食，糧食所有者卻不需要羊，他需要的是茶葉，在這種情況下，有羊的人想要得到自己所需要的布，就必須把羊換成茶葉，再用茶葉換成糧食，然後再用糧食去換布。

這樣幾經周折，才能達到預期交換的目的。假如，這時有茶葉的人也不需要羊，那有羊的人還要經過更長、更多的交換程序才能達到目的。有時候人們往往費了很多的周折，仍然無法換到自己想要的東西。可見商品交換越發展，物物交換的困難就越多。

物物交換儘管非常不方便，卻經歷了比使用貨幣更悠久的歷史。後來，人們從無數次的交換經驗中知道，先把自己手中的商品換成一種比較容易被別人接受的商品，比如羊或貝殼，再拿羊或貝殼去換自己所需要的商品，交換就比較容易成功。這就解決了物與物直接交換的矛盾。

通過不斷篩選，人們逐漸從許多商品中選出一種交換頻繁並得到公眾接受的產品，所有的商品都用這一種商品來表現自己的價值，這種商品就是一般等價物。由於一般等價物能夠直接同其他一切商品交換，原來的物物交換就變成了由一般等價物做媒介的商品交換。

中國歷史上，曾經有很多商品充當過一般等價物，如貝、玉、刀、鏟、紡輪、弓、箭、皮、帛、牛、馬等，都曾在不同的民族和地區使用過。但到後來，有的由於計數不方便，有的因爲在流通過程中容易損壞，有的則因笨重不便攜帶，終於被逐漸淘汰，只有貝依舊被使用著。貝之最早被選擇爲貨幣，絕不是偶然。首先，貝殼具有美麗的形態、斑斕的花紋和滋潤的光澤，是大家都喜愛的裝飾物，一度又是美好的象徵，被看做是避邪品或吉利的護符。其次，它可以一隻一隻計數，加減方便；堅固耐用，不易損壞；輕巧靈便，攜帶不覺累贅。

根據歷史的記載，在距今三千多年前的商代，貝已經被當作貨幣使用了。人們貯藏它，借貸它，拿它做買賣，還把它作爲貴重的貢獻物或賞賜品。從出土的青銅器上的銘文看，當時帝王賞賜給臣子的物品中，最常見的就是貝。我們所熟知的漢字中，凡是同財富有關的字，幾乎都帶著貝，如財、貧、貪、貨、貴、賤、賞、賜、貢、賀……

這種固定地充當一般等價物的特殊商品稱作貨幣。貨幣產生後，整個商品世界分成兩極：一極是貨幣，另一極是各種各樣的商品，貨幣成了價值的代表，能夠直接同其他一切商品相交換，從此，貨幣進入了人們的生活。

貨幣主要有兩大基本職能，價值尺度和流通手段。所謂價值尺度，就是指貨幣充當衡量商品所包含價值量大小的社會尺度。我們通過一件衣服的標價，可以知道該件商品大概的價值，同樣，我們也可以通過家電的報價瞭解到它的價值，我們甚至還知道衣服和家電的價值差異。這就是價值尺度，貨幣能將看不見的價值直觀地表現出來。貨幣的另一個基本職能是充當流通手段，指的是貨幣作爲商品交換的媒介，即購買手段的職能。通俗地說，就是一手交錢、一手交貨。只要有貨幣，就能買到別人出售的任何東西。

從貨幣的兩大基本職能出發，我們可以這樣理解：貨幣的形態並不是一成不變的，在歷史上各個不同的時期，即使在同一時期，由於情況的不同，貨幣也可以表現爲不同的形式。唯一不變的是貨幣的功能，人們只是根據自己的喜好選擇不同的東西並賦予其貨幣的功能。它可以是實物，可以是金銀，也可以是紙張塑膠，甚至可以只是一串數字或符號。有了這樣一個觀念，我們便可以很好地理解貨幣的演變過程。

2 第一次「大規模地動粗」

貨幣金融活動最早從西亞的古巴比倫開始，後來傳到古希臘；也有人認為是從寺院從事貨幣保管與借貸開始，或是從民間商人支起攤桌兌換錢幣開始；直到政府直接經營與管理借貸活動，形成早期貨幣存貸和兌換等金融業務，此為世界金融業之發端。

人類為了錢而第一次「大規模地動粗」，是在西元前十四世紀末至西元前十三世紀中葉。古代埃及與赫梯（Hittites）為爭奪敘利亞地區的控制權展開了延續數十年的戰爭。這場戰爭中的關鍵性戰役——卡迭石之戰，是古代軍事史上有文字記載的最早的會戰之一，戰後締結的和約，是歷史上保留至今最早的有文字記載的國際軍事條約文書。

早在西元前第三千紀，埃及就多次發動過對敘利亞地區的征服戰爭，力圖建立和鞏固在敘利亞地區的霸權。但埃及建立霸權的努力遇到了埃及強鄰赫梯的有力挑戰。約西元前十四世紀，當埃及忙於宗教改革無暇他顧時，赫梯迅速崛起，在其雄才大略的國王蘇皮盧利烏馬斯的率領下，積極向敘利亞推進，逐步控制了南至大馬士革的整個敘利亞地區，沉重打擊了埃及在這一地區的既得利益。

約西元前一二九〇年，埃及第十九王朝法老拉美西斯二世即位，決心重整旗鼓，與赫梯一爭高低，恢復埃及在敘利亞地區的統治地位。為此，拉美西斯厲兵秣馬，擴軍備戰，組建了普塔赫軍團，連同原有的阿蒙軍團、賴軍團和塞特軍團，加上努比亞人、沙爾丹人等組成的雇傭軍，共擁有四個軍團，兩萬餘人的兵力。

西元前一二八六年，埃及首先出兵佔領了南敘利亞的別里特（今貝魯特）和比布魯斯。次年四月末，拉美西斯二世御駕親征，率四個軍團從三角洲東部的嘉魯要塞出發，沿里達尼河谷和奧倫特河谷揮師北上，經過近一個月的行軍，進至卡迭石地區，於卡迭石以南約十五英里處的高地宿營。

位於奧倫特河上游西岸的卡迭石，河水湍急，峭壁聳立，地勢險要，是聯結南北敘利亞的咽喉要道，也是赫梯軍隊的軍事重鎮和戰略要地。埃及軍隊試圖首先攻克卡迭石，控制北進的咽喉，然後再向北推進，恢復對整個敘利亞的統治。經過若干次回合的較量，雙方勝負難分。

此後的十六年中，戰爭延綿不斷，但規模都不大。拉美西斯二世吸取了卡迭石之戰輕敵冒進的教訓，改取穩進戰略，一度回到奧倫特河，而赫梯則採取了力避會戰的策略。在這期間，雙方都沒有取得什麼決定性的勝利，反而被戰爭消耗了大量元氣。

約於西元前一二六九年，由繼承自己兄長穆瓦塔爾王位的赫梯國王哈吐什爾（約前一二七五～前一二五〇年在位）提議，經拉美西斯二世同意，雙方締結和平條約。哈吐什爾把寫在銀板上的和議草案寄送埃及，拉美西斯二世以此爲基礎擬定了自己的草案，寄給赫梯國王。條約全文以象形文字銘刻在埃及卡納克和拉美西烏姆（底比斯）寺廟的牆壁上。條約規定：赫梯國向埃及用黃金支付戰爭賠款，雙方實現永久和平，「永遠不再發生敵對」，雙方實行軍事互助，共同防禦任何入侵之敵，雙方承諾不得接納對方的逃亡者，並有引渡逃亡者的義務。條約簽訂後，赫梯王以長女嫁給拉美西斯二世爲妻，通過政治聯姻，進一步鞏固雙方的同盟關係。

後來，從愛琴海的小亞細亞一帶席捲而來的「海上民族」的遷徙浪潮與利比亞部落的入侵相呼應，日益動搖法老的統治，曾經一度強盛的新王國逐步陷入瓦解之中。赫梯雖然佔有敘利亞大部，一度雄視西亞，但與埃及戰爭後，本來就不甚穩固的經濟基礎進一步動搖，不久即開始衰落。

到西元前十三世紀末，「海上民族」從博斯普魯斯海峽侵入赫梯，小亞細亞和敘利亞各臣屬國家紛起反抗，赫梯國家迅即崩潰，至西元前八世紀，完全爲亞述所滅。而在此之前的一千年裏，以黃金作爲交換媒介的現象在幼發拉底河和底格里斯河之間的兩河流域已經很普遍了。

③ 古希臘：貨幣及金融業雛形

早在二十世紀二〇年代，英國著名史學家威廉斯就如此評價古希臘人在貨幣與金融方面的成就：「他們是以貨幣經濟代替自然經濟的第一個民族，國家所有的企業都使用金屬貨幣，用通貨交賦稅代替勞役，用貨幣工資作爲勞動報酬，用貨幣交地租代替用物品。希臘人首先發明靠資本興辦大規模的農業、工業和殖民開墾，銀行和保險機關已開始出現。」

那麼，貨幣與金融業是怎樣在希臘這片並不富饒的土地上誕生，並以什麼樣的方式發揮其作用的呢？荷馬曾在其史詩《伊利亞特》中描繪過希臘人在港口與來自蘭諾斯島的酒販進行交換的場景：「有的用黃銅，有的用發光的鐵，有的用獸皮、牲畜或奴隸。」而在同一史詩的另一場面裏，他更詳細地記下了英雄阿喀琉斯頒發給競技會上角逐者的獎品：勝者獲一尊價值十二頭牛的大鼎，敗者則得到一名價值四頭牛的女奴隸。

從以上文字，我們至少可以瞭解到兩個事實：其一，荷馬時代（西元前十一～前九世紀）貿易已成爲較普遍的現象；其二，當時還處在以物易物的階段，貨幣尚未產生。

在稍後，即約西元前八世紀上半期，我們又在赫西俄德的《工作與時日》中讀到了這樣一些句子：「……你就這麼等著，等到航海季節到來時，再把船拉到海邊，裝上貨物出海，這樣你可以用它獲利。」「錢財是窮人的生命，但是死在波濤裏是可怕的。」這再一次證明了遠古希臘人商業及金融的存在，但當時真正意義上的錢幣並未產生，人們仍然用牲口，尤其是牡牛作爲貨幣單位。

此外，貴重物品如青銅、鐵片、斧頭和三腳鼎等亦被用作等價物。物物交換方式的缺陷是致命的：第一，買方可能沒有賣方在交換中想要的東西；第二，需要大量的時間討價還價以決定不同物品的相對價值。對這一缺陷的克服，終於導致了貨幣的產生。

促使貨幣產生及初期金融活動開展的，無疑是發生在西元前八世紀至前六世紀的大殖民活動。由該活動引起的商業貿易的蓬勃開展，導致了西元前七世紀貨幣的產生。

希羅多德說，呂底亞人「是最初鑄造和使用金屬貨幣的人，他們又是最初經營零售商業的人」。這個小亞細亞的古國不僅與古克里特島與希臘的居民淵源深厚，而且曾迫使當地大多數愛奧尼亞人城市隸屬於它。

此外，人們還發現了希臘早期的鑄幣實物——一枚據說是由厄基那島上亞哥斯王費當在位時（西元前七世紀初）發行的銀幣，重約十二點五克，正面鑄有龜形。但對厄基那島與阿哥斯城間的位置偏差，埃夫伯里提出了質疑。所以，要麼該錢幣鑄於南希臘的

阿哥斯城費當王統治時，但流通到了厄基那島；要麼厄基那島當時正處於阿哥斯城費當王的勢力範圍，在此鑄幣便有了可能。但無論如何，在該世紀稍後一段時間裏，諸如科林斯、雅典這樣工商業領先的城邦已能自行鑄幣。

而到西元前六世紀時，連大希臘（西西里、義大利南部殖民地、北希臘及里海沿岸）的殖民城邦也多能定期發行自己的貨幣了。當時，貨幣的質地多種多樣，有金、琥珀金（金銀合金）、鍍金（鉛面鍍金）、銀、青銅、鐵、錫等。鐵幣在斯巴達和居敘可使用過，而錫幣則主要是西那庫斯（西西里島東南）城邦在暴君戴奧尼夏統治時所用貨幣。鑄幣權顯然屬於國家，此點我們僅從英語「錢幣（numismatics）」一詞中便可找到答案，其拉丁文nummus即希臘語的vouos，該詞的另一涵義便是「法律」。

鑄幣技術在希臘經歷了一個逐步發展的過程。最初貨幣的形狀是不穩定的，例如雅典，其最早使用的銀質等價物形如烤肉用的叉子或竹籤，稱「奧波爾」，意即「一把」、「一撮」，之後才成了貨幣單位。而呂底亞最早的鑄幣則是橢圓形的。繼後，貨幣才過渡到較規整的圓形。錢幣製作工序在不斷改進著，先前製作的貨幣正面多爲凹狀圖案，背面則是空白。直到西元前六世紀中期以後，希臘人才學會了鑄造雙面圖案。有專家認爲，兩面凸形圖案的製作者首先是雅典人。

有了貨幣，鑄幣制度便應運而生了。最初，希臘人大概是在交易時按照貨幣的品質、體積和重量來估計其價值；後來，爲省去這些瑣事，人們開始在幣面打上某種印記，帶有國家政權與法律的權威的幣制由此產生。

城邦時代的希臘，諸國林立，戰亂頻繁，諸邦各自爲陣地經營著市場，而該混亂局面無疑又造成了希臘幣制的複雜化。在希臘，被認爲最早流行的幣制是「厄基那制」，它被伯羅奔尼薩斯和中希臘大部分城市採用，其基本貨幣單位是「斯塔特爾」，重約十二克；此外，其「德拉克瑪」重約六點三克，「奧波爾」重約一克。繼後，隨雅典國家的興盛，其實行的「優卑亞－阿提卡制」則在中希臘的阿提卡、北希臘、裏海及黑海沿岸、西西里等地流行開來，其基本單位是「德拉克瑪」，重約四點四克，其「奧波爾」重約零點七三克。

此外，還有諸如「明那」（約合厄基那制六百三十克、優卑亞制四百三十一克）與「塔蘭特」（約合厄基那制三十七點八十公斤、優卑亞制廿五點八六公斤）等貨幣重量單位。而在當時，較大的城邦在自己的勢力範圍內一般都實行著自己的幣制，它們有：阿布德拉制、開俄斯制、科林斯制、羅德斯制等。

在諸幣制中，優卑亞－阿提卡制給我們留下了稍多一點的資料：該幣制的最小單位是「哈爾卡斯」（銅質），它約等於八分之一至十二分之一個「奧波爾」（銀質）；「奧波爾」的面質有二、三、四個不等，每六個奧波爾等於一個「德拉克瑪」（銀

質），其面值有二分之一、一、二、四德拉克瑪等，最大的爲十德拉克瑪，是爲紀念西元前四百八十年雅典在馬拉松戰役獲勝而發行的。

古希臘各國貨幣以白銀爲質地的占多數，但其各自的市場價值因含銀量的參差不齊而相異。例如，小亞細亞的福亞西城邦與島國萊茲波斯所發行的貨幣，便因品質的粗劣而聲名狼藉；波斯人亦會在希臘貨幣上切口以驗其含銀量；雅典的貨幣則以其百分之九十八點五的高純度贏得了各城邦的信任，並被廣泛流通。

來到雅典的外商，在賣出自己的貨物之後，即使不載回新貨，也會買回雅典的貨幣——這種最純粹的商品離港，因爲他們認爲，無論在什麼地方賣出它們都能得到更好的價錢。雅典的優質白銀產自阿提卡半島上的勞里昂銀礦，該銀礦爲國有，其產銀的用途由公民大會決定，通常被用作雅典財政或分給公民，但在特殊情況下也可作他用。

西元前四八二年，雅典將軍特來斯托克利就曾說服公民大會同意將當年生產的一百塔蘭特銀用來建造戰艦。西元前四一三年，斯巴達人進攻阿提卡，礦裏奴隸大批逃亡，生產陷於癱瘓，致使雅典出現財政危機，並被迫動用奉獻給神祇的金塊鑄金幣和銅幣，該狀況持續了相當長的一段時間。

從古希臘人對貨幣、金融的見解，從他們的言論中，我們不難發現其整體認識是比較客觀的。

首先，頗有經濟頭腦的色諾芬在他的著作《經濟論》與《雅典的收入》中，便指出了貨幣所具有的兩種基本職能，即「流通」與「貯藏」功能，他「認為貨幣與其他商品不同，可以隨時用來購買商品，所以人們不會嫌其多，多了可以貯藏起來；又說人們貯藏貨幣不亞於喜歡貨幣」。

柏拉圖在談起貨幣時，則只強調它的流通功能，因為在他看來，貨幣只有在流通中才能給大家帶來方便，才能促使市場繁榮。因此，「他反對把貨幣作為貯藏手段，因為這會導致財富的積累」，並且譴責放債取息的做法，認為那是不道德的。亞里斯多德在反對放債取息方面與柏拉圖持同一態度，他指出以貨幣繁殖貨幣是違反自然的行為，認為高利貸及大商業是最不自然的商業活動。在他的言論裏，涉及到了對「高利貸資本」和「商業資本」的初步認識。

亞里斯多德對貨幣起源的認識和闡述十分深刻而精彩。他說貨幣起源於交換的發達，最初的交換是以物易物，繼後當商業的發展使物物交換變得困難時，就「有必要想出某些既容易管理，又能安全運輸，並且使用範圍廣泛和使用場合甚多的商品，有了這些商品，便能保證人們在交換中總能得到想要的東西。金屬，特別是鐵和銀及其他幾種金屬物，恰好符合這些要求。因此，通過一致協議，它們被用作一般的價值標準和交換的共同計量單位。起初按它們本身的體積和重量來估量其價值，後來為了減省量大小與

稱重量的麻煩，就刻上了印記」。經濟學家基本接受了該觀點。

對貨幣持否定態度的也不乏其人，從他們激烈的言辭中，我們不但能感受到貨幣經濟對當時社會的猛烈衝擊，亦能感受到高利貸及投機商們對民眾生活的敗壞。生活於西元前六世紀至前五世紀的宮廷詩人阿拉克瑞翁，用貴族社會的目光審視錢財，斥責它破壞了和諧的生活。在詩中，他這樣譴責白銀：「爲了它，便沒有兄弟；爲了它，親人不和睦；爲了它，殺伐，戰爭；而且，最可怕的是——我們，彼此相愛的人，也往往爲了它而相殺。」

著名悲劇家索福克勒斯也同樣以激烈的措辭譴責過貨幣帶來的惡果：「人間再沒有像金錢這樣壞的東西到處流通，這東西可以使城邦毀滅，使人被趕出家鄉，把善良的人教壞，使他們走上邪路做出可恥的事，甚至教人爲非作歹，犯下種種罪行。」

古希臘人造幣也對鄰近各民族產生過深刻影響。早在西元前六世紀，波斯國家、色雷斯南部等部落便仿效希臘人，造出了自己的金幣和銀幣；之後，迦太基、腓尼基、馬其頓、義大利、猶太等地也競相效仿。同時，希臘人的貨幣與金融業又伴隨其商業貿易和亞歷山大的東侵向地中海周邊地區廣爲傳播，其影響之大可想而知。

古希臘的貨幣經濟伴隨著羅馬人國家的興起與擴張而走向衰落。首先是羅馬人對義大利的希臘殖民城邦的打擊，而後是一個個希臘本土城邦的被吞併，到西元前一四六年，整個希臘都被吞併了。起初，征服者還允許雅典和少數其他城市繼續使用自己的鑄幣，但到西元前三十年羅馬帝國正式形成後，希臘人一度輝煌的鑄幣偉業便成了歷史。

值得慶幸的是，希臘人的一切重要成就幾乎都被羅馬人所接受，在他們的貨幣上，我們毫不費力地發現了統治者的形象，這恰是希臘化時代的特點；而貨幣的另一面則是對古希臘紋飾的直接複製，其中由菲迪亞斯所刻的宙斯像就常在羅馬幣上出現。另外，在「早期的拉丁語著作中，大多數關於銀行業和金融業的辭彙都來源於希臘語」，由此亦可見羅馬金融業對前者的繼承。

4 貨幣改革：條條大路通「羅馬」

羅馬在長期的掠奪戰爭中獲得了大量奴隸，橫行於地中海各地的海盜也經常把擄掠而來的人口出賣於羅馬，大大促進了羅馬工業的發展。羅馬為方便商品流通和戰爭，開闢了許多對外通路。有句諺語叫「條條道路通羅馬」，就表明了這個時期羅馬的情況。

貨幣改革的故事起源於古羅馬。早在西元前二十年，放貸者與執政者之間就已經矛盾重重了。早期的兩位羅馬帝王曾經想通過改革高利貸法案和限制領地在五百畝以內來

削弱放貸者的權力。結果，這兩位帝王都遭到了刺殺。在西元前四十八年，茱麗葉斯・凱撒從放貸者那裏收回了硬幣的鑄造權，以此爲公眾服務。

在這些新型的、充裕的貨幣供給機制下，凱撒建立了龐大的公共工程。通過發行大量貨幣，凱撒獲得了普通民眾的愛戴。但是，放貸者們痛恨凱撒，一些人認爲，這是凱撒遇襲身亡的一個重要原因。

有一件事情是確鑿無疑的，那就是在凱撒死後，大量貨幣流失，腐敗滋生，稅收增加。最終，羅馬的貨幣供給減少了百分之九十，普通民眾因此失去了他們的土地和房屋。隨著大量貨幣的消失和財富的減少，民眾逐漸對政府失去信心，羅馬從此進入了一段灰暗的時期。

銀製貨幣是古羅馬時期的主要流通貨幣，羅馬君主常常通過控制銀幣中銀的含量，來暫時解決由於他們大肆揮霍造成的經濟問題。純粹的金錢交易在羅馬帝國也極其興盛。古羅馬最早的法典《十二條法》當時規定最高利率爲百分之十，對於高利貸行爲要處以相當數目的罰金。但事實上，人們並沒有把這條規定當一回事，貨幣交易者迅速成爲了富有的銀行家。當時，這種交易並不高明，一些古代作家對這一職業階層的蔑視就證明了這一點。塞涅卡曾寫道：「資本、帳本和利息，除了是人後天貪欲的代名詞，還能是什麼？」塞涅卡很清楚他所寫的「沾滿鮮血的利息」意味著什麼，因爲他在薩丁尼就曾卑鄙地放過高利貸。

當時的銀行業務已經達到了驚人的現代程度，人們甚至可以匯款到國外去。西塞羅為了資助他的兒子上學，曾給精通金融業務的朋友阿提庫斯寫信：「我想問問，我能不能匯款到雅典去，還是他必須將錢帶過去？」阿提庫斯讓他放心，說匯款就可以了。

在凱撒時期，大宗交易經常帶來數百萬銀幣的資金流動。凱撒的對手，一度也是盟友的龐培在克魯維斯銀行的帳戶也極其活躍。顯然，他也經常利用這些金融往來，和亞洲的一些國王進行罪惡的高利貸生意。

那時，同他們的顧客相比，銀行家更經得起政治風浪，因為有些業務最終還必須依賴銀行家來辦理。來自西班牙最具影響力的銀行家科內利烏斯·巴爾布斯甚至被凱撒任命為財政大臣。當時的情勢對銀行家們是很有利的，因為常勝的古羅馬軍團在整個地中海地區有大量的戰利品需要運回羅馬，還需要有人管理。比如說，有一統帥在赫拉克萊拉沒收了大量黃金，回鄉途中就有幾艘船因為戰利品過重而沉沒。

凱撒也肆無忌憚地投機——向他的政治功績下注。比如，他在做羅馬貴族時曾自己掏出數百萬，用於組織大規模的豪華追獵和角鬥活動以取得大眾的支持——後來事實證明，這是有成效的。可是，這樣的自我推銷也是需要付出代價的。

凱撒的負債額曾一度超過一億銀幣。有一次，他甚至需要朋友克拉蘇的擔保，否則

凱撒就會被債主送到西班牙的國家機構去。在凱撒爲自己設定的宏偉目標中，金錢所處的角色僅僅是他必須不斷找到願意爲他的政治前途投注的新債主。同時，他也以此與很多人結盟，因爲所有的債主都很明白，只有凱撒的勝利才會使他們獲益，出借的錢才有可能收回。經過高盧戰役，凱撒的金融狀況獲得了徹底的轉機。同當時的每一次勝利一樣，這次戰爭給這位統帥帶來的不僅僅是榮譽，還有大筆金錢。突然間，金錢對於凱撒來講已經不再是問題，因爲通過八年的征戰，他已經成爲羅馬最富有的人。然而，這筆財富在另一方面也讓高盧的所有民族淪爲奴隸。

凱撒在回到帝國首都以後，開始著手讓高利貸者停止他們的罪惡行徑。他向所有需要資金的人提供低利息，甚至是無息的貸款，可以想像，他這樣的行爲是非常不受富人歡迎的。經過八個星期的內戰，他打敗龐培，成爲羅馬的最高統治者，同時也佔有了巨大的國庫——他的敵人在倉皇逃跑時是來不及帶走的。此後，通過幾次閃電遠征，凱撒打敗了所有的對手，將勢力擴展至整個地中海。

凱撒是十分慷慨大方的：所有忠誠的士兵都獲得了一筆特別津貼，羅馬的每一公民都得到了獎金。整個羅馬都知道，羅馬帝國過去最大負債者的政治投機是如此的光輝奪目！

西元前四十四年三月的望日（三月十五日），凱撒遇刺，在其遺囑中，他還要贈與每一個羅馬公民三百銀幣，這相當於普通羅馬公民一季的工資。凱撒之後的羅馬統治者將宮殿裝修得越來越豪華，戰爭的花費越來越多，宮廷生活越來越糜爛，腐敗賄賂也肆無忌憚。簡單地說，人們開始體會到，花錢要比掙錢容易得多；人們也感覺到，腰包越來越癟。聲譽對於減少生活的變遷是毫無益處的，所以，這些國王們開始不擇手段地搜刮其臣民的錢財。

5 最早的金融商和私人銀行

促使西元前五世紀末期及其以後金融活動蓬勃開展的主要社會原因，是爆發於當時的伯羅奔尼薩斯戰爭。這場兩敗俱傷的戰爭給希臘的城邦制度造成了毀滅性的打擊，它對小農經濟的破壞更是顯而易見，但其對金融活動的刺激則是巨大的，它不但促使貨幣兌換業與高利貸業務迅速發展，更造就了一批財大氣粗的金融家。

錢幣兌換業早在希臘世界商務往來日趨頻繁的時代便已開始了。這是當時錢幣制度紛繁、貨幣符號雜亂，以及貨幣市價不斷波動所帶來的產物。錢幣兌換商們深諳各國貨幣的成色、圖案和價值，並通過兌換中的價差、時差以及地區差和兌換手續費贏利。由於他們在櫃檯上從事業務，因而又被稱作金融商。

「希臘金融商的活動，在西元前五世紀末，尤其是在西元前四世紀曾盛極一時，侵蝕了希臘世界所有城市居民的廣大階層」。此時，以兌換和儲蓄金錢爲主的業務已發展到了金融匯兌和彼此轉賬，而這一創舉又確實方便了南來北往的客商。當時的伊索克拉底在「論金融商」的演講中就曾指出：必須通過金融商之手來匯兌，才能免於金錢受到海上盜劫的危險。此外，金融商在當時的業務還包括對外借貸和充任較大型交易的中間人、爲合同作見證人等若干方面。

最早的私人銀行便是由金融商們開設的。從西元前五世紀早期，金融商們便在自己的店中接受錢幣置存。他們一方面付給存款者低息，另一方面又將這些存款借給各種商人，利息依據風險而定，約在百分之十二到百分之三十之間。到西元前五世紀末，信貸業已在希臘各商業城邦中獲得巨大發展，富有的金融商（通常是外僑和被釋奴）變成了真正的銀行家，「他們接收存款，並爲自己的雇主開立活期存款帳戶，給商人、船主或作坊主發放貸款，有時甚至給自己的城市放款，按照自己雇主的要求支付各種款項，通過自己的代表和代理人把錢匯到其他城市等」。

銀行的種種業務都是用契約抵押不動產或貴重物品，或由第三者作保等加以保證的。其中常見的有土地信貸（以土地為抵押）、城市信貸（以城市房屋為抵押）和海洋信貸（以船舶及其所載貨物為抵押）等方式。土地買賣在戰前的許多城邦裏都是立法禁止的，但在西元前五世紀末至前四世紀卻變得流行起來，土地典押、買賣文獻不斷被發現，而由此帶來的債務問題則困擾著西元前四世紀的希臘各階層。那些來自外邦的銀行家們常常因爲對城邦有著卓著的貢獻（如捐獻錢財、造船、建神廟等）而獲得「購置地宅權」或公民權，這就使他們所獲得的不動產具有實質性意義。而作爲動產抵押的貴重物品（珍貴物品、金銀高腳杯等）和海洋信貸的抵押品相對而言，處置方式就簡單多了。沒有公民權的富人們廣泛地參加了進來，同時，只要船隻能夠安全返航，船主的收益也是相當可觀的。該時期，自由民中的非公民在城邦經濟和社會生活中的作用加強，尤其明顯地表現在貨幣借貸關係上。

此外，在希臘從事金融業的還有神廟，由於它們神聖不可侵犯的特殊地位，使不少個人乃至國家存款於此。同時，神廟還時常接受國家和個人的捐贈或上貢。這樣，神廟便得以利用廟裏的大筆款項向商人、集團乃至整個城邦發放貸款，並收取貸款利息。據載，「由神廟經營的大規模金融業務，貸款利率通常爲百分之十二至百分之十八。」

神廟的金融活動是不容忽視的，因爲「在古希臘的整個歷史中，希臘的廟宇，尤其是提洛島的阿波羅大廟，在希臘許多的銀行家、企業家、高利貸者中間占居首要地位」。在西元前四世紀中葉的一塊碑石上刻著，廟宇不但貸款給私人，也給整個城市、整個國家貸款。

在西元前五世紀至前四世紀的政治、經濟背景下，除產生了不少投機商人外，還造就了一批專業從事金融業務的銀行家。他們中有城邦的公民，但更多的是來自外邦的自由民，而在後者中，帕西翁被認爲是全希臘最著名的銀行家。帕西翁是以高利貸起家的外邦人，在西元前三七〇年他死時，其財產近四十塔蘭特（其中地產約值二十塔蘭特）。在當時，他一個人的年收入已高達一千德拉克瑪以上。這個居於雅典的銀行家掌握著好幾家匯兌銀行，他靈活地支配客戶在其銀行中的存款，並將其中一部分作爲貸款借出，而另一部分則用來投資商業。他還因爲被認爲有功於雅典，而獲得了該城邦公民的資格。爲此，他曾送給國家一千個盾牌，並自己出資裝備五艘三層槳戰船。

據載，第一筆數額巨大的、世俗的而非神廟的銀行業務，是希波戰爭後，在雅典將軍特米斯托克利與科林斯的銀行家菲洛特菲努斯之間進行的，這位將軍一下子存進了七十塔蘭特貨幣。屬於這個時代較有名氣的銀行家還有安替斯提尼、阿撒斯特拉圖等人。

6 文藝復興時期的「托拉斯」

到了文藝復興時期，人們對金錢的渴望越來越強烈。但很長一段時間內，賦稅和捐稅都不能滿足歐洲王室對奢華和排場毫無節制的追求。而相互發動戰爭也給王室帶來了巨大消耗，甚至超過了戰爭賠款和戰勝方分得的戰利品的價值。隨著陸軍不斷壯大，所需費用也日益增加，而通過發動戰爭從戰敗方獲取的經濟利益卻越來越少。財政需求和經濟實力間的落差激起了人們對金錢的欲望，這首先促成了金融家的發達，其中最著名的金融家族有富格爾家族、魏責爾家族等，他們不但從事國際金融貿易，還同國王和教皇做生意，比如買賣職位，出售「贖罪券」——交納一定的錢財後，教徒可以擺脫煉獄的折磨。

富格爾家族

富格爾家族是歐洲十六世紀最大的商人家族。家族事業的奠基人漢斯·富格爾是德國奧格斯堡鄉村的一位紡織工。經過兩三代人的努力，到雅各·富格爾時期（一四五九

～一五二五），家族事業達到了頂峰，堪稱哈布斯堡王朝的財閥，開創了一個商業史上的富格爾時代。有些研究歐洲十六世紀歷史的學者，甚至把十六世紀稱作「富格爾時代」。

富格爾家族並非新興金錢貴族的第一個王朝。十五世紀，佛羅倫斯的美第奇家族就有放債人、生產商、投資人、進口商、出口商，他們將一個商業帝國轟轟烈烈地維持了一百五十年。然而，美第奇家族花了三代人的時間才擁有了義大利最舉足輕重的銀行，花了五代人的時間才使影響力到達歐洲的其他地方，富格爾家族卻很快就具有了國際影響力。漢斯．富格爾死後，他的兒子雅各（年輕雅各的父親）接手蒸蒸日上的企業，不斷擴展業務，直到他一四六九年去世，當時，小雅各只有十歲。雅各的母親接管企業，直到下一代得到足夠的培訓。

富格爾在奧格斯堡出生長大，這個地方像當時德國其他城鎮一樣，擁有狹窄、不規則的街道，嘈雜的噪音，露天的陰溝，木製的房屋。許多住宅中都爲牲畜留出房間，一些最富有的商人將畜舍蓋在城牆之內。然而，到了富格爾的時代，富人已能夠在窗戶上裝玻璃，不再用原來的油紙，而且還能買到鋪在床上的羽毛、銀製高腳酒杯、枝形吊燈、鏡子等。

雅各是父母的第三個兒子，他正在學習準備成爲神職人員時，母親突然決定讓他加入到家族企業中。十四歲時，他被送到家族在威尼斯的一家分公司學習金融、財務和所謂的商用數學。五年後，雅各成爲了一家叫烏爾里克·富格爾兄弟公司的合夥人。雅各·富格爾對自己進行了系統培訓：他學習商業的每個環節、記賬時的每一步驟、生產、銷售、財務。他所接受的經濟理性主義教育，使他能夠檢查富格爾家族企業帝國遍佈各地的所有分支的賬目，摸清整個網路的狀況。富格爾相信，賬目應該像用鏡子照面孔那樣清晰直接地反映企業的情況，「足夠近似」是不能夠接受的。

對處於胚胎期的資本家來說，十五世紀的奧格斯堡是個很好的孵化器。歐洲的貿易中心正在從義大利向北轉移，而擁有約兩萬五千人的奧格斯堡正成爲新的佛羅倫斯。除了紡織業和貿易發達，奧格斯堡還靠近蒂羅爾，那裏在十五、十六世紀是最重要的銅礦和銀礦區。而且，奧格斯堡的人們對商業和經濟政策持一種先進的看法。

一位歷史學家指出：「生產能夠大步前進的秘密，在於爲有抱負的個人解除政治、社會、道德的種種限制，使他們能夠自發性地努力積累財富。在世界歷史上，歐洲的企業家最早能夠自由做生意，而不必擔心是否某個『掠奪性的內政部門』會將他們卡死。」奧格斯堡因財富而聲名遠播，需要貸款的人們會來這裏找銀行家，這些銀行家之中，最著名的就是雅各·富格爾。

在雅各和他兩個哥哥的領導下，富格爾家族的公司經營大量商品，但最重要的產品是麻紗布，一種混合了棉花和亞麻的布料。雖然紡織業起源於一系列家庭作坊，但它正越來越多地被富格爾家族之類的企業家所控制——勞動分工使生產者成為中間人。富格爾家族的公司從地中海各港口收集棉花原料，用騾子將原料經蒂羅爾送到奧格斯堡，再發放到各織布作坊。然後，富格爾家族再從各織布作坊那裏收購成品，將其分銷到歐洲各地。漸漸地，富格爾家族開始進口金屬、調味品、絲綢、錦緞、藥草、藥物、工藝品、稀有食品、珠寶。他們在胡椒市場上也做了幾十年的主要競爭者。到大約一五二五年時，有十八個分支的富格爾家族公司成為當時世界上一支最強有力的金融力量。

雖然奧格斯堡當時被稱為「百萬富翁之城」，但在一四七一年時，這座城市中百分之六十五的人根本就沒有財產。貧富懸殊的現象當時在整個歐洲都非常明顯，而且是古羅馬帝國之後最嚴重的一段時期。在十五世紀時，一位義大利富商為女兒準備的結婚禮服的價錢，相當於一位泥瓦匠一百四十天的工資；這套服裝包括一個由兩百根孔雀尾羽毛組成的花環、數粒珍珠、多個金塊和金葉子。而且，新興的富人階層與窮人的接觸變得更少了，不再像原來共處一個封建莊園時那樣。

「贖罪券」的銷售商

作為國王和領主的投資人，富格爾需要巨大的現金流。他為此在十八個歐洲商業城市設立了分支機構，以每年百分之八左右的利息向民間吸款。但其商業帝國更有力的金源是主教們的巨大財富，以及他們希望秘密投資生利的渴望。

教皇尤利烏斯二世就曾在富格爾的銀行中存入十萬金幣。而據一份未署名的中世紀檔案記載，一位紅衣主教去世時，袖子裏放有一張富格爾銀行三十萬金幣的存契，尤利烏斯二世派人詢問富格爾在羅馬的負責人，多久能兌現這筆存款，而他得到的答案居然是一個小時。教皇驚奇於自己的耳朵，在歐洲，即使是英國法國的國王，也不可能在這麼短的時間裏湊足三噸黃金。

這則傳說除了說明富格爾驚人的財力以外，還證實了教會是締造其現金流通神話的重要合夥人。

正因爲這種秘密的、彼此信任的合夥關係，富格爾家族充當了教廷秘密出售教職的掮客。梵蒂岡教廷長期將德國境內的高級教職販賣給出價最高的人，富格爾財團在梵蒂岡教廷有專職代表人員辦理這種棘手的、秘密的大宗買賣，上帝與財富的交易就是通過他們的穿針引線往來於侯爵與主教之間。

同時，對於那些有興趣在教皇那裏購買一官半職的人，富格爾又充當他們的貸款人。這種骯髒的、唯利是圖的買賣，由始至終都使虔誠的信徒對富格爾懷有敵意。而他所參與的另一件宗教商業活動，徹底使他成爲了淳樸教徒的公敵。

德國宗教戰爭的導火線，是教皇按照保險公司的形式向每個信徒兜售靈魂險——贖罪券，繳納一定費用後，信徒就可以擺脫煉獄的折磨。而整件事情的起因是教皇急需一筆鉅款整修聖彼得大教堂，美因茨的大主教由於購買教會職位掏空了教產，所以不得不向教皇提出建設性意見使自己不露馬腳，同時，他還必須兼顧貸款給自己填補虧空的富格爾家族的利益。最終，他想到了一個兩全齊美的辦法——慫恿教皇打開靈魂保險事業的大門。

富格爾順理成章地成了德國地區贖罪券的包銷商。世人在咒罵羅馬教廷時往往忽視了真相，贖罪券銷售額到達梵蒂岡的只有少數，一部分留在了地方，而大多數落入了富格爾的口袋。另外，可憐的大主教還必須拿出所得的一部分清償欠富格爾的債務和利息。

後面的故事眾所周知，馬丁・路德將他反對贖罪券的九十五條論綱寄給了羅馬教廷，但教廷和財閥們沒有認清形勢，如果他們犧牲美因茨大主教做替罪羊並結束贖罪券，基督教或許可以避免有史以來最嚴重的分裂。可是當教皇將馬丁・路德逐出教會的時候，一個商人的利潤訴求最終演變成了一場人民運動。

金融帝國的瓦解

雅克布・富格爾是一位忠實的天主教信徒，這並不是因爲他與教皇有著經濟上的聯繫，而是出於對天主教教義的篤信。一五二四年，當他想讓教會罷免一個宣傳路德新教的教士時，群眾發動了一場聲勢浩大的支持宗教改革，反對富格爾家族的遊行示威活動。這位商界巨人在群眾的潮流中不得不逃往鄉下，直到爲首鬧事者被正法，奧古斯堡再次恢復平靜爲止。

從這時開始，富格爾逐漸喪失了在宗教事務中的好運氣。首先是宗教戰爭中，富格爾的遠洋貿易公司被迫解散；接著，美第奇家族又攫取了教皇寶座，梵蒂岡教廷的大宗金錢交易重新回到了這個佛羅倫斯的銀行世家的手裏；更糟糕的是，在農民對整個國家進行了大規模哄搶的一五二五年，匈牙利國王以空洞的藉口把富格爾的銅礦收歸了國有。就在幾個月之後，這位歐洲王室的首席債權人辭別了人世，享年六十七歲。

由於他生前留下了大量的實業地產，以及主要債務人依然有償還能力，所以他的金融帝國並未在宗教改革中瓦解。他的侄子安東尼・富格爾繼承了產業，並使富格爾的影子繼續籠罩歐洲政治。

安東尼繼承了叔叔晚年的做法，不斷將財富變成土地和實業，並收回了礦山。由於教士們的金幣都存入了美第奇的銀行，大量置辦實業加劇了富格爾財團現金流的緊張。

安東尼沒有意識到，銀行家是維繫歐洲君主財政鏈條的螺絲釘，銀行家的現金流斷裂意味著歐陸帝國將周轉不靈。

不斷處於資金困境的卡洛斯一世已經使富格爾財團經濟陷入了緊張，但安東尼還在繼續向其他侯爵王室提供大量貸款，結果喪失了挽救其最大債主財政危機的最後能力。此時的富格爾財團完全是一派畸形的繁榮，財團資產高達五百多萬古爾登，然而，僅查理五世的債款就有兩百萬之多。

一五五六年，查理五世退位，繼任的腓力二世雖然繼承了債務，但一年以後，其統治基礎西班牙王國宣布破產。富格爾家族在西班牙的塞維利亞要求皇帝兌現一張價值四十三萬古爾登的匯票，但沒能兌現。這僅僅是噩夢的開始，此後，富格爾家族要求兌現的款項全部成爲一紙空文。到一五六〇年左右，僅僅西班牙拖欠的應付款項就是公司自有資本的兩倍多。緊接著，法蘭西也出現了破產，大量貸款有去無回。

一五七五年，西班牙再次破產，又有上百萬古爾登付諸東流。富格爾家族遍佈歐洲的貿易網路士氣低落、每況愈下，最後，整個家族只餘下因雅各·富格爾的遺訓而未被變賣的大量土地，富格爾家族的後人們勉強依靠祖先的先見之明維持著富足體面的生活，但雅各·富格爾一手締造的足以左右歐洲政局的「影子帝國」已經成爲了歷史。

雅各·富格爾一生都在玩弄哈布斯堡這張王牌，然而，他的子孫卻不懂得對債權人的依賴只能限於它強大的時候，一旦超級債務人走向衰落，昔日的王牌就會變成催命符。在隨後的歐洲三十年戰爭中，盛極一時的富格爾家族徹底走向滅亡。

「貨幣戰爭」的終極王者

羅斯柴爾德家族究竟有多少財富？至今仍無人能說出準確答案，人們只知道在一八五〇年左右，這個家族就已經擁有六十億美元的財富，如果以每年百分之六的投資回報率計算，到一百六十年後的今天，他們的資產至少超過了五十萬億美元，是美國二〇一三年GDP的將近三倍，是二〇一四年前一萬位富豪的財富總和，如果富豪榜能排到一萬位的話。

或許，今天的「羅斯柴爾德」已不再像一百年前那樣如雷貫耳，畢竟家族成員早已散落在世界各地，而且總是藏身金融大鱷或銀行財閥背後操控全球經濟，愈發神秘莫測。然而，關於羅斯柴爾德的傳奇仍在延續，各界學者對羅斯柴爾德家族的描述眾說紛紜。

「戰爭之王」

「銀行業，」羅斯柴爾德家族第三代勳爵維克托．羅斯柴爾德曾這樣輕描淡寫的定義，「說到底就是讓金錢流動得更爲順暢，使其從所在地A點便捷地流動到需要它的B點。」說這話時，他一臉輕鬆，可長盛不衰背後的辛酸回憶卻格外沉重。從A點到B點的流動，羅斯柴爾德家族持續了兩百五十年，跨越五大洲四大洋，經歷了創業者能碰到的所有困難。

史詩般的傳奇故事從一七四四年開始。在德國法蘭克福猶太人聚居的貧民窟裏，梅耶．阿姆謝爾．羅斯柴爾德出生在一個流動的金匠和放貸人家庭。剛滿十二歲時，他被送到漢諾威的歐本海默家族銀行當學徒，開始收藏古錢幣，並因此結識了威廉王子。四年後，他被提升爲辦事員，眾人都堅信他將來會成爲出色的會計師，可他卻回到了法蘭克福撿破爛，一段盪氣迴腸的家族創業故事由此開始。

一七六九年九月廿一日，已轉行做古董古錢幣生意的梅耶在門店上掛上了王室招牌，上書「M．A．羅斯柴爾德，威廉王子殿下指定代理人」字樣。一七八九年，法國資產階級大革命爆發，羅馬帝國與英國的貿易中斷，物價飛漲，梅耶從英國私運商品到德國，狂賺了一筆。一七九八年，梅耶帶著兩萬英鎊闖蕩英國，到一八一三年，「雪球」已滾成五千萬英鎊，增值兩千五百倍。

第一章
遠古之戰——世界金融業發端

一八〇二年，丹麥海軍被英國打敗，國王向侄子威廉王子求援，後者天生貪婪，既想收取利息又怕叔叔賴賬，就請梅耶出面借錢給丹麥國王，威廉王子分一部分利息給梅耶作爲報酬。這筆借貸成功後，又有六筆丹麥王室借貸交給梅耶打理，他自此聲名大噪，與皇室聯繫日漸緊密。一年後，拿破崙下令禁止進口英國貨物，然而，在此後的數年內，梅耶的兒子南森聯手弟弟詹姆斯瞞天過海，將英國貨物走私銷往歐洲各地，並逐漸在官方默許下將走私合法化。

一八一二年，羅斯柴爾德家族創始人梅耶去世，他的五個兒子分赴五個國家：老大阿姆謝爾留守法蘭克福負責家族銀行的總部事物；老二薩洛蒙在奧地利的維也納建立了羅斯柴爾德分支銀行；老三南森最具權威，是第二代羅斯柴爾德掌門人，他很早就被派往英國開拓家族銀行業務；老四卡爾在義大利的那不勒斯建立了銀行；老五詹姆斯在法國巴黎創辦了銀行。遍佈倫敦、巴黎、維也納、法蘭克福和那不勒斯的羅斯柴爾德金融帝國初步建成。

一八一五年的滑鐵盧戰役是拿破崙的事業終點，卻是羅斯柴爾德家族繁榮的開端。在戰爭開始前，五兄弟就明確分工，派家族最優秀的情報人員到前線打探戰報。在黑森和普魯士軍隊裏，阿姆謝爾安排了一位上校和一位將軍；在拿破崙軍隊中，薩洛蒙認識拿破崙的貼身侍衛官與部隊裏的一名騎兵軍官；在反法同盟軍隊裏，南森安排了一位參謀軍官做眼線。前線硝煙瀰漫，後方成千上萬的投資者也心驚肉跳：如果英國戰勝，公債將猛漲，反之則一瀉千里。憑藉嚴密的情報系統，羅斯柴爾德兄弟最先拿到滑鐵盧戰役的準確戰報，在英、法證券市場上收益超過二點三億英鎊。

一八二四年，法國「七月革命」爆發，持有巨額政府公債的法國羅斯柴爾德銀行損失了一點七億法郎，家族面臨空前的財政危機。身在巴黎的詹姆斯在革命爆發前通知其他四兄弟提前拋空持有公債，當外界一擁而上拋售時，他們再悄悄補倉。新政權掌權後公債升值，四兄弟在歐洲證券市場上的收益超過三億英鎊，不僅彌補了一點七億法郎的損失，還賺得盆滿缽滿。

到十九世紀中葉，羅斯柴爾德五兄弟已成爲所在國家的金融主宰者，歐洲各主要工業國的貨幣發行權均被他們掌握。梅耶・羅斯柴爾德曾說：「只要我能控制一個國家的貨幣發行，我不在乎是誰制定的法律！」羅斯柴爾德家族能夠成功掌控歐洲的經濟命脈，離不開其家族的五家銀行的緊密合作。無論記述哪一家的豐功偉績，都不得不提及另外四家。

一八七五年，列昂內爾・羅斯柴爾德作出的一個英明決定，不僅爲家族帶來了巨大利益，也讓他一夜之間成爲英國最受尊敬的英雄。他提供四百萬英鎊貸款給英國政府，順利從埃及國王手中搶先買下十七點七萬股蘇伊士運河股票，英國由此控制蘇伊士運河，得到了巨大的政治、經濟、軍事利益，羅斯柴爾德家族也借機將融資業務鋪進埃及。在一八八五年至一八九三年間，羅斯柴爾德銀行包攬埃及最大的四宗國債發行，總額接近五千萬英鎊。

進入二十世紀以後，羅斯柴爾德家族遇到了一個巨大的發財機會：爲世界上最大的豪華郵輪、號稱「永不沉沒的船」——鐵達尼號提供保險，可內迪．羅斯柴爾德卻對唾手可得的鉅款敬而遠之。一九一二年，鐵達尼號在冰海沉船，一千多名乘客遇難。此時，有人吹捧羅斯柴爾德有先見之明，而他們得到的回答卻出人意料的簡單：「我只是覺得這艘船太大了，它未必浮得起來。」

一九一七年十一月，英國支持猶太復國主義者在巴勒斯坦建立「民族家園」的《貝爾福宣言》公佈，以國家形式協助猶太人大規模返回巴勒斯坦。一九四五年，第二次世界大戰結束，美國人參與幫助猶太人復國，羅斯柴爾德家族不僅在經濟上傾囊相助，在政治上也多方奔走。在剛成立的聯合國投票上，美國和蘇聯都對以色列建國投贊成票，於是，在長達兩千年的顛覆流亡之後，猶太人終於奇蹟般地在遠古的以色列國土上復國了。

進入二十世紀之後，羅斯柴爾德在金融舞臺上逐漸退居幕後，淡出人們的視線。只是，無論在世界的哪個角落，人們總能在金融、煤炭、鋼鐵、鐵路、酒店、紅酒等幾乎所有領域中找到羅斯柴爾德家族的影子。

解碼財富基因

羅斯柴爾德是一個尚未老去的財富家族，每一代人的商業故事都是那麼的鮮活，從中隨意採擷一段影像，都能讓後來者受益匪淺。

家族團結高於一切。羅斯柴爾德家族的族徽是一隻大手抓著五支箭，含意是單獨一支箭很脆弱，而一把箭就很難被折斷，告誡家族成員之間要團結。家族創始人梅耶在遺囑中寫道：「家族的所有成員都必須團結友愛，不得勾心鬥角。」他曾反覆叮嚀五個兒子：「只要團結，世上就沒人能戰勝你們。」

兩百多年後，家族第六代掌門人大衛．羅斯柴爾德坦言：「經歷了國有化衝擊、納粹的迫害、歷次世界大戰，我們始終都在。是家族所有成員齊心協力的參與，令羅斯柴爾德集團有別於其他金融機構，得以在歐洲乃至世界茁壯成長。」傳承兩百六十年而不衰，歷經多次經濟危機和世界大戰而不倒，正是得益於世代恪守的「團結」祖訓。

勇於追求富足生活

羅斯柴爾德並非天生富有，而是典型的從貧民窟白手起家的百萬富翁。在發家之前，創始人梅耶的日常工作只是從垃圾堆撿拾古錢幣，與生俱來的低賤身分讓他吃盡了苦頭。但即便受盡侮辱，他也不屑一顧地說：「我蹲下、跪下，是爲了能跳得更高！」沒有人能阻擋羅斯柴爾德追逐財富的腳步。這或許是所有猶太人的共同特徵，賺錢是他們的愛好，他們很享受此間過程，只不過羅斯柴爾德家族更甚，他們說：「賺錢，獲得影響力，是我們家族的信仰！」德國詩人海涅不無奉承地說：「如果金錢是我們時代的上帝，那羅斯柴爾德就是它的先知。」

和有影響力的人交往

羅斯柴爾德祖訓中有一句話：「我們一定要和國王一起散步。」一直以來，這個家族都與皇室或政府保持著密切的聯繫，由早期提供借貸到後來的顧問諮詢，他們的一大半收入都來自各地政府。同時，羅斯柴爾德家族的行業擴張也在世界各地悄然展開，包括全球鐵礦百分之七十的市場份額以及鋼鐵、汽車等領域。與財富數字的增長相比，他們更在乎佔有更多的社會資源。與過去有所不同的是，與政府打交道更多的是羅斯柴爾德家族在當地的代理人，家族人員與各國政要的合影不會輕易出現在媒體或網路。

資訊是賺錢的法寶

羅斯柴爾德銀行分佈於歐洲主要工業國家，並擁有比瑞士鐘錶更精準的情報系統，他們能迅速收集、整理並傳遞可靠情報，使得預判永遠比市場早一步，以至於連歐洲王室和貴族都更願意用羅斯柴爾德家族的信使而不用外交郵袋來傳遞信件。無論是滑鐵盧戰爭還是掌控蘇伊士運河、無數次買賣公債，都應歸功於羅斯柴爾德家族情報系統領先的饋贈。

控制盲目投資的衝動

大衛．羅斯柴爾德認為：「最聰明的投資就是不要過度頻繁地投資，而是把握住關鍵的機會。所以，我覺得在很多時候，羅斯柴爾德家族應該做一個旁觀者，而不是成為一個積極的演員。」羅斯柴爾德家族總是像農夫一樣觀察天氣，靜觀其變，順應天時而動。考慮到風險因素，他們將倫敦有兩百多年歷史的辦事處遷移，寧願重蓋一座耗資巨大的十四層辦公大樓；在美國經濟高速增長的時代，羅斯柴爾德家族卻退出了美國市場，事後也並未覺得遺憾。他們的口頭禪是：「你無法控制你的命運——你所能做的其實是有限的。」

在學習中與時俱進

羅斯柴爾德家族的名言是：「時代永遠不會因為沒有羅斯柴爾德而停止前進，只有羅斯柴爾德跟著時代前進。」第二次世界大戰之後，面對全球化和知識經濟時代的到來，羅斯柴爾德家族由世界金融霸主化身為全球性顧問公司，並將商業視野擴展到歐洲之外，家族利潤的百分之四十來自於中國、印度、巴西等新興市場。在家族內部，有些陋習已悄然改變，比如「所有家族銀行中的要職必須由家族內部人員擔任而絕不用外人」的規定，比如「只能在家族內部通婚」的禁錮，都不再如從前那般不容挑戰。

第二章
銀行業王朝：繁榮與衰弱

1 世界上第一家中央銀行

在十七世紀前十年的後期，英格蘭陷入了金融災難。五十年間與法國或多或少的不斷的戰爭，以及偶爾與荷蘭的戰爭，消耗了英國的力量。

一六四二年，英國爆發資產階級革命，儘管對貨幣的控制不是導致革命的唯一原因，但是貨幣政策也扮演了主要的角色。在放貸者們的支持下，奧利佛·克倫威爾推翻了查理斯國王的統治，解散了議會，處死了國王。同時，放貸者們也由此獲得了鞏固他們金融力量的權力。在接下來的五十年裏，這些放貸者們將大不列顛帶入了一連串代價高昂的戰爭裏。他們佔據了倫敦中心城市的一平方英里的土地，建立金融城。這個半自治的地區如今仍然是世界上兩個最顯赫的金融中心之一，另一個是華爾街。金融城不在倫敦員警的管轄範圍裏，而是自己擁有兩千人的私人武裝。

資產階級革命將英國變成了一個沒有國王和上院的共和國。一六六〇年，斯圖亞特王朝復辟，國王詹姆斯二世企圖在國內恢復天主教並迫害清教徒，這引起了放貸者的不滿。於是，他們和荷蘭的改革者們聯合了起來，於一六八八年推翻了斯圖亞特王朝，將荷蘭執政者威廉推上了英國國王的寶座。

事實上，這也說明真正的權力並不在英格蘭君主的手中，他們不過是那些統治金融城的放貸者的庇護者，爲那些銀行大家族所管制。

英格蘭銀行成立於一六九四年，是世界上第一家私人擁有的、在發達國家中的中央銀行。和其他私人公司一樣，英格蘭銀行也是以發行股票起家的。這些發起者們的名字從來不會披露，理論上，他們應該籌集價值一百二十五萬英鎊的金幣來買入銀行股票，但英格蘭銀行只收到約七十五萬英鎊。

儘管如此，英格蘭銀行還是在一六九四年如期開始經營。他們開始進行貸款，這些貸款量是他們所擁有的存款的數倍，這些債券都是附有利息的。作爲交換，英國政治家們能夠從新銀行中獲得他們所需的任何數量的貸款，這些債務是以英國人民的稅收作爲保障的。所以，對英格蘭銀行的合法化，就相當於對這些爲私人獲利的國家貨幣的假冒品進行合法化。

不幸的是，幾乎每個國家都有一個私人控制的央行，當地的放貸者們以英格蘭銀行爲基本範本。這些中央銀行的力量使他們很快控制了一國的經濟，那些銀行家們成爲了佔據統治地位的超級富豪階層，這就像黑手黨控制了軍隊。專制的危險是極端的，我們的確需要一個中央貨幣機構——一個由政府所有和控制的機構，而不是由追逐私人利潤的銀行家來控制。

對英格蘭銀行背後放貸者的提及，產生了王位背後權勢的解釋。

在一八四四年，本傑明・迪斯萊利也對這個權力進行了暗示，他寫道：「這個世界被一些非凡的要人統治著，這些人是供那些不在這些幕後的人來想像的。」

一九三三年十一月廿一日，佛蘭克林・D・羅斯福在寫給他的心腹的一封信裏寫道：「正如你我所知道的，事情的真實情況是，自從安德魯・傑克遜以來，來自金融方面的力量已經控制了政府。」

政府發行債券來籌集所需資金，然後通過徵稅來償還。但是，大約只有百分之十的債券是用央行發行的貨幣來購買的，政府使用這些貨幣。一旦儲存起來，私人銀行就會用這些新的存款來創造出數十倍於這些存款的數目，這就使得有多餘的貨幣來購買其他百分之九十的新債券，而不用吸乾資本市場以及推動利率上升。

通過借入貨幣，比如出售新的債券，政府能夠控制通貨膨脹。

流通中的貨幣越多，你的貨幣價值也就越少。政治家們能夠得到想要的任何數目的貨幣，而人民卻要爲通貨膨脹買單，這使得人們的儲蓄、固定工資和收入的購買力下降。一千個人當中也不會有一個能夠說出事情的真相，因爲它隱藏在欺人耳目的經濟系統裏。當我們完全能感受到通脹的效果時，已經爲時太晚了。

隨著英格蘭銀行的成立，這個國家很快淹沒在貨幣中，全國的價格上漲了一倍，許多巨額貸款可以隨意發放。到一六九八年，僅僅四年後，政府債務已經從當初的一百二十五萬英鎊增長到了一千六百萬英鎊。自然地稅收也增加了，以此來支付債務。

在將英國的貨幣發行權緊緊抓住後，英國的經濟開始像一個瘋狂的過山車，經歷著繁榮和衰退。

2 北美殖民地第一場貨幣戰爭

到十八世紀中期，大英帝國在全世界的權力達到了頂峰。自其私人擁有的中央銀行——英格蘭銀行誕生以來，它同歐洲其他國家進行了四場戰爭，這些戰爭花費巨大。爲了給這些戰爭籌資，英國議會向英格蘭銀行舉借了巨額債務，而不是發行自己的免債貨幣。

政府的債務在十八世紀中期時達到了一點四億英鎊，這在當時簡直是個天文數字。

爲了償還銀行的利息，英國政府開始增加其在北美殖民地的稅收。

但在北美卻是另一回事。私人中央銀行還未在北美立足，雖然在一六九四年以後，英格蘭銀行就將其觸角伸到了北美殖民地。

一六九〇年，麻塞諸塞灣殖民地首次在北美發行了自己的紙幣。接著，南卡羅來納以及其他殖民地紛紛效仿。

十八世紀中期，革命前夕的北美殖民地相對貧窮，用於貨物貿易的貴金屬貨幣極其短缺，因此，早期的殖民者越來越多的被迫試著發行自己的紙幣。這些嘗試中有些是成功的，煙草就曾在一些殖民地成功的作爲貨幣被使用。

一七二九年，每個殖民地的總督都被要求縮減殖民地貨幣的發行量。然而，這並沒有取得多大的成效。一七四二年，英國紙幣回收條例要求必須使用黃金來償還貸款、支付賦稅，這導致了殖民地經濟的衰退——抵押的財產，富人們只需花其實際價值的十分之一的錢就能佔有。

本傑明．佛蘭克林是殖民地印製自己貨幣的堅定支持者。一七五七年，佛蘭克林被派往倫敦爭取殖民地發行紙幣的權利。他隨後在那裏待了十八年，幾乎直到獨立戰爭前夕。在這期間，更多的北美殖民地不理會英國議會的禁令，開始發行自己的紙幣。

這些努力是成功的，被稱爲殖民地貨幣的紙幣被寄予了厚望，它爲交易提供了可靠的保證，而且有助於培養殖民地之間團結的氣氛。要知道，大多數殖民地貨幣都只是爲公共利益印製的沒有債務基礎的紙幣，它們的價值並沒有以黃金或白銀作爲支撐。

英格蘭銀行的官員問佛蘭克林怎樣看待殖民地新一輪的繁榮，佛蘭克林毫不猶豫地答道：「這並不複雜，我們在殖民地發行自己的貨幣，名爲殖民地貨幣，並且按照貿易和工業所需的正確比例發行貨幣，以便使產品能夠在生產者和消費者間便利地周轉。通過爲我們自己創造貨幣這種方式，我們能控制其購買力，而且，我們不需向任何人支付利息。」

這對於佛蘭克林來說只是一種常識，但我們可以想像它在當時的英格蘭銀行引起的反響：美國人創造了一種秘密貨幣，這個怪物必須馬上重新封印到瓶子裏。

結果，議會很快通過了一七六四年貨幣法案。這項法案要求所有的殖民地官員禁止發行自己的貨幣，並且要求他們以後用黃金或白銀來支付稅賦。換句話說，它迫使殖民地採取金銀本位制，這導致了第一次美國銀行戰爭。這場戰爭自美國發佈獨立宣言時開始，直到一七八三年簽署巴黎合約結束，最終以銀行家的失敗而告終。

對那些認爲金本位制能夠解決美國貨幣問題的人，可以看看在一七六四年貨幣法案通過後美國發生了些什麼。佛蘭克林在他的自傳中寫道：「在一年之內，情況發生了截然不同的變化。繁榮的時代結束了，取而代之的是衰退，殖民地的大街上擠滿了失業者。」

佛蘭克林認爲這是美國獨立戰爭爆發的根本原因，他在自傳中說：「殖民地的人們寧願支付對茶葉或是其他貨物的稅收，而不願英國人拿走他們的貨幣，這帶來了失業和不滿。」

一七七四年，英國議會通過的《印花稅法案》，要求每一筆商業支付都必須以黃金繳納印花稅，這再次給殖民地紙幣帶來了威脅。不到兩周後，麻塞諸塞安全委員會通過了發行更多殖民地貨幣的決議，並承認其他的殖民地貨幣。

在一七七五年六月十日到廿二日，殖民地議會決心以「殖民地聯合」的名義發行上百萬紙幣。它絲毫不理會英格蘭銀行和議會的臉色，反對接受對殖民地人民不公平的貨幣體系。歷史學家亞歷山大寫道：「因此，被歷史學家所忽略或歧視，認爲是不起眼的金融政策工具的信用貨幣（即紙幣），實際上是獨立的標誌，甚至可以說，他們本身就是獨立。」

一七七五年四月十九日，被英國的稅賦榨乾了金銀貨幣的麻塞諸塞的萊克星頓打響了獨立戰爭的第一槍，大陸政府毫無選擇，只能通過發行自己的紙幣來爲戰爭融資。

在獨立戰爭開始時，美國（殖民地）的貨幣發行量維持在一千兩百萬美元，到戰爭結束時卻達到了將近五千萬美元。這有一部分是因爲英國大量製造僞鈔，導致這種紙幣變得一錢不值，一雙鞋子就要花五千美元。喬治・華盛頓嘆息說，一馬車的紙幣很難買回一馬車的貨物。

早些時候的殖民地貨幣運行良好，是因爲只印製了剛好足夠用於貿易交換的量，而且幾乎沒有僞鈔出現。今天，那些支持金本位制的人用獨立戰爭時期的這段歷史來論證法幣的罪惡，但我們要弄清楚，正是因爲這種貨幣在之前的和平時期運轉良好，所以才被英國議會宣布爲非法。而在獨立戰爭時，英國故意通過在英國境內大量僞造紙幣並把它們運送到美國殖民地來破壞它。

3 「把第二銀行殺死」

一八一一年，一份要求續簽美國銀行營業執照的法案被遞交到了國會，爭論變得白熱化，賓夕法尼亞州和維吉尼亞州的立法機關都通過了要求國會終止續簽的決議。

當天的新聞媒體公開攻擊銀行，稱它是一個大詐騙犯、貪婪的禿鷹、陰險的毒蛇。美國的新聞媒體又一次顯示了其獨立性。一名叫波特的議員在國會中抨擊銀行時警告說，一旦國會續簽了美國銀行的營業執照，將在國家的心臟放置一條毒蛇，終有一天，

它會嚴重損害這個國家的自由體制。南森．羅斯柴爾德曾警告過美國，如果銀行的執照不能得到續簽，美國將會捲入到一場災難性的戰爭中。

一段時間後，局勢逐漸明朗，續簽法案在眾議院中以一票之差被否決，在參議院中也沒有過關。當時是美國第四任總統詹姆士．麥迪森主政白宮。麥迪森是銀行的堅定反對者，他的副總統喬治．柯林頓打破了參議院中的均勢，將美國的第二家私人擁有的中央銀行送上了歷史的絞刑架。最終，持續了二十年的第三次美國銀行戰爭以銀行家的失敗告終。

在五個月內，正如羅斯柴爾德所斷言的那樣，英格蘭進攻了美國，一八一二年戰爭開始。但是由於英國與拿破崙的戰爭仍在僵持中，戰爭在一八一四年便結束了。值得注意的是，在這場戰爭中，財政部發行了一些無息的政府紙幣以為戰爭籌集資金，但直到美國內戰前再未發行過。

雖然銀行家暫時處於下風，但他們並沒有被擊垮。僅僅過了兩年，他們就建立起了更大更強有力的第四私人中央銀行。

一八一六年，僅僅在滑鐵盧戰爭結束，羅斯柴爾德家族聯盟控制了英格蘭銀行一年後，美國國會通過了一項法案，允許成立另一家私人擁有的中央銀行，第四次美國銀行戰爭由此開始。

這家銀行被稱爲美國第二銀行，美國政府擁有銀行百分之二十的股份。當然，聯邦政府的股份由財政部首先出資，並放到了銀行的保險箱裏。然後，通過神奇的部分準備金貸款，這部分資金轉變成了對私人投資者的貸款，隨後又被用來購買第二銀行剩餘的百分之八十的股份。

和以前一樣，主要的持股人都是秘而不宣的。但據說，最大的單個持有者的股份達到了所有股權的三分之一左右——來自一個國外股東。一位觀察家這樣描述：顯然，毫不誇張地說，第二銀行與其說是美國的銀行，倒不如說它的根更深地紮在英國。

因此，到一八一六年，一些人斷言，羅斯柴爾德家族及其通過聯姻締結起來的聯盟在控制了英格蘭銀行後，也開始投資於新的美國私人中央銀行。同時，隨著拿破崙的戰敗，他們也開始掌控法國銀行。

在美國第二銀行操控貨幣將近十年後，美國民眾的忍耐再次達到了極限。銀行的反對者們提名一位著名的田納西州參議員安德魯·傑克遜——新奧爾良戰爭的英雄競選總統。

傑克遜把自己的家稱爲修道院，但早已學會了怎樣用金錢來控制政治的銀行家們，從一開始就沒有給傑克遜任何機會。然而，讓銀行家們意外和驚慌的是，傑克遜在一八二八年贏得了大選，入主白宮。

傑克遜決心一有機會就廢掉銀行，並立即開始著手籌備。但第二銀行二十年的營業執照到一八三六年才到期，也就是他第二個任期的最後一年，如果他能夠活得那麼久的話。在他的第一個任期裏，傑克遜將許多銀行的代理人清除出了政府機關，他解雇了聯邦政府一萬一千名雇員中的兩千人。

一八三二年，隨著他第二次當選的臨近，銀行家們先發制人，並希望傑克遜不會從中作梗。他們要求國會提前四年通過銀行營業執照的續簽法案。國會通過了這一法案並將它遞交給總統簽署，但傑克遜毫不理會，他毫不猶豫地否決了該法案。而這一否決通知書也是美國最重要的檔案之一，它清楚地表明了美國政府對其公民的責任。

安德魯．傑克遜說：「不是只有美國的公民才享受到美國政府的慷慨，超過八百萬美國銀行的股份是外國人持有的。這使得人們很容易相信我們的國家和制度中的那些巨大的缺陷，是由於權力都集中在一群不負責任的人手裏所造成的。一家在本質上與我們的國家沒有多大聯繫的銀行，真的對我們的自由和獨立不會造成任何危險嗎？它控制我們的貨幣發行，接受公民儲蓄並且讓我們的國民必須依賴它，這將比面對一支全副武裝的軍隊還要危險可怕。」

遺憾的是，富人和有權勢的人常常使政府的法律向他們自己的私利傾斜。如果政府對每個公民都給予平等的保護，就像上天對大地遍灑甘露一樣，無論地域貧富，這絕對是一項巨大的功德。然而，那份法案卻嚴重背離了這些公正的原則，許多富人不滿足於均權和均富，而是要求總統通過國會的法案，使他們變得更加富有。

如果由於在迂腐的立法體系中利益評判的偏頗，使得政府不能立即做它該做的事情，至少政府可以與新的壟斷和特權作鬥爭，以阻止政府在犧牲大多數人利益的情況下來換取少數人的利益。這也有利於國家司法制度和政治經濟體系進行折中的漸進式的改革。傑克遜說：「我現在履行了我對這個國家的職責，如果能得到我的國民的支持，我將非常感激和高興；如果不能，我也會找到讓我繼續尋找和平和美好的動力。我們所面臨的困難以及我們的制度所面臨的威脅，都不應該使我們沮喪驚慌，讓我們緊緊地依靠在仁慈的上帝周圍以獲得解脫和安慰，我堅信祂會以無上的智慧庇佑著我們的國民。有祂的恩惠，還有我的國民們對這個國家的熱愛，我們的自由和制度一定會勝利。」

傑克遜還宣稱：「如果國會有權發行紙幣，這項權力應當只能由國會自己持有，而不應該被移交給其他任何個人或公司。」

一八三二年七月，國會沒能駁回傑克遜的否決。之後，傑克遜競選連任，他將這些問題直接交給人民去決定。在美國歷史上，首次有候選人在街道上展開競選活動。在此之前的總統候選人都是待在家裏，好像他們已經是總統了。傑克遜的競選口號是：有銀行就沒有傑克遜，有傑克遜就沒有銀行！

共和黨推選參議員亨利．克萊作爲傑克遜的競選對手，儘管銀行家們在克萊的競選活動中投入了三百多萬美元——這在當時是一個天文數字，但傑克遜仍然在一八三二年再次當選美國總統。

雖然傑克遜在總統競選中取得了勝利，但他心裏也知道戰爭才剛剛開始。這位剛連任的總統說：「腐敗的毒瘤才僅僅被劃破，卻仍未被根除。」

傑克遜命令他的新財政部長路易士．麥克雷將政府的存款從美國第二銀行裏轉移出來，存到各州銀行中。但麥克雷拒絕這樣做，於是傑克遜解雇了他，並任命威廉．J．道恩爲新的財政部長。道恩也拒絕執行總統的要求，傑克遜再次解雇了道恩，隨後任命羅傑．B．特尼就任這一職位。特尼遵循了傑克遜的要求，從一八三三年十月一日開始取出政府存在美國第二銀行的資金。

傑克遜說：「我終於將它鎖住了，我已經準備好將它連根拔起！」但是，銀行在這場戰鬥中還未被打倒。

對於傑克遜來說，他對「有錢貴族」的核心和靈魂——第二銀行及其總裁尼古拉斯．比德爾仍然心存恐懼。比德爾和傑克遜完全不是一路人：前者出身高貴，受過高等教育，四處遊歷，深諳財政之道。學法律出身的比德爾在歐洲待了三年，那段日子，他給詹姆斯．門羅當秘書，當時，門羅擔任美國駐英國的大使。比德爾和一個富有的繼承人簡・克雷格結婚後，離開法律界，成爲費城一家文學雜誌的編輯。很快，他就在費城北邊特拉華河岸邊的安達盧西亞建造了一幢國內一流的房子，直到今天，整個家族還居住在那裏。

一八一九年，門羅總統任命比德爾擔任第二銀行的董事會董事，一八二三年，比德爾成爲該銀行的總裁。第二銀行在第一任總裁威廉・瓊斯時期發展得並不順利。瓊斯曾參與第二銀行股票的投機活動，並暗中進行了一些暗箱操作，後來由於受到國會的調查而辭職，蘭登・切夫斯接任總裁，收拾瓊斯留下的爛攤子。不幸的是，這次調整引發了一八一九年的大恐慌，緊接著，商業活動還出現了短期的疲軟。

當傑克遜入主白宮後，對銀行，尤其是那些實力雄厚的大銀行的厭惡之情，馬上就反映在他作爲總統向國會遞交的首份報告中。當時距離第二銀行的特許狀到期還有整整七年的時間，他就在這份報告中早早地提出要停止續發特許狀。一八三二年，當傑克遜再次參加總統競選的時候，他要毀掉第二銀行的意圖已經非常明顯。

比德爾奮力保護第二銀行。許多國會議員和銀行都有著良好的關係，比德爾向他們施壓，要求在國會在一八三二年夏天休會之前通過法令，給第二銀行續簽十五年的特許狀，他希望傑克遜不要把這件事牽扯到自己的競選活動中去。

尼古拉斯・比德爾試圖運用他的影響力使國會駁回對道恩的任命。比德爾威脅說，

如果美國銀行的營業執照不能再次得到續簽，將會帶來一場席捲全國的經濟衰退。他宣戰說：「這位傑出的總統認為他剝下了印第安人的頭皮，並把聖經束之高閣，下一步他就能拿銀行下手了，那他就犯了不可彌補的錯誤！」

後來，比德爾承認銀行將緊縮銀根以迫使國會恢復中央銀行，他的話難以置信的坦率：「只有大眾的苦難才能迫使國會讓步……我們唯一的保險做法就是穩步控制貨幣供應，我毫不懷疑這一路線將最終使得資金被重新存到中央銀行，並使它的營業執照得到續簽。」

比德爾想利用銀行擁有的貨幣收縮能力引致一場大範圍的衰退直到美國屈服。不幸的是，雖然銀行家們不會再犯像比德爾那樣的錯誤，但這種情況卻在美國歷史上一次又一次地發生。也許，在今天它同樣可能。

尼古拉斯·比德爾展開了他的威脅，銀行通過回收舊的貸款並拒絕發放新的貸款急劇地收縮了貨幣供應，緊接著引發了金融恐慌，並帶來了經濟的蕭條。毫無疑問，比德爾將這場危機歸咎於傑克遜總統，說這是由於聯邦資金從中央銀行撤走而造成的。他的陰謀得逞了，工資和物價雙雙下跌，失業率隨著企業的破產而劇增，整個國家都陷入了騷動。

各大報紙在社論中大肆批評傑克遜，然而，傑克遜仍然是總統。銀行家們威脅不再向國會議員們支付工資，由於一些重要政客的支持，這在當時是可以直接合法地實現的。僅僅在一個月內，國會就召開了所謂的「恐慌會議」。

在傑克遜將資金從中央銀行取出六個月後，參議院以廿六票對十票通過了對他的譴責決議。這是歷史上首次有總統被國會譴責。但這更激起了傑克遜的憤怒，他猛烈地抨擊銀行：「你們是一群毒蛇，我一定會將你們驅趕出去，以上帝的名義起誓，我一定會將你們驅趕出去！」

此時，美國的命運處在懸崖邊上。如果國會徵集了足夠的票數推翻傑克遜的否決案，銀行將被授予另外二十年或者更長時間的對美國貨幣的壟斷控制。是時候鞏固它已經擁有的巨大權力了，比德爾開始謀劃新的陰謀。

但這時，一件不可思議的事情發生了，第二美國中央銀行總部所在地賓州的州長站出來支持總統並強烈地譴責銀行。此外，比德爾公開吹噓銀行要摧毀經濟的話被曝光，形勢迅速得到扭轉。

一八三四年四月，眾議院以一百三十四票對八十二票駁回了續簽銀行營業執照的法案。緊接著，國會以更具壓倒性的比率，投票通過了建立一個專門委員會的提議，以此專門委員會調查這場危機是否是銀行一手策劃。

當調查委員會手持傳票來到費城銀行的門口要求查看賬目時，比德爾拒絕交出賬目，他也不允許檢查他和一些國會議員們關於他們的私人貸款和利益的信件。不僅如此，他還傲慢地拒絕在委員會回到華盛頓以前作證。

一八三五年一月八日，在就職十一年以後，傑克遜還清了最後一部分國債，而這是允許銀行通過發行貨幣而不是簡單地發行國庫券來購買政府債券的必要條件。他是美國歷史上唯一一個還清了國債的總統。

幾周之後，也就是一八三五年一月三十日，一名叫理查·勞倫斯的暗殺者試圖刺殺傑克遜總統，但兩支手槍都走火了，勞倫斯後來以精神病的理由被判決無罪。在獲釋以後，他在朋友面前放言，是歐洲某個有勢力的人交給他這個任務，並承諾在他被抓後保釋他。

儘管第二銀行對貸款的收回導致經濟的發展在一八三四年出現了短暫的回落，但在十九世紀三〇年代早期，南方棉花價格高漲、北方製造業飛速發展、運輸體系不斷完善，這三方面推動著國內生產總值不斷攀升，各地均呈現出繁榮景象，國內銀行的數量從一八二九年的三百廿九家增長到一八三七年的七百八十八家。繁榮為投機分子提供了機會，華爾街的股票交易額漲幅之高，使得「華爾街」一詞成為了美國金融領域的代名詞。

西部的投機活動最為猖獗，那裏關注的焦點是土地而不是證券。那些無意定居的人一邊從聯邦政府手中購置大片土地，一邊從當地銀行借到更大數額的銀行券支付給聯邦政府。聯邦政府的土地銷售是由其下設的土地管理局負責的，一八三二年，土地銷售總額已達兩百五十萬美元，一八三六年達到兩千五百萬美元，同年初夏的一個月內，土地銷售總額就有五百萬美元。事情發展的態勢嚇壞了傑克遜，他可能從未意識到自己的政策已在很大程度上助長了他最爲痛恨的東西：投機和紙幣。

其實，傑克遜對形勢一清二楚，他後來寫道：「公共土地的所有證只不過是銀行信用的憑據。」「銀行向投機者兜售銀行券，收票人支付之後，銀行馬上收回票據再次賣出，在這個過程中，銀行券不過是最有價值的公共土地轉移到投機者手中的憑據。實際上，每一輪投機活動的結束都意味著新一輪的開始。」

傑克遜決心用自己典型的方式處理這件事。一八三六年，他向內閣建議：想要購買土地的人只能以金幣或銀幣——即鑄幣的形式向土地管理局繳納土地款，那些真正有意在當地定居、一次買下三百二十英畝土地、並能在同年十二月十五日之前用鈔票付清土地款的買家例外。內閣的許多成員都已經深深地捲入了這場投機活動中，所以總統的提議遭到了堅決抵制，很多與投機活動有著千絲萬縷聯繫的國會議員當然也不會同意。

面對這種情況，傑克遜只好等到國會休會後的七月十一日，將所謂的《鑄幣流通令》作爲一個行政命令簽署生效。這個法令的出爐在遏制西部土地的投機活動的同時，

也帶動了當地硬幣需求量的增長。東部銀行金銀儲量逐漸耗盡，銀行開始動用以前的儲備。很快，許多西部銀行就捉襟見肘了。傑克遜財政方案的另一組成部分——「寵兒銀行」的情況更是糟糕。國債全部償清後，聯邦政府有了大量財政盈餘，如何利用這筆收益成爲了亟待解決的問題。傑克遜總統說服國會從一八三七年一月一日起，把這些盈餘分給各州使用。政府存款紛紛撤走，「寵兒銀行」開始收回貸款。

一八三六年，第二美國銀行在營業執照到期後終止了中央銀行的功能，比德爾隨後被逮捕並被指控犯有欺詐罪，他在審問後被宣判無罪，但此後不久就死了。此時，他還背負著數宗民事訴訟。第四次美國銀行戰爭以銀行家的第四次失敗而告終。

在結束第二任總統任期後，傑克遜到位於納什維爾的一家修道院休養，他仍然因其殺死銀行的決心而被人們所熟知。事實上，他的工作完成的如此出色，以至於銀行家們花了整整一個世紀（隨著一九三五年聯邦銀行法案的通過）才恢復元氣並達到相同的規模。在傑克遜後來的日子裏，當被問到他最大的成就是什麼時，這個戰爭英雄回答說：「我殺死了銀行！」

傑克遜還警告美國未來的後代們：「如果美國人民被銀行以這樣或那樣的存在形式所蒙蔽，那麼它無所顧忌地控制政府並帶來無盡的苦難，就是美國人民面臨的可以預見的命運。」

4 內戰時期的林肯綠幣

儘管傑克遜用局部區域的儲備銀行把私人所有的中央銀行給擊垮了，但連他自己都無法弄清事情的原委，這種武器仍然受到大量的國有特許銀行的歡迎。比如，到一八六二年的麻塞諸塞州，國有銀行貸出了超過他們擁有的金銀八倍的款項。一個國有銀行放行了只有八六點四八美元支持的五萬美元債券，這加劇了南北戰爭前的經濟不穩定，況且，他們中的大多數都不用交納準備金。然而，中央銀行被淡化了，大規模一致的貨幣整治行動不可能實現。所以，美國在西部擴張中逐漸強盛。

這一次，主要的貨幣變革者拼命地想要挽回失去的力量，並對貨幣發行進行壟斷，但是沒用。最後，他們只能用以前央行的慣用之計——爲戰爭融資，製造債務。如果他們不能用其他手段控制央行，美國將因爲戰爭而陷入泥潭。

一八六一年四月十二日，在亞伯拉罕·林肯就職後的第一個月，南北戰爭在南卡羅來那州的福特·薩姆特地區打響了。第五次，同時也是最後一次美國「銀行戰爭」由此開始。

在槍聲響起後的幾個月內，中央銀行家們向法國拿破崙三世（沃特魯・拿破崙的外甥）貸款二點一億法郎，以保障拿破崙三世的軍隊能夠佔領墨西哥並擊退美國南方邊境的駐軍，以此利用南北戰爭的機會威脅門羅主義，恢復墨西哥的殖民統治。

不管戰爭的結果是什麼，他們都希望一個被戰爭洗禮的美國能夠欠下歐洲的貨幣改革者們大筆債務，這樣，美國就不得不把中央和南方再次向歐洲殖民佔領者開放。這正是門羅主義在一八二三年所禁止的根本原因。

同時，英國調集了一萬一千人的軍隊到加拿大，並把他們駐紮在北美邊境。英國的艦隊也處於臨戰狀態，隨時準備快速出擊進行干涉。

林肯知道自己被束縛住了，他爲國家的命運感到深深的憂慮。而南北之間，除了差異之外，還存在很多其他的因素，這就是爲什麼他總是強調「聯合」而不僅僅是擊潰和統一南方。但是，打仗需要金錢，只有有足夠的金錢，他們才可能贏得戰爭。

一八六一年，林肯和他的內閣財政部長蔡斯去紐約申請貸款。貨幣改革者出於最大化戰爭利潤的考慮，貸給他們的利息是百分之廿四至百分之三十六，林肯沒有接受。接著，他拜訪了來自芝加哥的老朋友，陸軍上校迪克・泰勒，把這個爲戰爭融資的問題告訴了他。

在一次特別會議上，林肯詢問泰勒如何籌集資金。泰勒說：「這很簡單，讓議會通過法案『發行具有完全法償力的財政債券』，用這些券給士兵發工資，讓他們給你帶來戰爭的勝利。」

當林肯問及是否美國的所有公民都接受這些紙幣時，泰勒說道：

「如果你讓它具有完全的法償力，任何人對於此事都沒有其他選擇，他們將像紙幣一樣對政府有完全的約束力……有政府背後的撐腰，使得貨幣一直是好東西，這使得這些券像美國境內的其他貨幣一樣好用。」

最終，林肯照著他的話做了。從一八六二年到一八六五年，通過議會賦予的權力，林肯印了超過四點三二億美元的新票據。為了與流通中的私人銀行貨幣相區別，他在票據後面印上了綠色的墨蹟。這就是為什麼這些銀行券被稱為「greenback」（綠幣）的原因。有了這些錢，林肯支付了軍費。

直到此時，林肯才明白什麼在左右戰爭，對美國人民來說，什麼才是無法預料的。林肯對這件事的理解比前任總統傑克遜還要透澈。這是他對貨幣的觀點：

「政府應該製造、發行並且使得通貨進入流通領域，信用必須滿足政府的支付能力和顧客的購買力……製造和發行貨幣不僅僅是政府的最高特權，也是政府最偉大的製造時機。納稅人要被動存入很大數額的利息。公共企業的融資，財政的監管將是實際管理中的問題。金錢將被人類主宰，成為人類的奴隸。」

5 刺殺林肯背後的金融陰謀

與十八世紀七〇年代的美國獨立戰爭相比，美國歷史上發生在本土的最大規模的戰爭，是爆發於一八六一年四月的南北戰爭。今天，關於南北戰爭起源的爭論大多圍繞在戰爭的道義問題上，即廢除奴隸制的正當性，恰如希特尼所說：「如果沒有奴隸制，就不會有戰爭。」

其實，在十九世紀中葉的美國，關於奴隸制的爭論是經濟利益第一，道德問題第二。當時的南方經濟支柱就是棉花種植產業和奴隸制，如果廢除奴隸制，農場主就不得不按白人勞動力的市場價格支付工資給原來的奴隸，如此一來，整個產業就會陷入虧損，社會經濟結構勢必會崩潰。

實際上，奴隸制的確是導致美國內戰的一個重要因素，但不是最初的原因。林肯知道南方的經濟依賴於奴隸制，所以他根本不想廢除奴隸制。他在就職前的一個月說過這樣的話：「無論是直接的還是間接的，我沒有干預存在於這個國家的奴隸制的目的。我相信我沒有法律權利這樣做，也沒意願這麼做。」

甚至在福特・薩姆特地區戰爭打響之後，林肯仍然堅持說這場戰爭不是針對奴隸制的。「我最重要的目的就是挽救這個國家，而不是挽救或者廢除奴隸制。如果我解救任何奴隸就能挽救國家，那我肯定會那麼做。」

那南北戰爭爲什麼會發生呢？原因很多。北方工業家利用保護性關稅防止南方各州購買歐洲的便宜貨，而歐洲則以停止從南方進口棉花來作爲報復，這導致南方各州的財政出現了問題：一方面，他們出口棉花得到的收入在不斷減少，另一方面，他們花在生活必需品上的錢財卻在不斷增加。在這種情況下，南方的激憤不斷堆積。

另外，也有一些其他原因。貨幣變革者們仍然因爲美國擺脫他們的束縛早了廿五年而耿耿於懷。從那時起，美國靠不住的經濟對於世界上其他地方來說就是一個反面教材，儘管間斷出現的儲備銀行使得經濟有所恢復，國家有所變強。

中央銀行家們發現了一個機會，通過戰爭分割南北，分裂這個富裕的新興國家。這只是一個野蠻的陰謀嗎？

比斯馬克說：「在戰爭爆發前很久，歐洲的金融力量就決定把美國分割成平等的兩個聯邦。這些銀行家們恐怕美國得到經濟和金融的獨立，南北不分割，而是一併發展，這樣會使得歐洲的資本霸權在世界範圍內受挫。」

與羅斯柴爾德家族有著極深淵源的俾斯麥說得很透徹：毫無疑問，把美國分成南北

兩個實力較弱的聯邦，是內戰爆發前早就由歐洲的金融強權定好的。這也充分地印證了一點：推動美國南北戰爭的幕後黑手正是倫敦、巴黎和法蘭克福軸心的銀行家們。

爲了挑起美國內戰，國際銀行家們進行了長期而周詳的策劃。

在美國獨立戰爭之後，英國的紡織工業和美國南方的奴隸主階層逐漸建立起了密切的商業聯繫，歐洲的金融家們瞧準了這一機會，乘勢秘密發展起一個將來可以挑起南北衝突的人脈網路。在當時的南方，到處都是英國金融家的各類代理人，他們和當地的政治勢力共同策劃脫離聯邦的陰謀並炮製各種新聞和輿論。他們巧妙地利用南北雙方在奴隸制問題上的經濟利益衝突，不斷地強化、突出和引爆這一原本並非熱門的話題，並最終成功把奴隸制問題催化成了南北雙方水火不容的尖銳矛盾。

國際銀行家們做了充分準備，他們在策動戰爭的過程中的慣用打法是兩面下注，無論誰勝誰負，巨額的戰爭開支所導致的政府巨額債務都是銀行家們最豐盛的美餐。

一八五九年秋，法國著名銀行家所羅門．羅斯柴爾德（詹姆斯．羅斯柴爾德之子）以旅遊者的身分從巴黎來到美國，他是所有計劃的總協調人。他在美國南北奔走，廣泛接觸當地政界、金融界要人，不斷地把收集到的情報回饋給坐鎮英國倫敦的堂兄納薩尼爾．羅斯柴爾德。所羅門在與當地人士的會談中公開表示將在金融方面大力支持南方，並表示將盡全力幫助獨立的南方取得歐洲大國的承認。

國際銀行家在北方的代理人，是號稱紐約第五大道之王的猶太銀行家奧古斯特·貝爾蒙特。他是法蘭克福羅斯柴爾德家族銀行的代理人，也是該家族的姻親。他在一八三七年被派往紐約，由於大手筆吃進政府債券，很快便成爲了紐約金融界的領袖級人物，並被總統任命爲金融顧問。奧古斯特代表英國和法蘭克福的羅斯柴爾德銀行表態，願意從金融上支持北方的林肯。

在戰爭爆發初期，南方的軍事進攻節節勝利，英法等歐洲列強又虎視眈眈，林肯陷入了極大的困境中。銀行家們算準了此時的林肯政府國庫空虛，若不進行巨額融資，戰爭將難以爲繼。自一八一二與英國的戰爭結束以來，美國的國庫收入連年赤字，到林肯主政時，美國政府預算的赤字都是以債券形式賣給銀行，再由銀行轉賣到英國的羅斯柴爾德銀行和巴林銀行，美國政府需要支付高額利息，多年積累下來的債務已使政府舉步維艱。

銀行家們向林肯總統提出了一攬子融資計畫並開出了條件，當聽到銀行家們開出的利息高達百分之廿四至百分之三十六的時候，目瞪口呆的林肯總統立即指著門讓銀行家們離開。這是一個徹底陷美國政府於破產境地的狠招，林肯深知美國人民將永遠無法償還這筆天文數字般的債務。

戰爭離不開大量的金錢，但林肯認識到向國際銀行家借錢無異於自殺。

就在林肯冥思苦想解決方案而不得時，他在芝加哥的老友迪克．泰勒給他出了一個主意：進行貨幣改革，發行政府的貨幣。這種由政府發行的貨幣也就是後來的林肯綠幣。

在聽到這個消息後，代表英國銀行家的《倫敦時報》立即發表聲明：如果源於美國的這種令人厭惡的新的財政政策（指涉林肯綠幣）得以永久化，那麼政府就可以沒有成本地發行自己的貨幣。它將能夠償還所有的債務並且不再欠債，它將獲得所有必要的貨幣來發展商業，它將變成世界上前所未有的繁榮國家，世界上的優秀人才和所有的財富都將湧向北美。這個國家必須被摧毀，否則，它將摧毀世界上每一個君主制國家。

關於林肯的貨幣改革，德國首相俾斯麥曾先知一般地預言道：「他（林肯）從國會那裏得到授權，通過向人民出售國債來進行借債，這樣，政府和國家就從外國金融家的圈套中跳了出來。當他們（國際金融家）明白過來美國將逃出他們的掌握時，林肯將遭遇極大的生命威脅。」

林肯在解放了黑奴、統一了南方以後，立即宣布南方在戰爭中所負的債務一筆勾銷，這使在戰爭中一直為南方提供巨額金融支援的國際銀行家們損失慘重。為了報復林肯，更是為了顛覆林肯的貨幣新政，他們糾集了對林肯總統不滿的各種勢力，嚴密策劃了刺殺行動。

一八六五年四月十四日晚，美國公民約翰·維爾克斯·布思偷偷溜進亞伯拉罕·林肯總統在福特劇院的包廂，給了林肯總統致命的一槍。而在當時，許多人都認爲這只是一個偶然的事件。

林肯在遇刺後的第二天凌晨死亡，緊接著，在國際金融勢力的操縱下，國會宣布廢除林肯的新幣政策，並凍結林肯新幣不超過四億美元的發行上限。

從表面上看，美國的南北戰爭是兩種制度之間的肉搏，但從根本上看，其實是國際金融勢力與美國政府激烈爭奪美國國家貨幣發行權和貨幣政策的利益之爭。在南北戰爭前後的一百多年時間裏，雙方在美國中央銀行系統建立的這個金融制高點上進行反覆的殊死搏鬥，前後共有七位美國總統因此被刺殺，多位國會議員喪命。

一九一三年，美國聯邦儲備銀行系統的成立，標誌著國際銀行家取得了決定性的勝利。

6 林肯之後的貨幣市場

一八六五年林肯遇刺後，貨幣兌換商的目標是集中控制美國的金融業，這並非易事。隨著美國西部的開發，大量的白銀被開採。最重要的是，林肯在位時發行的美鈔受到了普遍的歡迎，其存在已將潘朵拉盒子打開——市民越來越習慣於政府發放的無負債的貨幣。

儘管歐洲中央銀行家處心積慮地攻擊美鈔，但內戰結束之後，美鈔仍然繼續在美國流通，很多人開始討論復興林肯對國家貨幣體系的試驗型改革。沒有了歐洲貨幣信託的介入，該體制將毫無疑問地成為一個既定的體制。

事實很清楚，美國通過發行無負債的貨幣對整個歐洲的私有中央銀行中堅分子發起了衝擊。他們充滿恐懼地看到，美國人開始呼籲發行更多的美鈔（美國南北戰爭時發行的不兌現紙幣）。

一八六六年四月十二日，差不多在林肯遇刺一年之後，國會開始屈服於歐洲中央銀行家的利益，它通過了緊縮法令，授權財政部使綠幣退出流通，並緊縮貨幣供給。

如果如林肯總統所希望的那樣，綠幣法令得以繼續，那麼內戰之後的衰退將不會發生。但事實恰好相反，綠幣的退出造成了一系列的貨幣恐慌，我們稱之為衰退。正是衰退迫使國會通過一些法令來將銀行系統置於中央控制之下。最終，在一九一三年九月廿三日，通過了聯邦儲備法令。

換句話說，放貸者想要實現兩件事情：在他們單獨控制下重新建立一個私立的中央銀行，由他們的黃金做財力支援發行美元通貨。

他們的策略是雙重的：

第一，引發一系列的恐慌來試圖使美國人民相信現存的分散式的銀行系統沒有起作用，並且只有中央控制下的貨幣供給才能保障經濟穩定。

第二，從該體系中移走如此多的貨幣以至大多數美國人徹底貧窮，而他們或者沒有足夠的耐心去為改革而奮鬥，或者太脆弱而不能反對銀行家，因為如果銀行家實施他們的計畫，他們將為美國人民促進經濟的恢復。

總而言之，就是使美國人相信他們為了獲得短期經濟恢復而冒長期危險是值得的。

一八六六年，美國有十八億美元的貨幣——大約人均五十點四六美元。僅在一八六七年，就有五億美元的貨幣從美國貨幣供應中抽走。一八七六年，美國的貨幣供給減少到只有六億美元。換言之，三分之二的美國貨幣被銀行家回收，只有人均十四點六〇美元的貨幣在流通。

十年之後，貨幣供給更是被削減到只有四億美元，儘管當時人口正在爆炸式增長。這樣的結果是只有人均六點六七美元的貨幣在流通，在過去的二十年中，這個數字減少了百分之八十四，人們經受了可怕的嚴重衰退。

今天，銀行資助的經濟學家試圖推銷他們的觀點，那就是衰退和蕭條是他們稱爲「經濟週期」的一個自然組成部分。一位經濟學家竟然試圖解釋經濟週期與太陽黑子有關！而事實是，現在的貨幣供給完全被操縱，就像是內戰之後的情形由尼古拉斯．比德爾控制一樣。

貨幣是怎麼變得這麼稀缺的呢？原因很簡單，銀行貸款回收而且沒有發放新貸款。另外，數百萬美元和銀幣被銷毀和融化。

一八六九年三月十八日，國會在這些銀行家的要求下，通過了信用加強法。該法案規定內戰期間以美元購買的美國債券，如果銀行家已經以三點五折進行了兌換，現在就必須按黃金價值進行全值償還。這意味著財政部向銀行家支付的錢，要比銀行家爲股票和應付利息而支付的錢多五億美元。這是一筆巨大的數額，相當於現在的五十億美元，從財政部轉移到銀行家的賬上。從那以後，這些銀行家的勢力在美國得到了強烈的擴張。

一八七二年，英國銀行給了一個叫斯奈德·歐尼斯特的人十萬英鎊（那時相當於五百萬美元），讓他到美國賄賂重要的國會議員，以減少銀子的使用進而減少未來的貨幣供應量。英國銀行還告訴他，如果這些錢不夠，可以再取十萬英鎊，如果有必要的話，還可以更多。第二年，國會通過了一八七三年的金屬貨幣法規，銀元鑄造廠停止鑄造銀元。

實際上，在議院提出該法案的撒母耳·霍普承認，是斯奈德先生起草了該法案，只不過沒有撒母耳提出的更完善。一八七四年，斯奈德自己也承認是他策劃的該法案：「我是在一八七二至一八七三年的冬天去的美國，被授權來保證減少銀元使用法案的通過。如果我能做到，就能爲那些我所代表的希望該法案通過的英國銀行管理者們帶來好處。」

一八七一至一八七三年，國際銀行家在德國完成了對銀的廢止流通。拉丁貨幣聯盟（法國、義大利、比利時、瑞士）在一八七三至一八七四年、斯堪迪納維亞聯盟（丹麥、挪威、瑞典）在一八七五至一八七六年、荷蘭在一八七五至一八七六年都完成了這種轉變。在短短五年的時間裏，金本位制在全世界被推廣，中國是唯一的重大例外。

但是，美國貨幣控制權的爭奪還沒結束。一八七六年，三分之一的美國人失業，人口也在不安中膨脹。人們嚮往回到過去林肯建立的美元體系或者銀本位制，只要使錢變

得充足就行。一個美元黨派獲得了超過一百萬的選票後發展了起來，他們開始爲銀本位制的復位做準備。

那年，議會組建了美國銀質委員會，他們的報告清晰地指責了銀行家的貨幣收縮行爲。報告中，將戰後國家資本家蓄謀的貨幣收縮和羅馬帝國的衰落加以比較，這使得報告看上去很有趣。

「黑暗年代給我們帶來的災難是由於貨幣發行的減少和價格的下降……沒有貨幣，文明不會開始，供給減少，文明會減退，除非重新恢復，否則會消亡。」

儘管白銀委員會出示了這項報告，但國會仍沒採取行動。一九八七年，從匹茲堡到芝加哥都發生了暴動，饑餓的破壞者的火炬點亮了天空。銀行家們草率地爲他們的下一步行動做出了決定，他們要拚死抵抗。現在，他們重新掌握了美國的錢，他們不會放棄。在那年的美國銀行家協會上，他們強迫其成員盡其能力來放棄向美元回歸的念頭。美國銀行家協會秘書詹姆斯寫了一封信給其成員，大肆呼籲各銀行不僅要攪亂國會，還要對付媒體。

「盡你們的權力所及來支持這種卓越的日報和週報，特別是農業和宗教新聞，這是十分明智的。因爲這會抵制紙幣美元的發行，你們也可以獲得那些不願意反對政府發行美元的申請者們的贊助……廢除發行銀行債券的法案，或者是重新使用政府對貨幣的發行額，都會向人們提供貨幣，因此會嚴重影響我們這些銀行家和放款人的個人利益。馬上審視一下你們的國會，讓它來維護我們可以控制立法的權益。」

由於國會的政治壓力發生了改變，受銀行指示的媒體試圖掩蓋真相，蒙蔽美國人民。紐約論壇在一八七八年一月十日這樣報導：「最終籌集到了國家資本（例如國家銀行），我們將要看看國會是否敢輕舉妄動。」但這也完全沒起作用。

一八七八年二月廿八日，國會通過了希爾曼法案，允許鑄造限定數量的銀元，結果導致了五年的貨幣脫節。但是這並沒有結束貨幣向金幣的回歸，也沒有完全解放銀。在一八七三年以前，任何向美國造幣廠提供銀的人，都可以無需支付費用將其兌換成銀元。現在這種情況不再了，但至少一些銀元開始再次回流到經濟社會中。在政治壓力下，銀行家暫時放鬆了貸款，經濟蕭條終於結束了。

三年後，美國人民選舉共和黨人詹姆斯．加菲爾德為總統。詹姆斯．加菲爾德瞭解經濟社會是如何被操縱的。作為一個國會成員，他曾經是撥款委員會主席，也是銀行貨幣委員會的一員。一八八一年，在就職典禮之後，他公然對貨幣兌換商們進行了猛烈抨擊：「在任何國家，任何控制著貨幣量的人都毫無疑問控制著所有的工業和商業……當你們意識到，無論如何，這個體系都很容易被一些上層權勢之人所掌控，那麼，你們將會知道通貨膨脹和經濟蕭條期是如何起源的。」在此言論發表了幾周後，即一八八一年

七月二日，詹姆斯．加菲爾德總統遭到了暗殺。

內戰期間的繁榮——華爾街銀行

儘管聯邦政府非常果斷地採用綠鈔應對各項開支，還要求民眾將這種貨幣當作法定貨幣流通，但政府本身卻不允許人們用綠鈔來交稅。稅金只能用黃金支付，國際貿易繼續嚴格遵照金本位制。

當然，這意味著人們需要想出一種辦法將綠鈔兌換成金子。聯邦政府要求綠鈔按面值與黃金進行兌換，這個要求與經濟現狀不符，因此無人理會。紐約證券交易所委員會不久便開始進行黃金交易，但是，用綠鈔來衡量的黃金價格通常與聯邦軍隊的運氣成反比，交易所委員據此認爲黃金的交易行爲不夠「愛國」，便在下一年停止了黃金交易。

在百老匯大街兩側賣股票的經紀人組建了一個「吉爾平新聞工作室」，以此作爲交易所來進行黃金交易。任何人只要願意支付廿五美元的年費，就可以參加這個地方的交易活動。一些大商人在生意往來中需要黃金或者想要防止綠鈔價格的波動，就會加入到吉爾平工作室，另外，還有幾百名投機商也想從一場爲國家的存在而戰的戰爭起伏中大賺一筆。這些投機商爲了在黃金投機上獲利，經常無情地把賭注壓在北方軍失利一邊，所以，人們都很鄙視他們，稱他們爲「李將軍在華爾街的左路軍」。亞伯拉罕・林肯甚至公開詛咒「所有這些罪惡的腦袋都應該被砍掉」。

投機商對於別人的評價毫不在乎，有很多錢等著他們憑運氣或遠見去賺呢！爲了確保自己的預測是正確的，他們用盡了各種手段。投機商們經常在北方軍和南方軍中同時安插爲自己刺探消息的代理人，所以，他們常常比華盛頓方面消息靈通，華爾街就是先於林肯總統知道葛底斯堡戰役的結果的。

受一八五七年大崩潰影響而倒閉的礦業交易所在一八七〇年重新開業，而且很快便開始大量交易諸如烏拉古爾奇黃金開採及加工公司之類的股票。石油交易所也於一八六五年成立。當時，爲開發賓州油田而成立的公司如雨後春筍般冒出來，石油交易所就是用來進行這些公司股票的交易的。

這些新成立的交易所中，最重要的一家交易所——煤洞交易所，起初只在一間很不起眼的地下室營業，但它的交易額很快就超過了紐約證券交易所，並在一八六四年重組爲公開經紀人交易所。它拋棄了原先證券交易所慣用的那種坐在自己席位上的拍賣方式，採取連續競價的拍賣方式，經紀人可以在大廳指定的交易柱（這來源於百老匯街的路邊交易市場的交易方式，在那裏，交易商們聚集在不同的街燈燈柱下進行股票交易）位置同時進行各種證券的交易。

內戰之後，美國經濟突飛猛進，貨幣和銀行管理體系的發展已跟不上經濟發展的步伐。儘管美國這些年已經成爲世界頭號經濟強國，而且經濟實力足以與整個歐洲比肩，但美國仍然沒有中央銀行，自然也就不存在國家貨幣供應體系。雖然繁榮的經濟與傑弗遜設想的自耕農經濟完全不同，但湯瑪斯．傑弗遜對銀行的仇恨之情仍舊久散不去。

最初，州立特許銀行被剝奪銀行券發行權的時候差一點全軍覆沒，此時，它們卻東山再起。內戰末期，州立特許銀行的數量不超過兩百家，一九〇〇年，這類銀行已達到四四〇五家，其中大部分規模小、財力弱。新的國家銀行體系在東北部運轉良好。東北部的經濟實力在全國處於領先地位，流動資金也最爲充足。南部和西部的許多地方資源缺乏，達不到國家特許狀的要求，密西西比州以及佛羅里達州之間壓根兒就沒有國家銀行。更糟糕的是，國家銀行不允許抵押房地產來借款，而房地產是這些地區唯一「豐富」的資產。

那時，國家銀行都不允許設立分行，也不能跨州經營，所以，一時數量劇增，到十九世紀之交增加到了三七三一家。國家銀行要比州立銀行大得多，財力也雄厚得多，但國家銀行常常要依賴當地的經濟發展。大規模和多樣化是美國經濟的一大特點，然而，國內其他行業都必須與之打交道的銀行業卻不具備這一特點。事實證明，這是一個幾乎致命的不足。

一八六三年，紐約證券交易委員會更名爲紐約證券交易所，這個名字一直沿用至今。交易所繼續沿用每日兩次坐在自己席位上進行拍賣的方式。由於沒有足夠的空間，各種新的交易被迫挪到大街上進行。爲了解決這個問題，華爾街建立了新的交易所來進行這些交易活動，但同時，街頭股票交易也發展迅猛。

一八六四年六月十七日，國會頒佈法令，規定在經紀人辦公室以外的任何地方買賣黃金都屬非法。這條法令除了關閉吉爾平工作室並將交易者驅趕到大街上之外，產生的一個主要影響就是拉大了黃金和綠鈔之間的差價（葛底斯堡戰役之前，兩百八十七美元的綠鈔可兌換一百美元的黃金，這時的差價達到了最高點）。這個法令在兩周後被撤銷，吉爾平工作室重新開門營業。

那年秋天，華爾街中的幾個人，包括當時非常年輕的J・P・摩根和利維・P・莫頓（後來當選為紐約州州長以及班傑明・哈里森政府的副總統）創建了紐約黃金交易所。交易大廳的盡頭是一個巨大的鐘形圓盤，上面只有一個指標，用來顯示黃金的即時價格。雖然黃金交易所已經比先前雜亂無序、充滿投機的吉爾平工作室（它在交易所營業之後就關門了）進步了很多，但對於那些心臟或神經很脆弱的人來說，這個地方依然令他們望而卻步。

華爾街在內戰期間的繁榮程度超出了人們的預計，儘管內戰爆發引起了恐慌，而且每一場戰役突然爆發後都會如此，但華爾街的交易量——證券交易量卻大幅提高。當國家債務上升了四十分之一的時候，債券的交易也活躍了起來。另外，政府的大部分支出將流向鑄鐵廠、槍炮廠、鐵路電報公司以及紡織和製鞋商那邊，而這些公司產生的利潤將流入華爾街，與此同時，它們也要從華爾街獲得急需的資本。

不久以後，華爾街出現了有史以來最大規模的一次商業擴張，迅速發展成為世界第二大證券市場，僅次於倫敦證券市場。在接下來的幾年中，華爾街的財富不斷增加。一八六四年，年僅廿七歲的Ｊ．Ｐ．摩根稅後收入為五三二八七美元，這是一個熟練技工一年收入的五倍。交易所的經紀人忙起來根本顧不上吃飯，所以設立了一個午餐台專門給他們提供速食，這比他們回家吃飯要節省不少時間。可見，速食可能是美國內戰遺留下來的重要產物。

一八六五年，華爾街年交易額超過六十億，很多經紀人一天的佣金收入就有八百至一萬美元，全民都加入到了這個行業之中，辦公室擠滿了人……紐約達到空前的繁榮。百老匯停滿了車，時尚女裝經銷商、服裝生產商和珠寶商都賺得盆滿缽滿。週末的第五大道和平日的中央公園都會舉行各種盛大精彩的露天表演，從來都沒有如此豐盛的晚宴、隆重的招待會和華麗的舞會，城市的大道被各種奢華的物品妝點。

8 投資銀行業的輪迴與新起點

百年華爾街的主流是由摩根、高盛這些古老的名字主宰的。這些歷史悠久的權勢集團見證了一個金融帝國的起伏跌宕，他們的一舉一動都操控著價值上百億美元的大宗併購，影響著商業巨頭、企業財團的重大商業決策。尤其是二十世紀後半期以來，隨著全球化和金融市場一體化的浪潮，這些金融巨擘的手更是時不時地掀起資本市場的驚濤駭浪，成爲無數聰明而野心勃勃的年輕人頂禮膜拜、爭相追逐的對象。

除了高定服裝、拉菲、私人會所這些常被街頭小報過度渲染的浮華外，常春藤名校、不知疲倦的高強度工作、冷靜乃至冷酷的快速決策、操控巨額資金和企業生死的快感可能是這個行業更貼切的肖像。

這個群體有個共同的名字——「投資銀行家」。理解現代金融資本市場，從理解華爾街的投資銀行開始。

獨立戰爭結束的時候，聯邦政府面對的是個債務纏身的爛攤子，爲戰爭欠下的各類負債高達兩千七百萬美元，支付貨幣五花八門。爲了改善混亂脆弱的財政狀況，三十三歲的財政部長漢密爾頓設計了一個大膽的方案：以美國政府的信用爲擔保，統一發行新的國債來償還各種舊債。

投資銀行業務始於有價證券的承銷

在三百多年前，這種現代最司空見慣的「以舊換新」的債券融資實屬超前妄爲。爲了使得債券的發行籌資能夠順利進行，大量的「掮客」湧入，充當發行人（政府）和投資者之間的橋梁——他們尋找投資者，並負責將債券以特定的價格賣給投資者。這些人中，有傳統的銀行家，有投機商，也有形形色色的交易者。這些掮客在債券發行的條件甚至定價方面都起著重要的作用。

債券市場的發展爲新生的美國提供了強大的資金支援，經濟活動以一日千里的速度發展，反過來又推動了資本市場的空前活躍。在這個過程中，新大陸第一代「投資銀行家」的雛形開始形成。

在隨後的幾十年裏，美國版圖不斷擴大，經濟的快速增長對交通運輸的需求使得開鑿運河和修建鐵路成爲最迫切的需要。單獨的企業、個人顯然沒有能力承擔這些大型項目，面對公眾的籌資（IPO）和股份公司由此走上歷史舞臺，現代意義上的投資銀行業就此拉開帷幕——早期的投資銀行家們通過爲承銷有價證券，將投資者手中的財富集聚起來，爲實業家們提供項目融資。

初生的美利堅合眾國很快就看到了金融資本對實體經濟發展的巨大推動力：美國以超乎想像的速度完成了工業化進程，培育了像卡內基鋼鐵公司這樣的超級企業。到一九〇〇年，美國已經取代英國成爲世界第一經濟強國。

可能連漢密爾頓都沒有想到，他的這一設計使得美利堅合眾國的發展從一開始就帶著金融資本的基因，並創造了一個至今未衰的金融資本時代。那些從承銷債券、股票和各種票據起家並累積了大量財富和人脈的金融家們，從此在世界歷史的舞臺上翻雲覆雨。

J．P．摩根帶來了企業併購重組

鐵路的發展產生了第一批現代股份制企業——企業的所有者（股東）和經營者（管理層）分離。雖然股份制公司在專案融資上的好處顯而易見，但在缺乏有效公司治理和法律監管的情況下，鐵路股票的發行成了一夜暴富的投機工具，千奇百怪的鐵路公司資本結構、惡性的重複建設和價格戰，使得十九世紀中後期的鐵路工業成爲了名副其實的蠻荒叢林，全國大大小小的鐵路公司有幾百上千家，它們混亂無序地橫貫著新大陸。

J．P．摩根的出現改變了這一切。有著新英格蘭貴族血統的摩根是華爾街傳奇的

標誌。他高大穩重，頭髮一絲不苟地向後梳，露出寬闊的額頭和一雙像鷹隼一樣炯炯的眼睛。好萊塢經典的商戰片《華爾街》（一九八七）中，麥克．道格拉斯飾演的戈登．蓋柯就梳著摩根式的大背頭。這個髮型後來受到無數人追捧，被視爲華爾街的標誌性形象。

進入華爾街後，J．P．摩根開始著手一項整合美國鐵路系統的計畫。他出面策劃了一連串的公司併購和重組，通過併購重組，效益低下的小公司以合理的價格被收購，而大的鐵路公司實力大爲增強，美國的鐵路行業進入了一個前所未有的良性有序的經營時代。紐約中央鐵路、賓夕法尼亞鐵路、巴爾的摩鐵路、伊利鐵路等樞紐幹線和其支線逐漸形成一張鐵路網，使得這個遼闊大陸成爲了一個統一的經濟體，開創了不可置信的繁榮時代。

一九〇〇年，摩根再次出面組織大型財團，開始對美國的鋼鐵行業進行併購重組。一年後，資本金達到十四億美元的美國鋼鐵公司成立，而當年美國全國的財政預算也不過五億美元左右。得益於規模經濟和專業分工的巨大優勢，美國鋼鐵公司迅速成爲國際鋼鐵業的壟斷者，一度控制了美國鋼產量的百分之六十五，左右著全球鋼鐵的生產和價格。

資本對於實體經濟的作用日益顯著。作爲金融市場和產業發展之間最重要的媒介，投資銀行家在美國經濟生活中的分量舉足輕重，企業資產併購重組從此成為投資銀行業務的重頭戲之一。

一九三三年是個分水嶺：投資銀行和商業銀行的分離

十九世紀末二十世紀初，華爾街實現了第一次騰飛。經濟的持續增長和資本市場的持續繁榮讓華爾街成了名副其實的金礦。這一時期，金融巨頭們扮演著上帝的角色，他們是最大的商業銀行，吸收了大部分的居民存款，同時，他們又是最大的投資銀行家，壟斷著證券承銷經紀、企業融資、企業兼併收購這些利潤豐厚的「傳統項目」。由於沒有任何法律監管的要求，商業銀行的存款資金常常會以內部資金的方式流入投資銀行部門的承銷業務。巨額的資金很容易催生股市泡沫，然後引發更大的資金流入。然而，一旦股市動盪或者有債務違約，儲戶的資金安全就會受到很大的威脅。

一九二九年十月開始的經濟危機導致大規模的股市崩盤和銀行倒閉，許多普通家庭的儲蓄一夜之間化為烏有。為了穩定資本市場，防止證券交易中的欺詐和操縱行為，保障存款人的資產安全，美國國會在一九三三年六月一日出爐了至今影響深遠的《格拉斯—斯蒂格爾法案》（正式官方名字是《一九三三年銀行法》），規定銀行只能選擇從事儲蓄業務（商業銀行）或者是承銷投資業務（投資銀行）。這也意味著商業銀行被證券發行承銷拒之門外，而投資銀行不再允許吸收儲戶存款。

根據法案，J．P．摩根被迫將自己的投資業務部門分離出來，成立了摩根史坦利公司。緊接著，第一波士頓公司正式成立，雷曼兄弟、高盛都選擇了他們擅長的投資銀行業務。「投資銀行」這個名字正式進入金融行業的辭典中，現代投資銀行業的歷史之門從此開啓。

時代變了，投資銀行需要變化

對於剛剛獨立的投資銀行業來說，一九三〇至一九五〇年算得上是生不逢時。大蕭條的餘悸猶在，市場冷冷清清，羅斯福和杜魯門政府顯然對在資本市場「興風作浪」的金融冒險家們沒有太多好感，政府對銀行證券業的監管一再加強。幸好戰爭的爆發催生了大量資金需求，國債和國庫券的發行讓投資銀行業度過了這一段艱難的日子。爲了生存，投資銀行家們甚至只得屈尊進入不那麼「上流」的證券零售經紀業務。在此期間，以零售經紀業務爲主的美林證券迅速崛起。

隨著戰後美國工業化和城鎮化的高潮，二十世紀六〇年代的華爾街迎來自己的又一個黃金時代，承銷和併購業務源源而來。與此同時，社會財富的急速累積催生了大量共同基金。隨著養老保險制度的建立，養老基金也開始大量進入市場，人壽保險公司的資金實力在同一時期也快速發展，機構投資者在市場上開始形成巨大的買方力量。隨著資金量的增長，買方漸漸不再滿足投行所提供的單調的權益證券和固定收益證券。不同風格的機構投資者對風險敞口，風險收益和投資組合提出了更多的不同要求，投資銀行家們必須適應這一趨勢，開發新的金融產品成了其生存所需要的技能。

交易導向型的投資銀行和金融創新

直到二十世紀七〇年代，證券承銷（尤其是IPO）仍是投行的主營業務，做頂級承銷商仍是這個行業至高無上的榮譽。不過，時代的風向已經開始變化，客戶導向型的投資銀行開始向交易導向型的金融服務商轉變。

交易需求有時候來自客戶。比如，爲了保證自己承銷的各種證券（股票、債券、票據、期貨、期權）流動性，投行需要在二級市場上爲它們「造市」。另外，投行的大客戶（包括企業和各種機構投資者）也常常要求投行幫助他們買入或者出售大宗證券。通過這種頻繁的買入賣出，投行賺取交易的「買賣價差」，同時也極大地增加了市場的流動性。

另外的交易需求來自自營業務。早期的投行主要是金融行業的「賣方」，即幫助企業出售金融資產來募集資金。以零售經紀業務起家的美林公司在一九七一年成爲華爾街

第一家上市的投行後，摩根史坦利和高盛也逐漸打破行業慣例，成爲公眾公司。投行的資本金因此普遍大幅提高，催生了自營帳戶資產管理的需要。另一方面，隨著財富的積累，客戶方也越來越多地對投行提出了資產管理的業務要求，這些傳統的「買方」業務（如何用資金購買合適的金融資產）漸漸演變成了投行業務的重要組成部分。到一九九〇年代中期，曾經獨領風騷的承銷和傭金收入已經下降到美國整個投行業收入的百分之廿五不到，而以各種有價證券交易爲主的自營業務和資產管理業務收入則上升到了百分之五十以上。

金融產品的日漸增多和投資者結構的日漸複雜，以及市場的波動性，成爲了華爾街的最大困擾。保守型的養老基金和保險公司是債券市場最大的客戶，他們對於債權人的財務狀況日益謹慎，對資金的安全提出了更高的要求。利率掉期（是指兩個主體之間簽訂一份協定，約定一方與另一方在規定時期內的一系列時點上按照事先敲定的規則交換一筆借款，本金相同，只不過一方提供浮動利率，另一方提供固定利率）因此被運用在債券市場上來對抗利率風險。接著，貨幣掉期（是指兩筆金額相同、期限相同、計算利率方法相同但貨幣不同的債務資金之間的調換，同時也進行不同利息額的貨幣調換）也開始被運用在跨國的債券交易中來抵禦匯率風險。

另一項影響更爲深遠的金融創新則是資產證券化。一九六〇年代後期，美國快速增長的中產階級對自有房產的需求帶動了房產的抵押貸款。爲了滿足不斷擴大的房貸資金需求，兩大房產抵押機構「房利美」和「房地美」（又稱「聯邦國民抵押貸款協會」和「政府抵押貸款協會」）需要更多的籌資手段。銀行家們因此設計出了一種叫「轉手證券」的衍生產品。這種債券的發行用住房抵押貸款的利息來償付債券人。如此一來，整個房地產借貸市場的流動性大爲改善，直接帶動了房產和債券市場的雙重繁榮。

這個被稱爲「證券化」的金融工具迅速流行起來，任何債券、項目、應收賬款、收費類資產甚至版稅收入都可以通過證券化的形式獲得融資。在隨後的幾十年中，林林總總的商業機構，形形色色的投資者，還有投資銀行家們，都以前所未有的熱情投入到證券化的浪潮中。華爾街因此產生了一句諺語，叫「如果你有一個穩定的現金流，就將它證券化」。和證券化有關的各類產品良莠不齊，紛紛粉墨登場。

時代在變化，一杯威士忌，一根雪茄，個人魅力主宰的投資銀行將要漸漸從歷史舞臺隱退，更爲專業化、技術化、數量化的時代即將來臨。

在柴契爾夫人強硬的自由主義的執政理念下，一九八〇年代的英國首先實施了被稱爲「大爆炸」的金融改革——分業經營的限制被打破，金融保護主義結束，固定佣金制被取消。華爾街突然發現，倫敦又成了了自己可怕的敵人。尤其在國際債券市場上，倫敦交易所已經佔據了先機，浮動利率票據、部分支付債券、可替換債券……眼花繚亂的

品種被開發出來，滿足了投融資多樣化的需求。緊接著，日本、加拿大等國家紛紛放鬆金融管制。

隆納·雷根（Ronald Reagan）的上臺終於讓華爾街的銀行家們鬆了一口氣。規定了利率上限的Q條款被取消，利率徹底市場化，四一五條款的實施加快了證券發行的程序，銀行跨州經營的限制被打破，儲蓄機構被有條件地允許進行全能銀行業務。金融改革十年的成效很快就會體現出來。

美國國內市場上，「垃圾債券」和槓桿收購給了傳統的投資銀行業務大展宏圖的機會。陷入財務困境的企業的債券通常被稱爲「垃圾債券」。長期以來，它們在市場上乏人問津，因此價格極低。一個叫邁克爾·密爾肯的投資銀行家意識到，這些看上去一文不値的債券的收益率已經遠遠超過了風險補償所需要的回報率，沒有比這更好的投資機會了。更重要的是，對於那些缺乏現金流的新技術公司（通訊、資訊、生物醫藥等）來說，可以通過發行垃圾債券給風險偏好的投資者來融資。在資本的助力下，新興的產業快速發展，創新成爲了美國公司的標誌，美國有線新聞網（CNN）正是這一金融產品的代表作之一。

此外，曾在二十世紀六七十年代風靡一時的集團公司，開始顯現出「大而無當」的趨勢，由管理層主導的私有化風潮席捲了整個企業界。在這波被稱爲槓桿收購的熱潮中，垃圾債券充當了管理層最好的朋友——通過發行垃圾債券融資，然後收購公司股權，公司成爲高負債的非上市企業。投資銀行家們大顯身手，他們收取比普通債券的價格高兩倍以上的高額承銷費用，抽取巨額傭金，同時利用自己的資訊優勢在市場交易中翻手爲雲覆手爲雨。

這像是一個黃金遍地的時代，華爾街的投資銀行家們發現自己成了全球金融自由化的寵兒。旨在發展中國家債務重組的可轉換債券（布萊迪債券）的發行創造了一個龐大的新興市場，東歐、亞洲和拉丁美洲國企私有化的浪潮急切地需要投行的牽針引線。

更令人心跳加速的是，在美國之外的其他主要資本市場上，投行發現自己不再受到分業經營的限制。全球化提供了前所未有的舞臺，銀行家們成了無所不能的上帝：從兼併收購到資產管理，從財務諮詢到證券清算，從承銷發行到資金借貸，從權益產品到固定收益產品，從大宗商品到衍生品……

二十世紀八〇到九〇年代的投行毫無疑問是金融行業的主宰。

投行文化與MBA的興起

高盛和摩根史坦利這樣的公司已經將觸角伸到了世界的每個角落，他們所代表的投行精英文化也隨之爲世界所熟知。高盛在一九六〇年代首開招收MBA（工商管理碩士）學生的先例。哈佛、沃頓、芝加哥、哥倫比亞、史丹福……頂尖名校的最優秀的學生被招募進投行。在華爾街，時間比金錢寶貴，投行不吝爲他們的員工提供最好的物質享受。一方面，年輕的銀行家們衣冠楚楚，乘頭等艙，住奢華的酒店；另一個方面，他們每天睡四五個小時，瘋狂地工作，在全球各地飛來飛去，卻沒有時間和閒情逸致欣賞一下當地的風景。

極富誘惑力的薪酬，和各界甚至各國商業精英接觸合作的機會，和最聰明的人共事的挑戰性，這一切都吸引著更多野心勃勃的年輕人。ＭＢＡ項目像雨後春筍一樣在全球的商學院被推廣開來，常春藤名校的入門券成爲通往成功的魔力杖。有趣的是，中國一直講究「書中自有黃金屋，書中自有顏如玉」，這種古老的東方價值觀和最「資本主義」的華爾街精神竟然以一種奇怪的方式被融合在了一起。

二十世紀八〇到九〇年代是投資銀行家記憶深刻的一段時光，有關金錢的的傳奇不斷湧現，華爾街的紙醉金迷、衣香鬢影也成爲了這個浮華時代的一個素描像。在巨大的金錢誘惑前，關於道德的拷問也在不斷湧現。

全能銀行再現江湖

當投資銀行開始主宰華爾街金融業時，一旁的商業銀行卻飽受著「金融脫媒」的煎熱。直接融資市場的發達造成了大量銀行客戶的流失，商業貸款客戶湧入債券和股票市場進行直接融資，垃圾債券和其他擔保性融資產品又進一步將信用等級稍遜的企業客戶瓜分。接下來，存款客戶也開始流失，共同基金、對沖基金、養老基金、股權私募投資、大宗商品交易市場、貼身服務的高淨值個人服務……投資者可以根據自己的風險承受能力和偏好追求更好的風險收益，傳統的存款業務不再有往日的吸引力。美國商業銀行資產負債表的兩邊因此迅速枯萎。

與此同時，歐洲的金融自由化催生出了大批金融巨頭。通過大規模的兼併收購，巴克萊、德意志銀行、瑞銀集團都成爲了兼營儲蓄業務和投行業務的全能銀行。美國商業銀行如坐針氈，要求突破分業經營的訴求一天比一天強烈。華爾街在華盛頓的遊說團隊在二十世紀九〇年代到達鼎盛。作爲繞開金融管制的組織機構創新，金融控股公司成爲商業銀行的首選。大銀行紛紛通過兼併收購轉型成控股公司，由下設的證券機構主理投行業務，一九九〇年代的金融業併購風潮由此而來。一九八九年，J．P．摩根重返闊別了半個世紀的投資銀行業，二〇〇〇年與大通曼哈頓銀行合併，成爲最大的金融控股公司之一。不知不覺間，形形色色的金融創新和金融機構的全球化運作已經突破了《格拉斯—斯蒂格爾法案》的藩籬。

一九九九年，在柯林頓政府的主導下，《現代金融服務法》通過，長達半個世紀的分業經營終於落下了帷幕，從此，銀行可以通過金融控股公司從事任何類型的金融業務，新的全能銀行頂著「金融控股公司」的名字再現江湖。「投資銀行」獨佔證券市場的時光結束了，金融業正式進入「春秋戰國」時代。

次貸狂熱

廿一世紀初的華爾街遭遇了異常寒冷的冬天。首先是「矽谷」加「華爾街」聯合出品的高科技狂潮在世紀相交的時候退去，納斯達克的狂瀉將全國的股市拖入深淵。經濟疲軟還沒有看到盡頭，二〇〇一年「九一一」恐怖襲擊再次重創美國。自一九一四年以來，紐約證交所第一次關閉長達四天之久，重開的市場一蹶不振。然而，華爾街的劫數還沒有完，安然公司和世通公司先後爆出財務醜聞，最終宣布破產。投資者發現，這些被投資銀行家們譽爲「最安全可靠」的公司財務報表基本上全是謊言，市場對華爾街的信心降到了冰點，美國經濟也進入了二戰後最蕭索的一個時期。

爲了儘快走出經濟衰退，小布希政府決定進行強勢的經濟干預：調整稅收制度，聯儲大幅降息，出爐系列政策鼓勵提高美國家庭住房擁有率。到二〇〇四年，名義利率已經從二〇〇一年的百分之三點五降至百分之一，低於通貨膨脹水準。歷史罕見的「負利率時代」激發了人們投資的欲望，而同期的《美國夢首付法案》則爲中低收入家庭打開了住房貸款的大門。

一九七〇年代創造的「抵押貸款證券化」在這個時期大顯身手——投資銀行將住房抵押貸款分割成不同等級的擔保債券，在市場上開始大量出售，源源不斷地為抵押貸款提供充足的資金。同時，擔保債務的信用違約產品被開發出來對擔保債券進行風險對沖。房價的不斷上升使得擔保債券的回報率越來越高，豐厚的利潤讓銀行笑顏逐開，於是，更多沒有經過審慎審核的抵押貸款發放出去，然後被迅速證券化，投放到市場上。

擔保債券不斷攀升的回報率吸引了善於利用對沖基金的其他金融組織。激進的對沖基金急切地要求承擔額外風險，追逐高額利潤。貸款人對市場擴大的渴望和投資者試圖追求更高收益的需求創造了雙重的壓力——一些低收入的或者有不良信用記錄的購房者也得到了貸款，這就是次級住房抵押貸款（「次貸」）的由來。

一直在攀升的房產價格掩蓋了次貸低信用的本質，對沖基金紛紛通過槓桿融資，反覆向銀行抵押擔保債券，並將獲得的資金再度投入擔保債券市場，越來越長的產品鏈條牽引著市場的狂歡。在二〇〇四到二〇〇五年的華爾街盛宴中，收益率主宰了一切，「次級貸款」的高違約風險暫時被選擇性遺忘了。

二〇〇六年六月，全美房價指數創下了歷史記錄，同年底，華爾街各大投行的營業收入和獎金水準都達到了歷史新高，豐厚的利潤讓人感覺歌舞昇平的好日子似乎將永無止境。

貝爾斯登之死

在這場次貸的狂歡中，成立於一九二三年的華爾街投行貝爾斯登格外引人注目。和高盛、摩根史坦利注重學歷、血統的傳統不一樣，貝爾斯登奉行的是一種叫「PSD」的文化——P指貧窮（poor），S指聰明（smart），D指有強烈的賺錢欲望（deep）。基於這樣的企業文化，貝爾斯登在次貸抵押貸款的承銷和以次貸相關衍生品的對沖交易中格外激進，在住房抵押貸款的複雜信用衍生產品上，基金經理人頻繁使用幾十倍的超高槓桿率以獲得更高收益。

就像電影《華爾街》中道格拉斯說的：「這一行需要聰明的窮人，要夠饑渴，還要冷血，有輸有贏，但要不斷奮戰下去。」

二〇〇四年上半年開始，世界原油和大宗商品的價格大幅上漲，美國國內通貨膨脹壓力陡增，美聯儲連續十七次上調利率，抵押貸款的成本不斷攀升。然而，市場仍然沉浸在「大蕭條以來美國房產從不下跌」的美夢中不願意醒來。

越來越大的泡沫終於破滅了。二〇〇六年的夏天，房產價格突然回落，一切都改變了。次貸的房主們發現自己陷入了資不抵債的境地，債務違約成為不可避免的結局，大量基於次貸的信用產品和衍生產品忽然喪失了流動性，四百多家經營次貸業務的金融機構倒閉，信用機構調低債券評級……骨牌效應的崩潰開始了。

爲了挽回損失，貝爾斯登旗下的對沖基金提高了自己的槓桿率。然而，市場持續的下跌使得貝爾斯登的努力化爲了灰燼。到二〇〇七年六月，貝爾斯登這個手握全球數萬億美金衍生產品合約交易的公司已經深陷巨額虧損不能自拔。儘管包括摩根大通、高盛、美國銀行在內的多家金融機構聯手出資三十二億美金試圖挽救貝爾斯登，但破產的命運終究無法避免。到二〇〇八年三月的時候，貝爾斯登的流動性問題已經病入膏肓。爲了避免給已經脆弱不堪的市場帶來過度系統性風險，美聯儲和摩根大通銀行開始聯合出手救助。僅僅兩天後，已經喪失了談判籌碼的貝爾斯登被迫接受摩根大通二美元一股的報價——一個多月前，這個價格是九十三美元。

八十五歲的貝爾斯登消失了，華爾街第五大投行轟然倒下，投行歷史的新一幕拉開。

危機過後——投行新世界

經過二十世紀九〇年代以來的金融業的兼併收購潮，華爾街的專業型投資銀行失去了其在傳統業務（承銷、併購和經紀業務等）上的壟斷性優勢。由於不能開展儲蓄業

務，爲了獲得和商業銀行轉型的全能銀行一樣的淨資產收益率，投行只能借助於兩大法寶：一是沒有監管、沒有上限的槓桿率，二是實施高槓桿率的自營業務。這種趨勢使得投行從金融顧問仲介機構漸漸轉型爲實際上的對沖基金和私募股權基金。貝爾斯登正是這種趨勢下激進策略的犧牲品。不幸的是，其他的投資銀行也面臨著和貝爾斯登相似的困境。

市場高漲的時候，槓桿率是天使；市場崩潰的時候，槓桿率卻變成了魔鬼。和貝爾斯登一樣，過高的槓桿率和龐大的次貸業務拖垮了另一家大型投資銀行，有著一百五十年歷史的雷曼兄弟。更爲讓人沮喪的是，公眾開始厭倦和質疑政府對華爾街的救助，雷曼無法從聯儲那裏取得更大的幫助。二〇〇八年九月七日，美國歷史上最大的企業破產發生了，市值高達四百五十億美元，擁有兩萬八千名員工的雷曼兄弟正式宣布破產保護，全美第四大獨立投資銀行成爲了歷史名詞。

至此，最大的五家獨立投資銀行還剩下美林證券、高盛、和摩根史坦利。

由次貸開始的市場波動已經演化成了慘烈的噩夢，次貸產品成爲了垃圾。過去五年的次貸狂熱的後果是金融市場變成了一個巨大的次貸垃圾場。

到二〇〇八年的夏天，華爾街第一家公開上市的投資銀行、以零售業務著稱的美林證券累計資產減值達五百二十億美元，美林證券到了生死關頭。鑒於貝爾斯登和雷曼的教訓，美林證券速戰速決，六個小時之內和美國銀行（全美最大的零售銀行）達成緊急收購協議，美國銀行同意以五百億美金的價格收購美林。

獨立投行最後的血脈只剩下高盛和摩根史坦利。高盛是唯一一家在住房抵押貸款類證券上沒有過度風險暴露的投行。然而，傾巢之下豈有完卵。大環境的惡化不可避免地傷害到了以穩健著稱的高盛，二〇〇八年的高盛出現了歷史上的第一次虧損。摩根史坦利則一直在積極地向外國主權基金尋找資金來源，二〇〇七年底，中國投資有限責任公司以五十億美金的價格購買了摩根史坦利百分之九點九的股權。隨著形勢的日漸惡化，最後的兩家大型獨立投行向美聯儲遞交了申請，要求改組爲銀行控股公司。

這不是一個容易的決定。從一九三三以來，投資銀行一直獨立於美聯儲和其他銀行監管機構之外，他們不需要披露資產負債表，槓桿率不受任何監管和控制。這一直是投行最神秘也最犀利的武器。一旦改組成銀行控股公司，就像是自由自在的單身漢開始受婚姻的約束。控股公司獲得吸收存款的權力，有了穩定的資本金來源，但同時要開始接受美聯儲、聯邦存款保險公司及各級銀行監管機構的監管，要符合資本充足率要求，並詳細披露自己的資產負債表。

二〇〇八年九月廿一日，美聯儲正式批准高盛和摩根史坦利的改組，爲期七十五年的獨立投行史劃上了句號。歷史是個輪迴，全能銀行的時代又來臨了，交易爲王的時代仍然沒有過去。高盛、摩根史坦利和他們曾經的對手——摩根大通、美國銀行、瑞銀、德意志銀行——又站在了同一起跑線上。

第三章

通貨膨脹：難以擺脫的「宿命」

1 為什麼會出現通貨膨脹

通脹爲何物？簡言之，就是百物騰貴，錢不值錢。

「通貨膨脹」這一詞語據說是起源於美國南北戰爭時期。「通貨膨脹」最簡單的通行定義就是「你所需支付的商品價格上漲」，換句話說，就是錢不值錢，貨幣的購買力下降。比如，在二〇〇五年六元一斤的豬肉，在二〇一二年，你需要花十三元才能買到一斤，而你的工資漲幅遠遠沒有這麼大，這就是通貨膨脹。

「通貨膨脹就像擠牙膏，一旦擠出來，便很難把它放回去。」前德國央行行長如此形象地說。通脹猛於虎，普通百姓連連叫苦！

眾所周知，紙幣只是一種純粹的貨幣符號，本身沒有價值，只是代替金屬貨幣執行流通手段的職能。紙幣的發行量應該以流通中所需要的金屬貨幣量爲限度，如果紙幣的發行量超過了流通中需要的金屬貨幣量，紙幣就會貶值，物價就會上漲。因此，紙幣發行量過多引起的貨幣貶值、物價上漲，是造成通貨膨脹的首要原因。

但是，實際的經濟運行過程是很複雜的，不同的原因可引起具有不同特徵的通貨膨脹，而且，現實中所出現的通貨膨脹往往是由多種因素引起的。

一般來說，通貨膨脹有以下幾大成因：

第一，新興市場的崛起使需求大幅增加，從而引起通貨膨脹。

隨著發展中國家經濟的發展和生活水準的提高，人們對商品的需求與日俱增，這會直接刺激物價上揚。也就是說，會出現「太多的貨幣追逐太少的貨物」的情況。如果總需求上升到大於總供給的地步，此時，由於勞動和設備已經充分利用，因而，要使產量再增加已經不可能，過度的需求會引起物價水準的普遍上升。所以，引起總需求增加的任何因素都可能是造成需求拉動型通貨膨脹的具體原因，並主要體現在以下幾方面：居民生活需求增加，消費上升，使日常消費品價格普遍上漲，並且物價的上漲幅度超過了收入的增加幅度，尤其是農產品以至食品的價格上升。

據統計顯示，發展中國家的肉類，每年人均消耗量爲三十公斤。而美國人光是牛肉，每年每人就能吃掉五十八公斤，加上勞工成本上升，昔日爲全球物價降溫的世界工廠，反過來成了全球通脹的源頭。

第二，成本或供給方面的原因也同樣會引起通貨膨脹。

主要是由於能源如石油、電、煤等供不應求，原材料如銅、鐵、鋁等價格上漲，產生了連鎖反應，廠商生產成本的增加引起了一般價格總水準的上漲。此外，工資是生產成本的主要部分之一，工資上漲使得生產成本增長，在既定的價格水準下，廠商願意並且能夠供給的數量減少，從而導致商品供不應求，物價上漲。

第三，利潤過度增加也會引起利潤推進型通貨膨脹。

廠商為謀求更大的利潤，導致一般價格總水準上漲，與工資推進型通貨膨脹一樣，具有市場支配力的壟斷和寡頭廠商可以通過提高產品的價格獲得更高的利潤。與完全競爭市場相比，不完全競爭市場上的廠商可以通過減少生產數量來提高價格，以便獲得更多的利潤。為此，廠商都試圖成為壟斷者，結果引起價格總水準上漲，導致通貨膨脹。

一般認為，利潤推進型通貨膨脹比工資推進型通貨膨脹要弱。原因在於，廠商面臨著市場需求的制約，提高價格會受到自身要求最大利潤的限制，而工會推進貨幣工資上漲則是越多越好。進口商品價格上漲會引起進口成本推進型通貨膨脹。造成成本推進型通貨膨脹的另一個重要原因，是進口原材料的價格上升。如果一個國家生產所需要的原材料主要依賴於進口，那麼，進口商品的價格上升就會造成成本推進型通貨膨脹，其形成的過程與工資推進型通貨膨脹是一樣的。如二十世紀七〇年代的石油危機期間，石油價格急劇上漲，而以進口石油為原料的西方國家的生產成本也大幅度上升，從而引起通貨膨脹。

引起通貨膨脹的原因除了以上所述之外，不能不提美元因素。以往，美國的金融制度穩健，給人較大信心，因此，大部分國際交易的原材料價格均以美元計算。但是美國經歷次貸危機之後，帶來了衰退憂慮。爲解決次貸危機引發的信貸收縮問題，防止經濟陷入衰退，美國聯邦儲備局大幅減息，並多次爲市場注入資金。經濟下滑加上低息，致使美元匯率下滑，令美國及與美元掛鉤的地區因爲進口商品的美元價格較昂貴而產生輸入型通貨膨脹。只不過，對於非美元區來說，美元貶值反而可舒緩通貨膨脹。

二十世紀八〇年代，油價升至每桶三十六美元的高峰（算入通脹因素，約等於現時一百美元），當時美國通脹高達兩位數。不過在這段期間，美元兌日圓貶值了六成。換言之，對日本消費者而言，現時的油價只及當年的一半，油價是便宜了而非昂貴了。

通貨膨脹一旦形成，便會持續一段時期，也就是說，形成了通貨膨脹慣性。對通貨膨脹慣性的一種解釋是，人們對通貨膨脹作出的相應預期，如人們預期的通脹率爲百分之十，在訂立有關合同時，廠商會要求價格上漲百分之十，而工人與廠商簽訂合同時也會要求增加百分之十的工資，這樣，在其他條件不變的情況下，每單位產品的成本會增加百分之十，從而通貨膨脹率也會按百分之十持續下去。如此循環，人們就會產生對通貨膨脹的恐慌感，這種恐慌感並不在於物價的上漲，而在於它會引發信心危機，造成通脹恐慌。要是老百姓對政府控制通脹的能力失去了信心，擔憂通貨膨脹會失控，從而搶購糧食，並要求大幅度加薪，那通脹就真的會落入惡性循環的失控局面，情形就好像銀行擠兌的謠言會真的引發擠兌一樣。

在實際的經濟運行中，造成通貨膨脹的原因是複雜的，因各種原因同時推進價格水準上漲，常會造成供求混合推進型通貨膨脹。假設通貨膨脹是由需求拉動開始的，即過度的需求增加導致價格總水準上漲，價格總水準的上漲又成了工資上漲的理由，工資上漲又形成成本推進型通貨膨脹，如此，各因素相互影響，就形成了複雜的混合型通貨膨脹。

② 通貨膨脹是一種「貨幣現象」

通貨膨脹有著悠久的歷史，無論古今中外，這種經濟現象始終伴隨著社會的發展。關於通貨膨脹的解釋有很多，其中，貨幣主義學派就認爲通貨膨脹是一種貨幣問題，這一解釋比較符合我們對歷史的直觀認識。

西方世界最早的大規模通貨膨脹發生在羅馬帝國時代。在西元三世紀，羅馬帝國開始從巔峰狀態跌落下來，之前的經濟繁榮和福利過度透支了羅馬的經濟潛力。爲解決財政困境，羅馬的皇帝們一開始還只是偷偷摸摸地在金屬貨幣的缺斤短兩上下工夫，但很快就明目張膽地往貨幣裏「摻水」。

戴克里先（羅馬皇帝，西元二八四至三〇五年在位）時代，「摻水」行爲達到了最高峰，號稱是銀幣的羅馬貨幣實際含銀量只有百分之五。由於摻入的鉛過多，這種「銀」幣流通不久就會發黑，以致徹底無法使用，連士兵們都要求其薪水用實物發放，拒絕接受「銀」幣。通貨膨脹也造成了貿易的萎縮，人們只接受實物交易，甚至連高利貸都以實物發放和償還。羅馬皇帝們「飲鴆止渴」式的通貨膨脹政策，將羅馬經濟推向了破產邊緣。

十八世紀初的法國也經歷了一場劇烈的通貨膨脹。由於紙幣發行無度，大大超過了法國的金銀數量，最終引發了紙幣的崩潰。法國民眾群情激憤，幾乎釀成革命，政府不得不出面收回紙幣。

至於中國，歷代皇帝都精於用通貨膨脹政策來紓緩財政困境，搜刮民間財富。比如漢武帝，連年對匈奴用兵造成了巨額財政虧空，爲解決財政困境，漢武帝曾經鑄造五銖錢，遍收天下財富。之後的歷代皇帝也常常如法炮製，錢越鑄越輕薄。漢朝末年，錢幣氾濫，以至於人們拒絕接受錢幣。三國時期，國小民窮的蜀國甚至曾鑄造「直五百銖」錢幣，當然，其實際重量與五銖錢相當。現代考古也發現，古代王朝興盛時，其錢幣會厚重一些；而衰敗時，錢幣往往十分輕薄。這說明每到王朝衰敗、財政吃緊時，皇帝們都會用通貨膨脹這一招來搜刮財富。

一戰以後以及一九二九年的大蕭條中，歐洲許多國家都經歷了劇烈的通貨膨脹，其中以德國威瑪共和國時期的馬克崩潰最爲著名。由於物價飛漲，一條麵包的售價動輒數千馬克，但普通人每天連一個馬克都很難掙到。

抗戰時期的國民政府也面臨著嚴重的財政困境，導致法幣濫發，法幣急劇貶值。

二戰以後，爲穩定各國的貨幣，幫助各國實現戰後重建，在美國和英國的主導下，建立起了所謂的布雷頓森林體系，使得金本位制得以重新確立。但是，各國很快又陷入了通貨膨脹中，給金本位制帶來了沉重的壓力。之後，布雷頓森林體系逐漸崩潰，一九七二年，美元也徹底與黃金脫鉤，西方各主要國家在這一時期都經歷了劇烈的通貨膨脹。

即便在通脹有所緩和的二十世紀八〇年代，美元仍然貶值五成以上。而以蘇聯爲首的東歐國家，也在一九八九年之後釋放出長期被凍結的通貨膨脹壓力，前蘇聯盧布在崩潰後貶值了數千倍。自從告別金本位制之後，通貨膨脹就成爲了現代經濟生活中的常態。

二十世紀八〇年代末到九〇年代初，拉美多個國家也發生了劇烈的通貨膨脹，其中以阿根廷的通貨膨脹最爲著名。由於財政狀況急劇惡化，阿根廷宣布停止償還外債，開創了非革命狀態下國家信用崩潰的先河。

而非洲的辛巴威，更是把超級通貨膨脹演繹到了前無古人的地步。二〇〇七年，其貨幣貶值一千倍，到了二〇〇八年，則貶值高達十五萬倍。二〇〇八年十二月廿三日，辛巴威發行最大面額貨幣一百億；二〇〇九年一月十六日，辛巴威發行了一套世界上最大面額的新鈔，這套面額在萬億以上的新鈔包括十萬億、二十萬億、五十萬億和一百萬億四種。在二十世紀八〇年代，大約兩辛巴威幣可以兌換一美元；而到了二〇〇九年一月，則大約需要兩百五十萬辛巴威幣才可以兌換一美元。

每一個發生劇烈通貨膨脹的國家，都有著極為深刻的政治經濟危機背景。然而，即便在正常的所謂繁榮昌盛的國家，通貨膨脹也是司空見慣的事情，只不過相對溫和一些。在世界已經完全進入信用貨幣時代的今天，通貨膨脹已經成了幾乎每一個國家都無法擺脫的經濟現實。

通貨膨脹既是金融界研究的一個重要問題，又是中央銀行宏觀金融管理的一大現實問題。長期以來，國內外許多學者都在對通貨膨脹現象進行研究，但迄今為止，關於通貨膨脹尚沒有一個公認的科學而統一的定義。用比較通俗的話說，通貨膨脹就是流通中的貨幣多了，什麼東西都貴，只有錢便宜。之所以這樣定義，是因為通貨膨脹概念的定義必須體現出因與果關係的有機統一，通貨膨脹的起因在於貨幣供給過多，結果表現為物價上漲。沒有物價上漲的貨幣供給過多不屬於通貨膨脹，沒有貨幣供給過多的物價上漲也不屬於通貨膨脹，跟一個巴掌拍不響是一個道理。

凱恩斯曾經說過：「通過一種持續不斷的通貨膨脹過程，政府能夠秘密地和不被察覺地沒收其公民的大量財富。」我們現在經歷的這個通貨膨脹也不例外，我們的很多錢已經「蒸發」了。而從某種角度來說，通貨膨脹也是政府徵收的稅收，雖然是面向所有人徵稅，但是對於不同的社會階層來說，國家的「通脹稅」的稅率是完全不同的。對於日常生活占總收入比重低的人，尤其是富豪來說，消費品價格的上漲是可以忽略的，因為對他們來說，日常生活必需品上花的錢只能占到總資產的很小一部分，而富人的絕大部分其他資產在被超發貨幣吹大的資產價格泡沫中，參與了向老百姓「收稅」的過程；而對於日常生活開支占收入比重高的老百姓來說，面對節節高升的物價，他們只能節衣縮食，從牙縫裏省錢，從身上省錢，勒緊褲腰帶。通脹不僅使他們的生活品質不斷下降，還侵蝕著他們可憐的應付緊急事件的保障性存款。

需要指出的是，通貨膨脹的變化影響到的並非是我們生活中常見的絕對價格，像「蘋果每斤五元」，而是一個相對價格，即在某一特定時期內的價格水準對上一週期的價格水準而言，通常通過ＣＰＩ（居民消費價格指數）的「同比」或「環比」增長來研究。而相對價格對經濟的影響主要體現在兩個方面：一是不同的產出和相對價格的扭曲，甚至是整個經濟的產出和就業的扭曲；二是收入和財富在不同階層之間的再分配，基本就是窮人口袋的錢流進富人口袋的過程。

3 歷史上的通貨膨脹

通貨膨脹是宏觀經濟失衡的一種表現，它對國民經濟的影響十分廣泛，這種影響會由於通貨膨脹的程度、持續時間、成因以及表現的不同而不同，而且，會由於不同的經濟和社會環境而有所不同。

來看看歷史上的幾次通貨膨脹。

德國馬克大崩潰

第一次世界大戰結束以後，德國經濟瀕臨崩潰。戰敗的德國不僅遭受了嚴重的戰爭損失，還受到了協約國的嚴厲懲罰。德國本土的領土縮水近七分之一，人口減少了一成，喪失了所有的海外殖民地，此外，還要負擔高達一千三百二十億金馬克的戰爭賠償。作爲德意志第二帝國繼承者的威瑪共和國，從一開始就面臨著嚴重的財政危機。一方面是國內的經濟蕭條、民生凋敝，另一方面是戰後重建的巨大開支以及巨額戰爭賠款，走投無路的共和國政府不得不求助於印鈔機。一九二一年，即德國的戰爭賠款數額確定的第一年，德國政府勉強支付了當年的戰爭賠款，但第二年便聲稱無力支付賠款，要求延期。

在嚴重的財政危機逼迫之下，威瑪共和國政府全速開動印鈔機，德國馬克也隨之展開了前無古人的瘋狂貶值歷程，物價如脫韁的野馬一般上漲。以報紙的價格為例：一份報紙的價格在一九二一年一月大約為零點三馬克，一九二二年五月為一馬克，一九二二年十月則為八馬克。一九二三年一月，法國和比利時以德國未能按時履行其賠償義務為由，出兵佔領了魯爾工業區，受此打擊，奄奄一息的德國經濟雪上加霜，馬克開始加速貶值。一份報紙的價格到一九二三年二月已經是一百馬克，到一九二三年九月為一千馬克，商品價格此後實際已經「飛」了起來。同年十月一日，一份報紙的價格為兩千馬克，十月十五日為十二萬馬克，十月廿九日為一百萬馬克，十一月九日為五百萬馬克，到十一月十七日已升至七千萬馬克。一九二一年一月，德國馬克對美元的比價為六十四比一，而到了通貨膨脹達到頂峰的一九二三年十一月，其比價則是四點二萬億比一。

德國人的日常生活因此蒙上了荒謬的喜劇色彩。首先，薪水得按天給，後來發展到一天發兩次薪水，如果按月發放，到了月底，你會發現本來能買麵包的錢可能連麵包渣都買不上。發工資前，大家都要活動一下腿腳，準備好起跑，錢一到手，立刻拿出百米衝刺的激情和速度——衝向市場與雜貨店。腿腳稍微慢點，價格可能就變動了，往往會因此買不到足夠的生活必需品。商品生產和貿易都極度萎縮，市面上商品奇缺，惟一不缺的就是紙幣，孩子們可以大捆大捆地拿它們在街上堆房子玩。

一九二三年，《每日快報》上刊登過一則軼事：一對老夫婦金婚之喜，市政府發來賀信，通知他們將按照普魯士風俗得到一筆禮金。第二天，市長帶著人批隨從隆重到來，莊嚴地以國家名義贈給他們一萬億馬克，或者說廿四美分。

政府繼續沉著老練地開動已經因長期超負荷運轉而冒煙的印鈔機，因為印鈔機一旦停止轉動，威瑪共和國政府就要垮臺，政府的財政僅僅靠從印鈔機到市場流通之間的時間差來苟延殘喘。這場超級通貨膨脹在一九二三年底戛然而止，究其原因，說法很多，但其中很重要的一點是來自美國的黃金注入穩定住了市場。德國的這場超級通貨膨脹還帶來了一個非常重要的副產品——納粹黨的興起，這對十多年後的世界歷史產生了極為深刻的影響。

資金短缺——濫發鈔票——通貨膨脹——導致更深層次的資金短缺——更加瘋狂地印鈔，這就是威瑪共和國時期造成德國馬克崩潰的「死亡螺旋」。使德國馬克跳出這個「死亡螺旋」的，一是外債負擔的減少緩解了資金短缺的壓力，另一個而且是起到決定性作用的，則是大量美國「硬通貨」的注入。

辛巴威大通脹

近年來發生在辛巴威的超級通貨膨脹又是一個典型。

辛巴威於一九八〇年獲得完全獨立，由於農業發達，礦產資源豐富，當時辛巴威的經濟條件在南部非洲來說，還是相當不錯的。但是，由於連年的經濟政策失當、高層官員腐化嚴重、種族矛盾激化等原因，其經濟持續惡化，資金和技術人才流失嚴重，最終在二十世紀九〇年代末引發了財政危機。陷入財政困境的辛巴威政府同樣也嚴重依賴印鈔機來紓困，鈔票越印越多。爲遏制紙幣的濫發造成的物價上漲，辛巴威還採取了嚴厲的價格管制措施，企圖「雙管齊下」，既享受多印鈔票帶來的好處，又能讓物價保持平穩。

此外，畢業於倫敦經濟學院的辛巴威總統穆加貝還堅信可以通過多印鈔票來降低價格。於是，印鈔機的開動愈加瘋狂，到了近些年，甚至一度造成印鈔紙短缺，不得不從南非大量進口。在價格管制措施的作用下，起初物價上漲並不明顯。但是，由於辛巴威國內經濟的持續惡化，到了二〇〇四年，價格管制措施開始失去了效力，物價迅速上漲，長期積累的通貨膨脹壓力開始集中釋放。二〇〇六年，辛巴威的年通脹率達到了百

分之一〇四二點九，此後形勢更是急轉直下。二〇〇七年，辛巴威的通貨膨脹率達到了百分之十萬以上，二〇〇八年則達到了百分之一千五百萬，到二〇〇九年初，辛巴威的通貨膨脹率竟然達到了百分之一億兩千三百一十萬。

儘管辛巴威也實行嚴格的外匯管制措施，但這些管制措施在超級通貨膨脹面前毫無作用。二〇〇九年一月，一美元可以兌換兩百五十萬億辛巴威元，辛巴威元鈔票的實際價值迅速跌落到了連印刷它的紙張的價值也不如的境地，人們購買日常用品，動輒需要提著數十公斤重的鈔票。辛巴威頻繁發行新幣，其面值也越來越誇張，最高面額甚至達到了一百萬億津元，這個面額即便是中國人拿來燒給祖宗的冥鈔，也難望其項背。現在的辛巴威，幾乎人人都是「億萬富翁」，但事實上，卻是世界上最貧窮的國家之一，而辛巴威的經濟已經長期處於事實上的崩潰狀態。到目前爲止，辛巴威的超級通貨膨脹仍然沒有結束的跡象。二〇〇九年初，辛巴威宣布一次從其紙幣面值上刪去十二個零，也就是說，一萬億辛幣變爲一元，但是，這種數字遊戲對於問題的解決毫無助益。

德國威瑪共和國時期的超級通貨膨脹和今天辛巴威的超級通貨膨脹有著相似之處，但也有著根本的不同。在表現形式上，二者是相似的，但究其根源，二者有著深刻的不同。造成前者的主要原因是戰爭創傷以及賠款因素造成的資金大量外流，也就是說，並非由人爲的經濟政策造成；而造成後者的主要原因，則是人爲的錯誤決策。而且，後者

因爲經歷了長期的價格管制，積累了巨大的通貨膨脹壓力，在管制失效之後，發生了集中式的爆發。所以，無論從持續時間上還是對經濟的損害程度上來看，後者都遠遠超過前者。

目前，辛巴威國內正在逐步走向政治和解，西方國家對其的制裁也開始鬆動，但其經濟狀況依然沒有太多改善的跡象。可以肯定的是，如果辛巴威不能實現深刻的國內改革，以及從外部獲得大量的資金注入，那麼，其國內通貨膨脹的治理就很難取得成效。

中國歷史上的通貨膨脹

中國歷史上曾經出現過很多金屬鑄幣，大概有銅、銀、金、鐵、鉛等幾種，以銅鑄幣爲主。中國古代在發行銅鑄幣時，當時的造幣技術沒有現在這麼先進，現在都斷絕不了假幣的出現，當時的水準更不可能禁絕造假幣，於是就出現了多次名義價值和實際價值不符，從而導致貨幣貶值、物價上漲、社會不穩定的現象，也就是通貨膨脹。其中影響比較大的大致有以下幾次：

(1)自西元七年到十四年，王莽曾進行過三次幣制改革。第一次，他下令除五銖錢（漢隋間鑄幣以重量命名，主要是五銖錢，古演算法以廿四銖為一兩）外，更鑄「大泉」，重十二銖，值五銖錢五十；又造「契刀」，值五百；「錯刀」，值五千。

這種沒什麼實際意義的虛價大錢出現後，導致的直接後果就是民間盜鑄。爲了保證錢幣的真實性，人們在實際交易中更趨向於使用五銖錢，也就是說，他下令造出的錢除了面值增大了一些，讓人們增進了學習數學知識的緊迫感以及造成了一些混亂以外，基本沒有起到什麼實際作用。

第二次，廢除「錯刀」及五銖錢，另發行「寶貨」，計有五物（金、銀、龜、貝、銅）、六名（錢貨、黃金、銀貨、龜貨、貝貨、布貨）共廿八品，不僅換算起來很麻煩，而且比價極不合理。如小泉重一銖，每枚值一，大布重廿四銖，每枚值一千，每一品與其他廿七品之間會產生七百五十六種比值，出門一次非常麻煩，因此，此次改幣僅進行了一年就被迫廢除了。

第三次，王莽還不死心，又作貨布、貨泉兩種並行。貨泉重五銖，貨布重廿五銖，但一個貨布卻值廿五個貨泉，這種比值的不合理又引起了民間盜鑄，此次改革最終仍舊以失敗告終。由此看來，幣制這個東西不是想改就能改的。

(2)黃巾起義後，東漢政權名存實亡。西元一八九年，董卓進京，他下令毀五銖錢，更鑄小錢，「肉好無輪廓，不磨鑢。於是貨輕而物貴，穀一斛至數十萬，自是後錢貨不行」。董卓鑄惡質錢帶來的後果就是引起了物價飛漲，是對人民的一種掠奪，將錢全摟在自己懷裏。至此，五銖錢制度遭到嚴重破壞。

(3)三國時，戰爭頻繁，軍費開支浩大，各國爲解決自身的財政困難，都不約而同地選擇了同一種方式解決這一危機——鑄造面額較大的貨幣。劉備入蜀時，因「軍用不足」，聽從劉巴建議，鑄「直百五銖」，其重量僅八至九點五克，卻當五銖錢一百，結果「數月之間，府庫充實」。吳國看到蜀國取得了這麼大的成效，決定效仿，在西元二三六年鑄「大泉五百」，重七克，二三八年又鑄「大泉當千」，重十四點五克，甚至還有「大泉二千」、「大泉五千」。這些大錢出籠後，導致物價上漲，後被迫停鑄。

(4)北魏孝明帝即位後，爲解決財政困難，於五一七年採用崔亮建議，廣開銅礦鑄錢以收「治利」。由此看來，每個朝代都得有這樣高智商的「狗頭軍師」。其結果是民多私鑄，錢更薄小，錢價更低。「時所用錢，人多私鑄，銷就薄小，乃至風飄水浮，米斗幾值一千。」在市銅價，八十一文得銅一斤，私造薄錢，一斤銅可造錢兩百。「既示之以深利，又隨之以重刑，罹罪者雖多，奸鑄者彌眾。今錢徒有五銖之文，而無二銖之實，薄甚榆莢，上貫便破，置之水上，殆欲不沉。」私鑄錢輕薄如榆葉，入水不沉，誇張點可能颳風就能吹走，而其流通的後果是物價上漲，貨幣流通阻滯，私鑄者增多，因貧窮而犯罪者也增多，大大加劇了社會矛盾。

(5)唐玄宗後期，和楊貴妃的生活奢侈，軍費開支浩大。他去世後，給子孫留下了一個爛攤子。乾元元年（七五八年），在第五琦的建議下，唐肅宗實行通貨貶值政策，鑄造大錢，稱「乾元重寶」。這是最早稱「重寶」的錢，重五點九七克，一文當開元通寶錢十文。肅宗詔書說：「冀實三官（漢代主管鑄錢機構）元資，用收十倍之利。」非常明白地說明鑄錢的目的就是增加財政收入。嘗到鑄錢的甜頭之後，次年又故技重施，鑄「重輪乾元重寶」，重十一點九四克，重量為開元錢的三倍，卻當開元錢五十用。

大錢發行後引起的後果不外有三：一是物價飛漲，人民遭難，「穀價騰貴，米斗至七千，餓死者相枕於道」；二是盜鑄嚴重，「長安城中，競為盜鑄」，以致寺廟的鐘、銅佛都被熔化；三是貨幣流通出現混亂，有實錢和虛錢雙重價格。總之，如上元元年（七六〇年）詔書所說：「私鑄頗多，吞併小錢（開元錢）……物價益起，人心不安。」

(6)清咸豐三年（一八五三年），在發行紙幣的同時，京局開始鑄造大錢，共分五等：當十、當五十、當百、當五百、當千。當十稱「咸豐重寶」，其餘稱「咸豐元寶」。當百錢直徑七釐米，重一九九克，為諸錢之冠。大錢一出籠，立即引起物價飛漲，同時各種私鑄也紛紛出籠。舊錢每千重一百二十兩，熔化可鑄當千大錢三十，受如此高額利潤的誘惑，私鑄數迅速超過官鑄。於是，一年之後，政府不得不停造當千、當五百的大錢，並用寶鈔收回。此後，又停鑄並回收當百、當五十的大錢。當十大錢仍流通，但其價從當五、當三直跌至當二。咸豐還鑄有當十鐵錢和鉛錢，咸豐時的錢鈔制，

幣值級別多，幣材種類多，分量變動多，錢文字種類多，其複雜繁瑣遠遠超過了前輩王莽時代的寶貨制。

由以上的例子可以看出，歷史上的通貨膨脹不在少數，而且每次通貨膨脹都給國家和人民帶來了很大的災難。及時糾正自己的錯誤，懂得和別人分享財富的，結果還不算太壞；而妄想把錢全摟進自己懷裏，在錯誤的道路上一直走到黑的，終以滅國告終。

4 無所不在的結構性通脹

通貨膨脹主要可以分爲需求拉動型通貨膨脹、成本推動型通貨膨脹以及更爲隱秘、更爲根本的一種：結構性通貨膨脹。

所謂結構性通貨膨脹，是指在經濟發展過程中，有的經濟部門勞動生產率增長較快，有的經濟部門勞動生產率增長較慢，但在成果分配上，勞動生產率增長較慢的部門並不會甘心接受相應比例的收入，他們會要求相當於或者至少接近於勞動生產率增長較快的部門的收入。當然，還有某些部門勞動生產率根本沒有增長，而某些社會組織，比如政府機構，根本沒有參與財富創造，但他們也會要求「均貧富」。

「均貧富」的後果就是貨幣供給超過了社會財富的增長，這樣就會形成通貨膨脹。各國都是如此，但在中國，由於體制原因，這種情況尤為嚴重。具體表現為勞動生產率提高慢的部門（比如壟斷國企）和根本就不生產財富的組織（比如政府、某些事業單位）反倒獲得了更高額的收入分配，瓜分了財富增長蛋糕的大部分，而真正創造財富的部門只得到了點辛苦錢。這自然就形成了極為強大的結構性通貨膨脹的推動力，多年以來一直如此。中國的通貨膨脹，最主要、最根本、最持久的就是結構性通貨膨脹。

人們在日常用品上的消費是有限的，一個人再有錢，一天也只吃三餐飯。而且，由於貧富差距極大，富裕階層享有的物品與下層民眾幾乎是完全不同的商品。比如說，富裕階層是肯定不會跟窮人一樣消費平價奶粉的。所以，通脹很長時間沒有傳導到普通日用品上，但是它卻很快地傳導到了高檔的大宗消費品上，比如住房。住房由於其資本容量大、收益穩定等優點，成了大資金的寵兒。

過去幾年，瘋狂上漲的房價是沒有計入CPI的，所謂的低通脹就是這麼來的。後來，流動性進一步氾濫，連房地產市場也容不下這麼多資金了，於是，資金流入股市造就了大牛市。再後來，連股市這個口袋也裝滿了錢，從樓市、股市、大型工程這幾個滿了的口袋裏溢出來的錢就擴散到了整個經濟體系中，這些資金不得不「屈尊光顧」普通消費品，於是，全面通脹突然來臨。所以說，這個「特例」不是特例，結構性通貨膨脹

其實從來沒有離開過我們。

當然，結構性的通貨膨脹在世界各國都普遍存在。在西方國家，結構性通貨膨脹主要是社會福利制度造成的（比如對生產率提高緩慢的農業生產部門的巨額補貼）。社會福利制度的發展使得不應當享受相應福利的人享受了過高福利，雖然在一定程度上會從因此而獲得的人力資源開發上得到補償，但在總體上，這種福利還是推動了西方國家持續不斷的通貨膨脹——當然，這種通脹比起以前蘇聯爲代表的非市場經濟國家要緩慢得多（以前蘇聯為代表的非市場經濟體制國家存在一個普遍的弊病，就是高估了礦產、機器設備等實物資源，低估了人力資源的價值，這也是導致其生產力的發展落後於西方國家的一個重要原因），因爲西方的市場經濟體制，沒有像前蘇聯那樣大規模地犯系統性的錯誤。

結構性通脹在中國的現狀與前景

中國的壟斷型國企，絕大多數是成熟行業，其勞動生產率的提高極爲有限。但在分配上，我們看到的卻是：由於行政權力干預導致的價格扭曲，使他們獲得了巨大的資源和利潤。壟斷行業的收入遠遠高於反映實際勞動生產率增長的行業。某些重工業部門，幾乎沒有創造多少財富，卻消耗著大量的資源，獲得了豐厚的分配。中國的經濟體系中還存在的一個重大問題，是政府公務員隊伍過分龐大，以及其遠遠超過經濟實際發展水準的過高福利。所有這一切在事實上都構成了結構性通脹的強大推動力。

每當經濟有發展，這些貢獻極少或毫無貢獻的部門就會憑藉行政權力的干預要求獲得遠比實際生產率增長高的福利；而當經濟陷入衰退時，這些部門也會利用行政權力的干預阻止其福利的降低。長期下來，就積累了巨大的通貨膨脹壓力。在目前環境下，這些壓力一直在經濟體系中不斷釋放，推動人民幣的實際購買力不斷降低。綜上所述，由於體制性的原因，中國結構性通貨膨脹的壓力始終巨大，不僅損害現今的人民福利，更將在長遠的將來造成嚴重影響。

最近三十年，特別是加入世貿組織以來，中國經濟確實取得了顯著的增長。這可以歸結為國外先進技術的大量流入與中國國內的巨大資源，特別是人力資源相結合的結果。但我們應該看到，這種流入已經大大減緩，而中國自身的自主創新能力依然十分薄弱。由於種種原因，中國事實上也面臨著西方嚴格的技術輸入管制。一旦技術進步停滯，資源投入無法再進一步擴大，中國經濟就將面臨類似蘇聯在二十世紀八〇年代面臨的局面：財富增長已經基本停滯，過去投資形成的巨額資產存量的折舊同樣巨大，經濟滑入不可挽救的深淵。此時，如果不進一步深化改革，就會形成嚴重滯脹的局面，造成全社會實際福利的持續下降；而如果想進行改革，改革的成本又非常高昂，社會無力承擔。

正如前面所言，結構性通貨膨脹是個全球性的問題，目前來看，任何一個國家都無法擺脫。而中國的結構性通貨膨脹由於存在著體制性的因素，在政府的有力管制下，有相當一部分通貨膨脹壓力並沒有釋放出來。而一旦經濟停滯，它將以某種更兇猛的形式爆發出來。所以，中國更需要居安思危、未雨綢繆。

5 寧要通脹，不要通縮

前面已經提到，在信用貨幣時代，通貨膨脹是慣常的，而通貨緊縮只是偶爾發生的暫時現象。這一論斷無論從邏輯上還是歷史資料上都有充分的論據支持。毫無疑問的是，無論是通脹還是通縮，都是經濟失衡的表現，超過一定限度，都會給經濟的健康發展帶來重大損害。但是，各國政府似乎都對通貨緊縮的容忍力更低，即便是相當溫和的通貨緊縮，政府也會全力動用各種措施「除之而後快」；而對於溫和的通脹，政府往往會把它當成經濟健康的標誌，聽之任之。這裏面有著深刻的原因。

貨幣的誕生是人類文明的一次躍進。自從貨幣誕生以後，交易成本大大降低，貿易也因此而繁榮起來，貿易的繁榮又進一步促進了社會分工的發展，使得勞動生產率大大提高，經濟因此獲得了巨大的發展。總而言之，貨幣對人類社會的發展起到了非常關鍵的推動作用。然而，在實物貨幣時代，許多地方卻存在無法取得足夠量貨幣的問題。即便是在採取金銀貨幣的近代，金銀的大量外流對於一個國家的經濟而言也是非常致命的打擊。所以，重商主義學說特別強調要防止金銀的外流。在那時，即便是一個健康、正常的國家，如果突然發生金銀短缺，其經濟也會遭受重創——物價的普遍下跌等於是向整個生產體系發出錯誤的信號，會大大降低人們的生產意願，從而導致生產萎縮、社會資源嚴重利用不足。

即便是在現代，一旦發生通貨緊縮，由於總體物價水準持續下跌，會造成企業盈利大幅減少，生產動力不足，機器設備大規模閒置，同時也將導致大面積的失業。這對一個經濟體而言，是沉重的打擊。此外，通貨緊縮還變相抬高了融資成本，使得企業融資極其困難，這會對經濟的發展形成嚴重的制約。所以，通貨緊縮的危害是非常嚴重的，其程度並不亞於一定強度的通貨膨脹。

經濟體中有足夠的貨幣流通，對於經濟的穩定運行和健康發展是必不可少的。到了信用貨幣時代，中央銀行幾乎獲得了無限的貨幣供應能力，於是，除了經濟急劇滑坡這種從繁榮到衰退的轉折期外，通貨緊縮現象幾乎看不到了。但即便如此，由於政策難免存在時滯，所以我們並不能忽視短期的貨幣短缺，或者說通貨緊縮對經濟的健康運行所造成的損害。

通貨膨脹成爲一種慣常現象，其原因前面已經說過。事實上，在信用貨幣時代，掌握印鈔權的政府自身就是通貨膨脹形成的一大重要推動因素。我們知道，政府本身是不能創造任何財富的，而政府部門的日常運作需要耗費大量的金錢，龐大的公務員隊伍的工資和福利就是一筆相當大的開支。政府的財政收入主要來自於稅收，然而，量入爲出、保持財政平衡是一種相當高的標準。不論東方還是西方，各國政府似乎都更傾向於維持寅吃卯糧的赤字政策。通貨膨脹對政府而言相當於一種額外的稅收收入，可以大大減輕赤字壓力，豁免其部分債務，所以，政府首先是通貨膨脹的第一個受益者。

此外，爲了防止通貨緊縮，配合經濟發展，政府一般總是傾向於「寧濫勿缺」地供給貨幣，而政府對經濟活動的干預，特別是對外匯市場的干預，通常也會大量產生「貨幣盈餘」。所有這一切，都構成了通貨膨脹的推動因素。

更重要的是，幾乎每一個經濟體系中都存在著難以擺脫的結構性通貨膨脹因素。各個經濟部門勞動生產率提高速度的天然差異，以及對特定社會階層和人群支付超出其貢獻水準的福利，都是不可避免的情況。貨幣供應量的增長總是傾向於快於實際財富的增長。所以通貨膨脹幾乎成了每一個經濟體不可擺脫的宿命。尤其是在信用貨幣時代，不再存在貨幣供應的困難，又爲通貨膨脹的發展掃除了最後一道障礙。除非是演變到足以令人們拒絕接受紙幣而改用以物換物的方式進行商品交易的超級通貨膨脹，否則，通貨膨脹總是能夠獲得繼續產生的能量。

如果把社會經濟的發展看成是滾滾奔流的長江，通貨膨脹無疑就是那滔滔江水，兩者密不可分，渾然一體；而通貨緊縮就像是點綴於波濤之上的點點浪花，短暫存在，微不足道。政治經濟體系中的內在力決定了這一大格局，不會因爲任何人的意志而改變。當年美國總統雷根當選時，曾經把治理高通膨作爲重要的目標之一。以雷根的觀念之保守，八年下來，其實際成效仍然是非常有限的。通貨膨脹率雖然有所降低，但仍然很高，而他所誓言的對社會福利體系的改革也基本上無果而終。無論是治理短期的通脹還是遏制長期的通貨膨脹因素，他取得的成效都相當輕微。雖然現在雷根被稱爲美國的偉大總統，但他對美國經濟的實際影響和改變是非常有限的。

既然長期的通貨膨脹是我們必然要面對的，那麼，我們的著眼點就應該放在如何使通貨膨脹以溫和的、可控的步伐行進，防止那些嚴重損害經濟發展甚至導致經濟崩潰的劇烈通脹發生。至於通貨緊縮，則不必太介意，政府總是有能力而且有充分的意願去干預解決它，因此，它不會持續太久，也不會發展到太嚴重的地步。在蕭條期遭遇通貨緊縮時，我們更應該關注的是技術的進步、管理的創新、新的經濟增長點的挖掘。因爲，如果我們不能使經濟恢復健康的發展，重新爲經濟注入活力，那麼通貨緊縮的後面必然就是嚴重的滯脹——經濟停滯狀況下的通貨膨脹，這才是真正的經濟災難。

6 人民幣實際購買力的未來

最近三十年來，人民幣的實際購買力發生了非常巨大的變化。這裏面有兩個主要因素：其一是經濟發展過程中不可避免的通脹因素，造成了人民幣實際購買力的降低；其二則是由於經濟改革本身引發的歷史積累的通貨膨脹因素的釋放。在二十世紀八〇年代，萬元戶在農村被認爲是富裕之家，非常罕見，因爲當時的一萬元人民幣大約相當於一個普通工人二十年的收入；而現在的一萬元，即使對於普通農村人家而言，也已不再是一筆很大的數目，它只相當於普通工人大約三個月的工資。

從工資角度計算，如果不考慮實際收入增長因素，人民幣的實際購買力大約貶值了五十倍；從物價角度計算，如果不考慮實際物價的下降因素，人民幣的實際購買力大約貶值了十五倍。綜合考慮工資和物價的變化，可以大致認爲從二十世紀八〇年代初到現在，人民幣的實際購買力大約貶值了二十倍以上。

第三章
通貨膨脹：難以擺脫的「宿命」

這個變化幅度是相當驚人的，但是考慮到中國進行經濟改革的特殊歷史背景，與俄羅斯、東歐各國動輒貶值數千倍的貨幣相比，人民幣的貶值還算是相當溫和的，這也從一個側面反映了中國在一九七八年開始進行的經濟改革的正確性。

再來看一般消費品物價變動的歷史，我們可以發現，二十世紀八〇年代後期價格「闖關」時期、一九九五年前後、二〇〇七年下半年是價格集中上漲的三個主要時間段。由這三個時間段我們也可以看出，隨著時間的推移，市場化改革因素在物價上漲中扮演的角色越來越淡化，現實的經濟因素逐漸成爲物價上漲的主要推動力。

目前，中國在市場流通領域的市場經濟改革已經基本完成，一般商品的價格「雙軌制」已經被廢除，歷史上的體制剛性所凍結的通貨膨脹壓力也已經基本釋放完畢。但是，我們還應該看到，從本質上來看，中國的「雙軌制」仍然沒有徹底破除。特別是在資本物品領域，體制剛性所凍結的通貨膨脹壓力並沒有得到充分釋放，甚至還有新的積累。這無疑會對未來的人民幣實際購買力產生實質性的影響。

從現實的經濟因素來看，中國經濟所存在的根本性問題仍然是經濟結構失調、資源配置扭曲、收入分配不合理。這些問題帶來的一個直接結果，就是嚴重的結構性通貨膨脹，人民幣的實際購買力因此不可避免地受到了削弱。這些問題的背後又有深刻的體制性的根源，在短期內幾乎不可能得到徹底的解決。這就意味著在未來相當長的時間內，

中國都需要面對目前這些體制性因素造成的通貨膨脹，人民幣的實際購買力還將長期受此影響。

從金融系統來看，金融體制實現徹底的市場化改革也尚需相當的時日，貨幣當局對外匯市場的干預、非市場化的利率仍然會給市場注入額外的通貨膨脹壓力。政府及貨幣當局動用財政及貨幣手段對國內經濟活動進行的積極干預（例如為對抗通貨緊縮而採取的強行注入流動性行為），同樣會積累大量的通貨膨脹壓力，並最終在整個經濟體系中得到釋放。以上兩種局面在可預見的未來也不可能得到徹底的改變。

現實的經濟因素推動及經濟體制改革引發的歷史積累通貨膨脹壓力的釋放，是過去三十年來人民幣實際購買力不斷走低的最主要原因。這種情況也在前蘇聯及東歐國家中普遍出現，只不過這些國家的通貨膨脹壓力是以「爆炸式」的方式劇烈地釋放出來，而中國是可控的逐步釋放。當然，除了前蘇聯地區少數國家之外，東歐大多進行了非常徹底的市場經濟改革，這與中國也是有著比較大的區別的。

從近些年來這些國家的經濟發展情況來看，其勢頭十分良好，說明東歐式的激進改革也有可取之處——畢竟良好的經濟發展框架建立得越早，長期受益就越大。如果以東歐國家作爲參照，我們就很可能會懷疑中國的改革對由體制剛性凍結的通貨膨脹壓力的釋放程度。而且，這種體制剛性維持得越久，其所積累的通貨膨脹壓力就越大。換而言之，漸進式改革在短期內帶來的通貨膨脹要小於激進式改革，但在長期內，前者所帶來的通貨膨脹危險恐怕要大於後者。

如果我們再展望未來，還會發現一些可能對人民幣實際購買力構成負面影響的社會及人口因素。目前中國的社會保障體系還很不健全，特別是廣大農民，幾乎沒有任何社會保障可言。建立起覆蓋全民的社會保障體系，是未來相當長一段時間內中國要面對的艱巨任務。

從世界上其他國家的經驗來看，即便是建立福利程度比較低的社會保障體系，所消耗的資源也是相當驚人的。中國仍然是一個相對比較貧窮的國家，以中國目前的財力，實際上很難負擔得起一個真正意義上的全民社會保障體系。但是，出於深刻的政治性考慮，中國仍會試圖去建立起一種超出自身財政負擔能力的社會保障體系。擁有的資源相當有限，而發展經濟仍然是壓倒一切的首要任務，必須保證爲此投入大量的資源。那麼，社會保障體系所需的資源從何而來？恐怕還是要靠透支貨幣的實際購買力來獲得。這也是任何一個面臨財政困境的國家都傾向於採取的措施。中國目前已經逐漸步入老齡化社會，由於人口出生率的降低，總人口峰值也將很快達到，在此之後，中國將經歷漫長的人口減少過程。

高齡人口的增多，也就意味著整個社會用於醫療和養老開支的增加；而總人口減少，則意味著向社會提供財富的勞動力的減少。這兩種趨勢共同作用的結果就是社會財政狀況的緊繃。要緩解這種困境，別無他途，唯有進一步從貨幣中透支購買力，帶來的後果自然就是貨幣購買力的進一步下降。

由於不可避免的結構性通脹的存在，在長期內，各個國家的貨幣實際購買力都是不斷下降的。那麼，人民幣有沒有可能取得相對的優勢呢？當然有可能。中國目前無論是在工業技術方面還是在總體的人力資源開發方面，都還處於比較落後的水準，換一種說法，就是還有很大的潛力可挖。中國目前的經濟發展水準並沒有完全體現自身的自然資源和人力資源優勢，財富增長的空間仍然很大。如果中國能夠通過深度的改革切實消除經濟結構中不合理的體制性因素，使資源配置更加合理，充分遏制導致結構性通脹的不合理分配結構，那麼人民幣在較大程度上保持其實際購買力的希望仍然是很大的。我們要知道的是，達到這樣的目標非常難。如果沒有高度的歷史責任感和嚴格自律的道德指引下的制度性安排和政策措施，這樣的目標可以說遙不可及。

基於以上所述，我們可以得出結論：在長期內，人民幣實際購買力的前景並不樂觀。或許通過有效的政策措施可以避免爆炸性的通貨膨脹，但人民幣實際購買力在未來大幅下降卻是不可避免的。由於政治體制、經濟結構以及人口等方面的原因，未來人民幣的實際購買力以較高速度不斷貶值將是不可擺脫的宿命。中國需要做的是儘量延緩這個貶值過程，努力保持人民幣實際購買力的穩定，或者使這樣的貶值過程盡可能溫和，以避免其對社會經濟的長遠發展造成過多的負面影響。

7 一個國家該印多少錢，誰來決定

有了一定的儲蓄後，很多人就開始規劃，用多少來投資，用多少來消費，消費中是先買房子還是先買汽車。這是最基本的貨幣管理。當我們把這種貨幣管埋上升到國家的高度時，就會遇到這樣的問題：這個國家到底需要多少錢？應該由誰來決定？這是個非常有意思的話題。

在實物貨幣時期，並不需要考慮這個問題，比如以貝作爲貨幣，那麼，整個部落中有多少貝，就可以有多少貝流通。到了金屬貨幣階段，早期金銀是可以直接在市場上流通的，人們用金銀直接交換，而且個人也可以隨意鍛造手中的金銀形狀，各國只是在法律上規定金銀的成色。後來，金銀逐漸退出流通領域，由國家掌控，取而代之的是央行發行的銀行券，但銀行券可以隨時兌換成金幣，貨幣的發行權主要是指銀行券的發行權。

要保證銀行券的信譽和貨幣金融的穩定，中央銀行須以黃金儲備作爲支撐銀行券發行與流通的信用基礎，黃金儲備數量成爲了銀行券發行數量的制約因素。銀行券的發行量與黃金儲備量之間的規定比例成爲銀行券發行保證制度的最主要內容。由於黃金是自然之物，其數量要受資源分佈和開採情況而定。所以，這時候的央行只是被動地發行銀行券，而真正決定銀行券流通數量的是黃金儲備。

進入二十世紀之後，金本位制解體，各國的貨幣流通均轉化爲不兌現的紙幣流通，不兌現的紙幣成爲了純粹意義上的國家信用貨幣。在信用貨幣流通的情況下，中央銀行憑藉國家授權，以國家信用爲基礎，成爲壟斷貨幣發行的機構，中央銀行按照經濟發展的客觀需要和貨幣流通及其管理的要求發行貨幣。就這樣，在現代社會中，中央銀行合理合法地成爲了貨幣發行權的掌控者。

雖然現代社會中由中央銀行來執行貨幣發行權，但是，各國央行也並不是想發多少就能發多少，也需要有一定的測算標準。總的指導原則是，根據經濟體中的貨幣需求量來確定。所謂的貨幣需求量，就是指一國在一定時期因國民經濟發展水準、經濟結構以及經濟週期形成的對執行流通手段與價值貯藏手段職能的貨幣的需要量。生活中需要多少，央行就印多少，做到貨幣供需平衡是央行的最高境界。那麼，央行又是怎麼評估現實貨幣的需求量的呢？

有人說，國民經濟發展水準是決定貨幣需求量的主要因素，故通常以經由貨幣媒介的最終產品和勞務的總價值，即國民生產總值（GNP）來表示，也有學者以國民財富總值作爲決定貨幣需求量的主要因素，還有人認爲貨幣源於商品交換並服務於商品交換，因此，貨幣需要量直接由流通中的商品量決定。總之，根據這些標準，能大概地估算出一個貨幣需求量，然後印出不同面值的紙幣，投放到經濟體中，讓經濟體開始運轉。

在這個過程中，央行很難做到非常精確地估算出一個國家的貨幣需求量，其實也沒必要精確，因爲現實中有太多不可控的因素。央行的邏輯是，首先估計一個大概的需求量印刷紙幣，然後根據市場的反應來進行調整，如果貨幣流動性非常緊張，則可以繼續加印；如果流動性過於充裕，則可以通過發行債券等方式回收。加上經濟的不斷發展，這也客觀要求貨幣供給量要不斷調整。關於經濟體中的「第一動力」，爭議並不大，真正討論不休的是央行該如何調整。

凱恩斯主義

在二十世紀三〇年代大蕭條後，凱恩斯主義爲國家干預經濟提供了理論依據，加上現實的需要，很快被統治者採納，成爲了主流經濟學思想。在這之前的古典經濟學認爲，國家只是一個「守夜人」的角色，不能干預市場，市場可以自動調節來化解經濟波動，國家要做的就是創造一個穩定的大環境。然而，大蕭條的到來讓古典經濟學站不住腳。凱恩斯認爲國家應該干預市場，市場無法實現自我均衡，必須依靠國家來進行宏觀調控。宏觀調控的工具就是財政政策和貨幣政策，不過，在實行的過程中要懂得「相機抉擇」。在他們看來，經濟生活仿如一條有著榮枯週期的河流，而貨幣供應就是一道閘門，政府作爲「守閘人」，應時刻根據「河流」的榮枯狀況，相應地關閉或開啓「閘門」，從而達到平衡貨幣供求、緩解經濟波動的目的。也就是說，央行認爲經濟出現過熱的苗頭，就收回一些貨幣；如果出現了緊縮的徵兆，就投放一些貨幣刺激經濟。總之，央行應該根據經濟的變化情況逆經濟週期操縱，一切由央行說了算。

單一規則

由於凱恩斯主義一直是戰後經濟學的「主流」，因此，「權變」的貨幣政策自然成爲了西方各國的正統。不過，自二十世紀五〇年代後期起，一股反對「權變」的理論旋風從美國東部刮起，高舉這支大旗的領袖是現代貨幣主義學派的「掌門人」弗里德曼。他在其編寫的《美國貨幣史》中，通過大量的統計，令人信服地證明了美聯儲的貨幣政策是美國經濟波動的直接原因。

在弗里德曼看來，中央銀行難以掌握成功實施權變政策所需的必要資訊，無法準確預測經濟的未來走向，更不用說去把握現實社會對貨幣政策作出反應的時間和程度了。因此，政府在擴大和收緊貨幣供應量時，難免會做過頭或做不到位：要麼對經濟刺激過度，要麼緊縮過度，從而導致與最初願望相反的結果，更加促成經濟的波動和不穩定。

由此可見，政府要當好「守閘人」並非易事。弗里德曼認為，政府與其手忙腳亂，倒不如無為而治，制定出一個長期不變的貨幣投放增長的比例規則。比如，貨幣當局在確定貨幣供應量時，牢牢盯住兩個指標，即經濟增長速度和勞動力增長比例，並提出了把貨幣供應的年增長率長期地固定在與經濟增長率以及勞動力增長率大體一致的水準上。這就是著名的「簡單規則」或「單一規則」的貨幣政策。

「交給上帝來決定」

究竟是央行根據自己的判斷來調整貨幣供給量好，還是根據固定規則來實施好，經濟學界至今仍是爭論不斷。目前，大多數國家採用的仍然是相機決策。央行根據自己的判斷來調控貨幣供給量，雖然可以靈活機動地調整貨幣供應量來避免經濟有大的波動，邏輯非常完美，但現實中確實存在很多問題。如央行能否獨立客觀作出判斷，這要求央行需要有上帝般超高的智慧和技巧，在恰當的時點上以恰當的力度和適當的工具操作貨幣政策，方能收到預想的效果。只要在時點、力度和工具上哪怕出現很小的差錯，調控的結果和初衷都可能大相徑庭，甚至適得其反。

如今，全球範圍內通貨膨脹愈演愈烈，不斷地蠶食著百姓辛苦創造的財富，有學者認爲這正是央行控制貨幣發行權的後果。更有奧地利學派指出，應「收回貨幣發行權交由上帝」。實際上，各國在印發貨幣時所依據的原則和機理都是不一樣的。沒有固定的模式，只有根據本國經濟形勢加以選擇和執行。

第四章

經濟全球化時代的貨幣大戰

❶ 世界經濟危機大事記

第二次世界大戰之前：

（1）一七八八年，第一次經濟危機

第一次經濟危機是在英國工業革命發生後不久。一七七〇年代和一七八〇年代是英國紡織工業技術革命的年代。一七八一年，阿克萊的專利權被判剽竊。阿克萊喪失專利權後，水力紡紗機廠大量湧現，到一七八八年，已有一百四十三家水力紡紗機。一七七九年出現騾紡織機，一七八五年起，瓦特的蒸汽機開始迅速應用到棉紡織業中，紡織行業的生產效率迅速提高，大大超過了消費能力，產品大量積壓，商家被迫折價拋售。一七八八年，棉花進口額與一七八七年相比下降了百分之十二。同年，破產事件增加近百分之五十，工人大量被解雇，蘭開夏和柴郡等地的棉紡織工陷入了極端貧困的境地。

（2）一七九三年，第二次經濟危機

紡織工業的投資和生產能力的增長又一次超過了其他部門的吸納能力，第二次危機降臨。一七九二年末，物價開始下降，破產事件開始增加。一七九三年，英國對法國宣戰，英國對法國及歐洲大陸的出口嚴重萎縮，物價急劇下跌，一七九二年到一七九三年，一百支棉紗價格從三十先令（舊時英國貨幣單位）跌至十六先令。企業破產數量急劇增長，甚至連一家最大的負債達一百萬英鎊的企業也宣告破產。企業破產帶動銀行破產，四百家地方銀行有一百家停止支付。

（3）**一七九七年，第三次經濟危機**

一七九四年到一七九五年，英國農業歉收，糧價飛漲，工業品的需求下降。軍事開支一部分擴大了內需，另一部分卻造成了國際收支失衡。一七九三年到一七九六年間，英國在國外的軍事開支高達三千八百萬英鎊，加上大量進口糧食，使英國黃金滾滾外流。黃金外流使金價上升，許多銀行倒閉，市場需求進一步縮小，物價大跌，終於促成了一七九七年的經濟危機。

（4）**一八一〇年至一八一四年，第四次經濟危機**

由於繁榮持續的時間長，這次危機的嚴重程度也超過以往各次。一八〇八年，美國對英國實行禁運，嚴重威脅了英國紡織品的出口，並使棉花價格暴漲。英國被迫把目光投向南美。南美被想像成一個巨大的新市場，在出口信貸的支持下，大量紡織品被送進了南美各地的貨棧，使紡織業的繁榮得以延長至一八一〇年。但是，一八〇九年英國農

業再度歉收，國內市場嚴重萎縮。因此，當一八一〇年南美的紡織品開始退回英國時，英國的紡織工業失去了希望，一瀉千里，大工廠裁員過半，中小工廠關門大吉，物價下跌百分之四十至六十。正在市場一片恐慌之際，一八一一年春，美英開戰，美國再次對英國實行禁運。雪上加霜的打擊。危機持續了四年多，單純靠淘汰落後企業、裁員、削減工資、降低價格，都不足以使紡織工業龐大的生產能力得以消化。

(5) 一八一六年，第五次經濟危機

一八一四年世界市場出現巨大轉機，拿破崙戰敗，歐洲大陸市場開放，英國商品對歐洲大陸的出口額從一八一一年的一千三百萬英鎊，急增至一八一四年的兩千七百萬英鎊；一八一五年，英美戰爭結束，英國商品對美國輸出額從一八一四年的八千英鎊激增至一千三百三十萬英鎊，英國工業空前繁榮。但是英國貨的生產和運輸能力過於強大。一八一四年底，歐洲大陸市場即告飽和，一八一五年，英國對歐洲的出口下降了百分之廿三，不過，由於美國市場迅速接替，繁榮得以繼續，但過了幾個月，北美市場也飽和了。一八一六年，英國對美輸出額下降了百分之廿八。同時，由於軍事訂單下降，黑色冶金業和煤炭工業第一次生產過剩，原來每噸售價二十英鎊的鐵跌至八英鎊。自此，英國工業陷入了第五次危機。

一八一七年，英國第一次提出了旨在減輕失業、啟動需求的公共工程撥款法案。法

案批准撥款一百至兩百萬英鎊，資助建設運河、港口、道路和橋梁。這是市場經濟國家用財政手段緩和經濟危機的最早嘗試，比凱恩斯主義的提出早了一百多年。

（6）**一八一九年至一八二二年，第六次經濟危機**

一八一九年的破產事件超過了一八一五至一八一六年危機的最高點。一八一九年十一月，棉紡織工業三大中心——曼徹斯特、格拉斯哥、培斯利——工人的工資降低了一半以上，全國食品消費量比一八一八年減少了三分之一。由於世界貿易的恢復，一八一五年和一八一九年兩次危機，對美國、法國、德國正在成長的紡織工業和冶金工業都造成了沉重的打擊。

（7）**一八二五年，第七次經濟危機**

從一八二一年到一八二五年，倫敦交易所共對歐洲和中南美洲國家發行了四千八百九十七萬英鎊公債，而英格蘭銀行對國內私人貸款卻急劇萎縮。這些公債轉過來又變成了對英國商品的購買力。英國輸往中南美洲的棉紡織品從一八二四年的一百五十萬英鎊激增至一八二五年的三百九十五萬英鎊。出口猛增一方面刺激生產和投資迅速擴大，另一方面又導致原材料價格上漲，從而再一次使供給嚴重超過需求。

一八二五年下半年，物價終於開始下跌，而南美洲投資也被證明是一場豪賭。投機商人和銀行首先大量破產，繼之第七次危機席捲英國主要工業部門。這場危機使紡織工業設備開工率下降了一半，紡織機械如花邊機的價格下跌了百分之七十五至百分之八十，機器工業首次受到危機的嚴重襲擊。

(8) 一八三七年至一八四三年，第八次經濟危機

一八三七年，英國棉紡織業仍然首當其衝，呢絨業、亞麻和絲紡織工業都陷入了困境。一八三九年，美國棉花欠收，加上合眾國銀行力圖壟斷棉花貿易，致使棉花價格暴漲。工業品價格下跌而小麥、棉花漲價，出口下降而進口增加，使英國出現貿易赤字，黃金大量外流。爲控制黃金外流，英格蘭銀行不得不提高利率，此舉在客觀上進一步縮小了國內投資，導致一八三七年開始的危機變得越來越嚴重。

事實上，蕭條持續了六年。在此期間，英國商品繼續對其他國家進行傾銷，但美、法、德等國則加強了貿易保護，雙方展開拉鋸戰。一八三九年，德國從英國進口的棉紗超過國內產量的兩倍。一八四二年，由於英國貨的競爭，法國棉布出口額下降了百分之廿九。

(9) 一八四七年至一八五〇年，第九次經濟危機

英國的危機很快傳遞到其他國家。法國的情況與英國很相似，紡織工業早在一八四五年就隨著英國紡織品的傾銷而出現危機，鐵路建設狂潮也終於在一八四七年下半年退潮。隨著英國工業陷入危機，法國工業遭受到了英國貨更嚴重的衝擊，危機也隨

之變得更加嚴重。一八四八年，法國工業生產總共下降了百分之五十。

在危機的衝擊下，法國再次爆發革命。德國工業由於保護較弱，受英國危機的影響更大。一八四七年冬，克萊費爾德八千台紡織機中有三千台停工；一八四八年上半年，科隆十四家工廠中只有三家開工，埃爾富特的工業幾乎完全停頓。由於德國本國就靠更殘酷的剝削抵抗著英國貨的傾銷，危機到來後，工人處境進一步惡化，一八四七年多次爆發反饑餓的戰爭。一八四八年二月，法國巴黎爆發革命，三月，德國柏林也爆發了革命。美國的冶金業受英國危機影響最嚴重。一八四六年，生鐵進口量只相當於美國國內產量的十分之一，一八五一年的進口量幾乎與國內產量持平，本國產量大幅減少。

（10）一八五七年至一八五八年，第十次經濟危機

一八五七年秋，靠空頭支票、出口信貸生存的進出口商首先大批破產，繼之，銀行紛紛倒閉。一度同紐約爭奪全國金融中心地位的費城，幾乎全部銀行都停止支付。隨後，紐約六十三家銀行中，六十二家遭到擠兌而停止支付。貼現率上升到百分之六十至百分之百。鐵路公司的股票價格跌去百分之八十五至百分之八十七。

金融危機迅速蔓延至英國，英格蘭銀行將貼現率提高到前所未有的百分之十。破產銀行和有價證券共損失達八千萬英鎊，危機造成的全部損失則高達兩萬五千至三萬萬英鎊。在德國的貿易中心漢堡，曾因信貸貿易而異常繁榮的交易所一片混亂，數以百計的銀行和工商企業倒閉，貼現率提高到百分之十二。法國情況稍微緩和。從一八五六年到一八五八年間破產事件一二〇三〇起，動產信用公司股票價格下跌百分之六十四，達姆斯塔特信用銀行股票價格下跌一半，法蘭西東方鐵路公司股價下跌三分之一。歐洲破產公司的債務總額高達七億美元。

(11)一八六七年至一八六八年，第十一次經濟危機

一八六七年春，英國棉花紡織工業生產縮減了百分之二十至百分之廿五，絲織品輸出減少了百分之廿三，一八六八年的毛紡織業出口也比一八六六年下降了百分之三十。生產下降幅度最大的是英國的重工業，一八六七年的鐵路建設比一八六六年下降了百分之三十。一八六六年中，蘇格蘭地區的一百三十七座煉鐵爐大半停止生產，造船業從一八六五年到一八六七年下降達百分之四十。不巧的是，歐洲糧食連年歉收，一八六七年到一八六八年期間的小麥平均價格比一八六四年到一八六五年間高百分之五十至百分之六十，這進一步縮小了工業品的市場需求。

英國的危機於一八六七年蔓延至法國。一八六七年，法國的經濟損失高達數十億法郎。棉花消費量下降百分之廿五，停止運轉的紗錠占總數的五分之一。棉紡織品價格的下降給毛紡織業和亞麻紡織業以致命打擊。由於軍事訂貨的增加，重工業的危機稍輕，但鐵路建設規模也縮減了一半，一八六七年，通車鐵路總長度爲一一九八公里，而

一八六八年僅爲六一三公里。

（12）一八七三年至一八七九年，第十二次經濟危機

一八七二年，由於建設成本高漲，預期收益下降，美國的鐵路線增長速度開始放慢，機車及鐵軌訂貨開始減少。於是，鐵路股票價格開始下跌。從下跌轉爲暴跌，開始於一八七三年的奧地利首都維也納的股市暴跌，廿四小時內，股票貶值達幾億盾。德國也遭到了重創，特別是重工業，迅猛發展後是生產能力嚴重過剩。法國經濟繁榮程度不高，受打擊卻不輕。一八七三年，法國的棉織業產量減少了百分之四十，煤、鐵的產量都大幅減少，蕭條持續了很長時間。主要工業國的經濟蕭條直接影響到了英國。

（13）一八八二年至一八八三年，第十三次經濟危機

一八八二年，美國鐵路建設退潮，引發世界經濟史上的第十三次經濟危機。英國經濟早在一八八二年就開始下降，美國鐵路退潮後，危機進一步加深。法國的嚴重程度僅次於美國。德國的情況稍好，工業的競爭沒有出現大規模投機浪潮，受外國廉價商品的傾銷影響小，只有對美國出口的鋼鐵和機器下降幅度較大。

（14）一八九〇年至一八九三年，第十四次經濟危機

一八九〇年三月，德國股票市場暴跌，此後，股價連續下降兩年多。從一八九〇年到一八九一年，破產事件約一萬五千件起，鐵路建築規模縮減了百分之六十。適逢農業

欠收，危機更加嚴重。這次危機的一個重要後果是，法國終於加入了貿易保護主義潮流。一八九二年，法國制定了《梅利奈稅則》，大大提高了進口工業品關稅率。法國在吃盡了自由貿易的苦頭後，所實施的保護政策是全歐洲最嚴厲的。

（15）一九〇〇年至一九〇三年，第十五次世界經濟危機

這次危機是從俄羅斯開始的。一八九九年夏天，一場金融危機席捲了俄羅斯，其工業生產陷入危機。這場危機戲劇性地展示了英國和德國的競爭地位的消長。面對強大的競爭對手的崛起，面對世界性的貿易保護主義潮流，英國的自由貿易政策發生了動搖。英國內閣以張伯倫為首的集團開始主張恢復保護關稅，取消自由貿易，代之以「帝國國內特惠關稅」，這一主張得到了重工業的大資本家們的擁護。但是由於英國鼓吹自由貿易日久，以欺人始，以自欺終，這一有利於英國長遠利益的主張並未成為新政策。隨之，日本在一九〇〇年爆發了第一次經濟危機。

（16）一九〇七年至一九〇八年第十六次世界經濟危機

一九〇七年，法國生產了五萬五千輛汽車，超過美國的四萬四千輛。但是，帶動這一輪高漲的主要因素仍然是鐵路和重工業建設。許多新興工業的崛起，這一輪高漲本來可以指望持續時期比較長，但是，創業投機猖獗，使這一輪高漲暴起暴落。在美國，這次危機引起的生產下降比以往任何一次都嚴重。與美國經濟聯繫密切的英國首當其衝，危機深度僅次於美國。一九〇七年，法國的工業生產下降了百分之六點五。

這次危機以後，德國工業實力明顯超過了英國。德國的鋼鐵產量比英法兩國的總和還多，機器製造業發展迅速，電氣、化學等工業成為了德國的驕傲。

（17）一九二九年至一九三三年，第十七次世界經濟危機（即大蕭條）

一九二九年十月廿四日，紐約股市暴跌。從那時起至一九三二年，紐約股票價格跌掉六分之一以上，全美證券貶值總計八百四十億美元。紐約股市暴跌後，美國經濟陷入了危機。美國大量抽回對德國的投資，致使德國經濟全面崩潰。英國在德國也有大量投資，英國證券市場應聲倒地，經濟陷入危機。法國經濟的獨立性相對高一些，但也擺脫不了對國際市場的依賴，而且，此前法國經濟本身也出現了投資過熱，到一九三〇年，法國終於陷入了危機，一場席捲全球的大蕭條拉開了序幕。

第二次世界大戰之後：

（1）一九五七年至一九五八年，第一次世界經濟危機

這次世界經濟危機是在第二次世界大戰結束至布雷頓森林體系崩潰的國際經濟良性循環階段發生的。問題在於，良性循環中，各方的收益卻並不平衡。日本和西德工資低，貨幣定值低，隨著投資不斷擴大，其國際競爭力迅速提高，貿易順差不斷增長。而英國和美國則相對衰落，經濟增長率只有德、日的一半左右。英國存在經常性的貿易逆差，英鎊危機頻繁；美國的貿易順差也不斷縮小，至一九五八年時第一次出現三十三點五億美元的國際收支逆差，導致大量黃金外流。危機隨後便影響了英國、西德、日本等國，但除英國外，程度都比較輕，因此，這次危機沒有被認爲是同期性世界經濟危機。

（2）一九七三年至一九七五年，第二次世界經濟危機

在美國，危機從一九七三年十二月持續到一九七五年五月，GNP下降了百分之五點七，工業生產下降了百分之十五點一，其中，建築、汽車、鋼鐵三大支柱產業受打擊尤爲嚴重。各主要資本主義國家幾乎同時在一九七三年十二月爆發經濟危機，日本受危機的打擊最爲嚴重；英國的工業生產下降了百分之十一，股市崩潰；西德的工業生產下降了百分之十點九，但總的來看，西德受影響的程度比美、日、英等國輕。

（3）一九八〇年至一九八二年，第三次世界經濟危機

英國於一九七九年七月陷入危機，於一九八一年五月達到最低點；由於西德馬克不斷升值，工資成本提高迅速，國際競爭力下降較快，西德的危機更嚴重；日本受危機的影響最輕，危機持續時間最短，沒有出現連續六個月生產下降的情況，而且下降的幅度很小。一九八五年起，日本成了世界上最大的債權國。

（4）一九九〇年至一九九一年，第四次世界經濟危機

這次危機經歷了歷時約兩年半的始發階段，即一九八七年十月至一九九〇年初，經歷了為時三個季度的惡化階段，又經歷了約兩年半的危機後期階段，共歷時五年又三個季度，呈現W加W型。直至一九九三年九月廿三日，美國財政部長小勞埃德·本森特在華盛頓就即將舉行的七國集團財政部長會議一事向新聞界吹風時，仍將包括美國在內的七國集團的「經濟衰退」比作一架等待起飛的飛機，說「我們至今還沒有滑出跑道」，並呼籲日本和西歐做出努力，「以避免發生連續第五年的全球經濟蕭條」。

日本的情況更糟糕，從一九九一年起，日本經濟陷入了長期危機或蕭條。西德正處於「統一景氣」中，於一九九二年第二季度陷入危機。這次危機在深度和廣度上均超過西德前三次危機。除美國以外，日本、德國及西歐主要國家事實上並沒有徹底擺脫戰後第四次世界經濟危機，而是陷入了長期蕭條。由於國際金融體系的高度流動性，日本和西歐以及第三世界各國的經濟蕭條反而促使資本源源不斷地流入美國，使美國經濟獲得了意外的營養。

(5)一九九七年至一九九八年，第五次世界經濟危機（即亞洲金融危機）

在美國提高利率、美元增值的背景下，貨幣與美元掛鉤的亞洲國家出口不斷下降。一九九七年七月，隨著泰國宣布泰銖實行浮動匯率制，亞洲國家普遍出現貨幣貶值，爆發金融危機。此次危機中，印尼、泰國和韓國是遭受損失最為嚴重的國家。三國GDP

在兩年內分別縮水了百分之八十三點四、百分之四十和百分之三十四點二。

(6)二〇〇〇年至二〇〇六年，第六次世界經濟危機

隨著二〇〇〇年四月美國那斯達克股票市場的崩潰，美國經濟逐漸陷入危機，並帶累世界各主要工業國和第三世界各國經濟的衰退。這是一場更大規模的世界經濟危機。由於這場危機在八〇年代初和九〇年代初兩次被推遲，一切可用的財政和金融手段都已用盡，其烈度將超過二十個世紀三〇年代。與三〇年代不一樣的是，這回再也沒有財政和金融手段可以施展了。

(7)二〇〇七年至今，第七次世界經濟危機（美國次貸危機及全球金融危機）

長期以來，美國金融機構盲目地向次級信用購房者發放抵押貸款。隨著利率的上漲和房價的下降，次貸違約率不斷上升，最終導致二〇〇七年夏季次貸危機的爆發。這場危機導致過度投資次貸金融衍生品的公司和機構紛紛倒閉，並在全球範圍引發了嚴重的信貸緊縮。美國次貸危機最終引發了波及全球的金融危機。

二〇〇八年九月，雷曼兄弟破產和美林公司被收購標誌著金融危機的全面爆發。隨著虛擬經濟的災難向實體經濟擴散，世界各國經濟增速放緩，失業率激增，一些國家開始出現嚴重的經濟衰退。二〇〇八年十二月，全球多家央行再度同步大幅降息。美國當選總統歐巴馬宣布制定「經濟復興」計畫；美國非農就業人數創廿四年來新低，金融危機對實體經濟的影響顯著。二〇〇九年，一場突如其來的H1N1流感疫情在全球蔓延，這對已深受衰退之苦的全球經濟而言無疑是雪上加霜。潛在的經濟損失可能達三萬億美元，並造成全球GDP約百分之五的萎縮。

② 必不可少的經濟蕭條

由次貸危機到金融危機再到全球性的經濟危機，在短短不到兩年的時間裏，世界經濟就由一片繁榮進入了全面蕭條：國際貿易急劇萎縮，資產價格紛紛跳水，眾多企業倒閉，失業率急劇攀升。以出口貿易爲經濟支柱的國家所受到的打擊尤爲嚴重：日本、俄羅斯的GDP在二〇〇九年第一季度均以年率一成以上的幅度負增長；一直馬力強勁的中國經濟引擎也有了冷卻的跡象，沿海出口加工型的中小企業陷入了大規模的倒閉潮。新聞媒體也難得抓到了題材，危機報導鋪天蓋地，似乎世界經濟的末日即將來臨。於是人心惶惶，一向習慣於大手大腳花錢消費的西方國家民眾也紛紛捂緊了錢包，美國的儲蓄率甚至攀升到了百分之五點七的水準。

很多人把這一輪全球性的經濟危機與一九二九年的世界性經濟大蕭條相類比，因爲兩者有太多的相似之處。一九二九年的大蕭條同樣是由華爾街的金融泡沫破滅引爆，並迅速席捲全球，此外，也同樣是在長期的經濟繁榮之後迎來的經濟大滑坡。但明顯的不同之處也是有的。以危機發源地美國爲例，雖然此次經濟危機確實導致了多家知名大企業倒閉，但美國的失業率並沒有攀升到一九二九年那樣誇張的水準：一九二九年的大蕭條中，美國的失業率迅速攀升到百分之廿五；而這次危機中，美國的失業率大約上升到了百分之九。

此外，在GDP方面，一九二九年大蕭條後，美國的GDP在三年多的時間內縮水了三分之一；而這次危機中，美國經濟雖然也是負增長，但百分之二點八的幅度遠低於前者。最重要的是，一九二九年的大蕭條中，最發達的國家也出現了大面積的饑餓現象；而今天，這場危機中，西方發達國家的生活水準並沒有太多的改變，沒有出現像一九二九年大蕭條中那種從繁榮和富足突然滑坡到貧困的現象。總而言之，這的確是一場全球性的經濟危機，但這場危機並非像媒體炒作的那樣，是近一百年來少有的危機，而僅僅是一百多年來無數「經濟危機」中比較大的一個而已。

回顧一個多世紀以來的世界經濟史，我們可以發現，繁榮之後必然是蕭條，蕭條之後又會迎來繁榮，這種週期就好比春夏秋冬一樣循環。所以，實際上，蕭條本身是很尋常的事，是經濟發展的必然產物，同樣也是現實的經濟發展所必須的。都說「瑞雪兆豐年」，爲什麼瑞雪會帶來豐年呢？那是因爲瑞雪這個「白色殺手」殺死了大量過冬的害蟲和各種病菌，爲來年的作物生長創造了好的環境。熱帶地區沒有寒冬，是各種疾病包括傳染病最易滋生的地方，這種地方雖然有著豐沛的雨水，但農業卻遠不如溫帶發達。

再放大一點角度看，我們可以發現，熱帶地區除了像新加坡這樣的「袖珍國」之外，再沒有其他發達國家。嚴寒的確是令人非常不快的，爲了抵禦嚴寒，人們不得不在取暖燃料以及禦寒的衣物和設施上投入大量資源，但與寒冬所起到的至關重要的作用相比，這些成本都顯得不足爲道。那麼，經濟發展中的蕭條與四季中的寒冬真的存在這種內在的相似性嗎？答案是肯定的。

直到今天，人們對經濟活動的理解和認識還是非常有限的。經濟學也可以說是一門相當原始的科學，特別是宏觀經濟學，或許還不能稱之爲「科學」。每當新技術出現，經濟開始繁榮膨脹，人們實際上不知道未來會如何。舉個例子：試想三十年前個人電腦剛被發明出來的時候，誰能想到未來個人電腦能夠成爲一種走入千家萬戶的普通「家電」？當然更難想像到它的技術能力竟會有如此巨大的躍升，使得今天的「個人電腦」的計算能力遠超過以前那些耗資億萬的巨型電腦。

在市場經濟條件下，由於資本的逐利本性，經濟泡沫自然會被吹大，技術革新帶來的財富「礦藏」深不可測，總會有大量冒險的資金來這裏挖掘。「礦藏」豐富的時候，

自然少不了一本萬利的財富神話，而率先來此挖掘的人們，除了少數失敗者，大多賺得盆滿缽滿。財富效應吸引了眾多資金聚集，在對「礦藏」的爭奪中，人們更傾向於把想像力發揮到極限，賭這個「礦藏」的極限。而這個「礦藏」的儲量又往往會屢屢超過人們的想像，如此，人們自然會從最初的謹慎走向大膽再走向瘋狂，拿來豪賭的資金越來越多，經濟泡沫由此形成。

二十世紀九〇年代末的網路泡沫中，口號就是「燒錢」，辦一個網站靠燒錢「燒」出知名度，然後直接在成本數字後面加個零賣給下一家……這就是瘋狂時的情景。這種瘋狂一方面是由於資本貪婪和逐利的本性，另一方面則出自人們對經濟活動實質意義上的無知。經濟泡沫中，總有人大發橫財，但是當泡沫膨脹到一定程度時，必然就會淪爲一場「擊鼓傳花」的賭博遊戲。

當然，總要有人接到最後一棒，爲這場「狂歡晚會」埋單。大量的資金在經濟泡沫上囤積，必然會扭曲資源配置，帶來整體社會經濟效率和財富的損失。市場經濟的本質決定了它作爲賭場的時間必然是短暫的和局部的。市場經濟的開放性，使得財富「礦藏」儲量並不豐厚的「壞消息」迅速傳播開來，前來的投機資金也會聞風「無組織、無紀律」地爭相奪路而逃，泡沫便會因此破滅。蕭條是一個好工具，它能定期清理資本泡沫的「賭場」，讓「賭徒」們四散而逃，迫使他們去幹點更有益的事情，爲下一輪的經濟繁榮奠定基礎，無論從哪個角度講，都是利國利民的大好事。

但是，就好比人們需要爲冬季付出額外的成本一樣，蕭條往往也意味著巨大的成本，很多人會因此損失慘重。但這種損失跟「整個社會的資源錯誤配置能得以糾正」這樣的巨大收益相比，又是微不足道的。單單拿二戰結束以後來說，西方國家經歷了多次經濟蕭條，但這並不影響這些國家取得經濟上的巨大進步和生活水準上的飛躍提高。

反觀東歐國家，好像一直「欣欣向榮，沒有經濟危機」，但當四十年之後真相揭曉之時，人們卻發現，所謂「沒有經濟危機」，是因爲這些國家幾乎每天都處於經濟危機之中。號稱消滅了蕭條的中央計劃經濟並沒有消滅蕭條，反而消滅了繁榮，把蕭條由短暫的、週期性的東西變成了恒久的常態。今天，仍然有一個殘酷的資料是：在東西德合併將近二十年之後，德國東部與西部的生活水準落差仍然達到了十年左右，這還是在西部爲東部提供了巨額的重建援助的基礎上才達到的。要知道，當年搞中央計劃經濟的東德「沒有過」經濟危機，而搞市場經濟的西德是隔三差五就鬧經濟危機。

從以上的歷史及分析中，我們可以看出，市場經濟條件下的蕭條和經濟危機並非像想像中那麼可怕、糟糕，事實上，它們對於經濟的長久繁榮起到了不可或缺的作用，是市場經濟條件下經濟發展所必然要經歷的階段。因此，面對經濟危機，我們應該保持理性和自信的心態。就如嚴冬來臨，我們會花一些費用給房子供上暖氣，購置厚實的衣服以禦寒，而絕不會慌慌張張地企圖花費鉅資弄出一個超級大火爐來「製造」大地回春——因爲常識告訴我們：這樣的做法不僅代價巨大，而且注定徒勞無功。

長期持久的全球貨幣戰爭

雖然美國次貸危機現在還影響著世界經濟，卻是美國、歐洲和日本三大銀行中心影響國際資本流動，並形成長期持久的全球貨幣戰爭。

美國，資本爭相湧入

二十世紀末，受國內需求推動的美國經濟持續穩定地增長。美國經濟這一強勁的勢頭，就像「龍捲風」一樣將越來越多的國際資本吸到美國本土。現在，美國相比於中國、亞洲和拉丁美洲，是更受投資者們青睞的國家。投資者們都認爲美國是當今世界上真正的「新興市場」。

美國的這種使世人驚訝的國內需求，主要是受其國內一波又一波持續不停的高科技革新浪潮帶動的。有資料表明，一九九九年的美國其他消費品的消費總額是三千億美

元，而資訊技術產品或者是與資訊技術有關的產品的消費總額是三千一百二十億美元，相比之下，非資訊技術產品的消費足足少了一百二十億美元。

在美國，無論是公司組織還是個人，都一直在投入大量的金錢，追逐著這一浪又一浪的科技革新浪潮的步伐。首先開始的是個人電腦的大量普及，然後是不計其數、多種多樣旨在提高和擴展電腦工作能力的電腦應用軟體傾閘而出，再則是企業局域網的發展，接著是一九九六年互聯網和網路經濟、電子商務等突然出現，再後來是現在的光纖和寬頻設施的大量基建式的鋪設和應用。

今天，無論是公司組織還是個人，都瘋狂地湧向寬頻通訊及其在網路上的應用等領域。據調查，二〇〇一年二月，速度快到無與倫比的網路二代原型在大約一百八十家著名院校的研究中心、高科技公司和政府部門之間開始運作，另一個「猛削成本」的時代在這一刻開啓。然後，跟著又出現了奈米技術、量子計算學和生物工程學。因爲隨著人類基因圖描述的完成，生物工程學將會開始大量應用。總之，再往後的幾十年，科技革新的步伐將會不斷加快，其「日程表已經排得滿滿的」。

這些科技變革的步伐是難以遏制的，因爲其不斷前進的步伐是被一些非常有吸引力的商業動機所促使的：不可抗拒的「成本削減」需要和生產力提高的商業欲望。美聯儲曾經想用他們百試百靈的利息率政策來控制這種「有目共睹的」由科技革新引起的國內經濟的「過度需求」，但是從事實來看，這次他們是估計錯誤了。雖然利息率的提高使公司的財務成本激增，但是美國公司並不懼於此，他們對此的反映是更堅定地運用更新的技術來更快降低成本。

但是，這種如此美好的景象卻沒有在歐洲和日本出現。每年，歐洲和日本高科技公司的百分之六十至七十的銷售收入都投資到了美國市場。在歐洲和日本，公司組織和個人在認同和接受資訊科技產品和網路服務方面的能力明顯比美國弱許多。在歐洲和日本，人們雖然認爲這些產品和服務確實新奇，但只是將它們當成「玩具」和娛樂，沒有將它們與賺錢聯繫在一起。而在美國，這些資訊技術產品和網路服務已經被普遍接受爲一種能降低成本、提高生產力的工具，而新奇和好玩只是第二位而已。

在美國，富於競爭精神的企業家階級人數與藍領工作者的比例是一點三比一，這個企業家階級一直是那些「削減成本」的科技變革的最積極的宣導者和支持者。而在歐洲和日本，那種企業家階級卻少得可憐，而且，那些所謂的企業家並不是科技變革的積極擁護者，它們只是一群依賴政府保護才能生存的「關於規避風險的店主」。

由此可以得出以下的結論：美國的經濟會在持續的國內需求推動下繼續前進；歐洲和日本要麼通過依賴美國的出口推動經濟的增長，要麼經濟停滯。只要像美國的那種富於冒險和競爭精神的企業家階級還沒有在歐洲和日本出現，歐洲和日本的社會或企業中的技術革新率就會落後於美國，美國公司的收入或盈利能力的增長也會高於歐洲和日本相應的公司。

一旦這樣，將會促使一波又一波的資本爭相湧入美國，而造成其他國家——即使是有很高的儲蓄傾向的國家——的投資資源流得「一滴不剩」。

於是就出現了這兩種現象：美國經濟持續自我增長；各個中央銀行圍繞「資本流動目標」轉動，而不是傳統的「通貨膨脹目標」和「貨幣供應目標」。

歐盟的經濟現狀

總體而言，歐盟經濟的基本面是不錯的：內需仍然是經濟增長的主要動力，就業保持著強勁的增長勢頭，失業率已下降到廿五年來的最低水準。

儘管如此，考慮到目前金融市場動盪的潛在影響和實體經濟面臨重新定價的風險，歐元區總體良好的經濟前景也面臨著較大的不確定性。歐洲中央銀行行長及十國集團央行會議主席讓．克洛德．特里謝說，未來歐元區經濟增長面臨的風險主要是下行風險。這些風險的相關因素主要包括：金融市場風險重估對融資條件、市場信心以及對世界和歐元區經濟增長產生的潛在深遠影響；石油和商品價格可能出現進一步的上漲；由於全球經濟失衡導致的貿易保護主義抬頭和經濟無序發展。

由於歐元區使用單一貨幣，歐洲央行在區內實行統一的貨幣政策，因此，在決策時不會特別考慮某個成員國具體的經濟狀況，而是把擁有三億兩千萬人口的歐元區的整體利益作爲制定貨幣政策的基本出發點。與存在地區差異的中國、美國等大型經濟體一樣，歐元區也是一個巨大的經濟體。對歐元區而言，存在地區經濟差異是正常的。由於條約已經把各成員國團結在使用單一貨幣的經濟體內，對歐洲央行來說，重要的是在制定貨幣政策時要維護整個經濟體的共同利益。

隨著歐元區經濟一體化的不斷深入，歐洲央行實行統一貨幣政策的基礎變得更爲堅實了。首先，在歐元區內部成員之間的貨物和服務貿易方面，經濟一體化表現得日益突出。從一九九八年到二〇〇六年，歐元區區內貨物進出口占ＧＤＰ的比重上升了六個百分點，大約占到ＧＤＰ的百分之三十二；服務進出口上升了兩個百分點，大致占到ＧＤＰ的百分之七。在地區貿易一體化不斷加強的同時，歐元區也以更加開放的姿態面向世界。從一九九八年到二〇〇六年，歐元區對外的貨物進出口比例增加了九個百分點，大約占到ＧＤＰ的百分之三十三；對外的服務進出口比重大約提高了兩個百分點，接近ＧＤＰ的百分之十。

經濟一體化的第二個表現是歐元區成員國商業週期發展的同步化程度迅速提高。這種同步化程度自從二十世紀九〇年代初就開始逐步加強。如今，大部分歐元區經濟體都處在相似的商業發展週期。

經濟一體化的第三個特徵是歐元區國家近年來在通貨膨脹方面的差異明顯縮小，該差異甚至比目前美國十四個大城市統計區的通貨膨脹差異還小。同樣値得關注的是，歐元區國家之間的實際GDP增長率差異變化情況幾乎與美國各地區的產出增長率差異水準相似。

警惕熱錢風險

熱錢，又稱游資或者投機性短期資本，通常是指以投機獲利爲目的快速流動的短期資本。熱錢進出之間往往容易誘發市場乃至金融動盪。熱錢流動速度極快，一旦投資者尋求到短線投資機會，熱錢就會湧入，而投資者一旦獲得預期盈利或者發現投資機會已經過去，這些資本又會迅速流走。熱錢的投資對象主要是外匯、股票及其衍生產品等，具有投機性強、流動性快、隱蔽性強等特徵。

熱錢形成也是有一定原因的。

首先，二十世紀七八十年代，一些國家開始放鬆金融管制，取消對資本流入、流出國境的限制，使熱錢的形成成爲可能。其次，新技術革命加快了金融資訊在全世界的傳播，極大地降低了資金在國際間的調撥成本，提高了資本流動速度。再次，以遠期外匯、貨幣互換和利率互換、遠期利率協議、浮動利率債券等爲代表的金融創新，爲熱錢提供了新的投資品種和管道。

這些因素加速了金融市場的全球化進程，使全球國際資本流動總量大幅增加，熱錢的規模和影響也隨之越來越大。

熱錢流入國內的管道有很多。

（1）**虛假貿易**

中國國內的企業與國外的投資者可聯手通過虛高報價、預收貨款、僞造供貨合同等方式，把境外的資金引入。

（2）**增資擴股**

以「擴大生產規模」、「增加投資專案」等理由申請增資，資金進來後實則遊走他處套利；在結匯套利以後要撤出時，只需另尋藉口撤銷原項目合同，這樣，熱錢的進出就變得很容易了。

（3）**貨幣流轉與轉換**

市場上有段順口溜可說明這一熱錢流入方式：「港幣不可兌換，人民幣可兌換，兩地一流竄，一樣可兌換。」國家外匯管理局在檢查中發現，通過這種貨幣轉換和跨地區操作的辦法，也使得大量熱錢「自由進出」。

（4）地下錢莊

地下錢莊運作是這樣的：假設你在香港或者境外某地把錢匯到當地某一個指定的帳戶，被確認後，內地的地下錢莊就會幫你開個戶，把你的外幣轉成人民幣，根本就不需要有外幣進來。

熱錢侵襲，會給國家帶來不少危害，這些危害主要有：

（1）熱錢會對經濟造成推波助瀾的虛假繁榮

熱錢在賭人民幣升值預期的同時，乘機在其他市場如房地產市場、債券市場、股票市場等，不斷尋找套利機會。

（2）造成股市震動

據有關資料顯示，二〇〇八年以來，A股市場與國際股市聯動密切，證明有大量熱錢在中國股市上活動。中國外匯儲備減貿易順差的值與上證指數呈現出一定的正相關性，由於熱錢進出頻繁，放大了股市的震盪幅度和投資風險，不利於證券市場平穩健康發展。

（3）**加劇樓市泡沫**

由於中國房地產市場發展時間不長，尚未形成完整有效的市場管理機制，境外熱錢流入中國房地產市場，容易刺激房價增長過快，受其影響，境內居民往往跟風入市，熱錢彙集，將房價越炒越高，與真實價格脫離，出現房地產泡沫。尤其是熱錢主要投資於高端市場，如高檔住宅及其他豪華地產等，而中國境內居民需求則以普通住宅和經濟適用房爲主，因此加劇了中國房地產市場開發供應結構的不合理，使大量資金過度追逐房地產，造成銀行房貸規模快速擴張，貸款風險向銀行轉移，房地產價格泡沫指數上升。

（4）**擾亂金融秩序**

大量熱錢的侵襲加速了中國外匯儲備的增長，而外匯儲備的增加必然帶來外匯占款的增加，不斷增加的外匯占款又會形成基礎貨幣的內生性增長，從而迫使央行投放基礎貨幣。

（5）**增加信用難度**

熱錢在中國的主要藏身處，除通常的股市和樓市外，還有商業銀行。熱錢有可能就趴在銀行的帳戶上坐等人民幣升值，以獲得可觀的投機收益。這樣，這些熱錢大量地流入流出，顯然會加大各商業銀行的信用調控難度，破壞信用的穩定。

未來，熱錢湧入中國將很可能成爲常態，因爲美元、歐元很可能保持較爲寬鬆的狀況，這會帶來全球性的流動性過剩。同時，隨著中國經濟實力的壯大，勞動生產率的不斷提高，人民幣對各主要貨幣存在長期升值壓力，國外投資者會長期看好人民幣，而人民幣也正被國外中央銀行等機構認爲是長期的儲值貨幣，能在相當程度上取代美元。在這種情形下，人民幣在境外勢必會形成一定的流通規模，並且，這些境外流通的人民幣也不可避免地會返回境內尋求投資管道，這也是資金流入的另一種方式。

應對熱錢湧入最根本的措施，就是不斷擴大中國資本市場的規模，包括股票、債券等一系列金融產品的規模。目前，中國資本市場的規模已經進入世界三甲，但因爲中國的貨幣存量已經高達十萬億美元，位居世界第一，同時，中國又在不斷吸納各種資金流入，從客觀上講，資本市場仍然需要不斷發展壯大。只有在總體規模不斷擴大的基礎上，中國資本市場才能保證資產水準不至於出現泡沫，不至於與境外資產價格過分脫節。而這也能在很大程度上化解熱錢湧入的風險。如果把中國經濟比作一個水庫，那麼，不斷湧入的熱錢就相當於流入的水，我們現在應當擴大水庫的庫容，讓水位與外界基本齊平，防止暴漲暴跌，防止形成堰塞湖。

在熱錢不斷湧入中國時，我們的另一個重要措施就是要積極探索國內企業和居民獲得外匯儲備、將人民幣資產轉換成外匯資產出國投資的途徑。顯而易見，這一措施可以帶來資金的雙向流動，讓熱錢的流入和資金的流出之間形成一個合理的均衡機制。更重要的是，我們希望出國投資的資金能夠獲得比流入熱錢更高的回報，從而以海外的高回報對沖境內投資的較低回報，從整體上提高中國經濟投資主體的投資效率。這也是促進資金雙向流動和人民幣國際化的重要措施。

5 中國的金融安全

金融安全是經濟安全的一個重要組成部分，而且在經濟安全中，金融安全具有舉足輕重的地位。凡是與貨幣流通以及信用直接相關的經濟活動，都屬於金融安全的範疇；一國國際收支和資本流動的各個方面，無論是對外貿易，還是利用外商直接投資、借用外債等，也都屬於金融安全的範疇，其狀況如何直接影響著經濟安全。金融作為國民經濟的神經中樞，「是現代經濟的核心，金融搞好了，一著棋活，全盤皆活」。如果金融不安全，就會危及國民經濟全局的安全。

在國際經濟活動中，金融風險的大小與該國對外依存度的高低是呈正比例變化的，即對外依存度越低，則該國面臨的風險就越小；反之，對外依存度越高，則該國面臨的風險就越大。這是經濟國際化發展過程中的客觀規律，是不以人們的意志為轉移的。

八〇年代中期以來，隨著國際分工和跨國公司的迅速發展，國際貿易和國際資本流動都達到了空前規模，經濟全球化發展勢不可擋，而中國的對外開放也逐步適應了經濟全球化這一不可逆轉的潮流。近年來，中國金融業的對外開放正在向廣度和深度發展，在華外資金融機構的數量和種類迅速增加，業務規模也在逐步擴大，外資金融機構在中國金融業中的影響日益增強。到一九九七年，在華外資金融機構代表處已達五百四十四家，外資營業性金融機構達一百七十三家。在華外資金融機構數量持續增加的同時，其資產總額、貸款和存款總額等主要業務指標也都保持了高速增長，外資銀行在中國內地資產總額占中國金融機構總資產的比重爲百分之二點七，占內地金融機構外匯總資產的比重爲百分之十六點二。

當前，中國經濟改革、對外開放與社會轉型已進入關鍵期，國內經濟社會矛盾集中於金融。雖然因大張旗鼓的改制而露出近似浴火重生的曙光，但在國際金融環境日趨複雜險惡、內在脆弱性不斷加劇的夾擊下，中國金融業依然是詬病叢生、積重難返，依然是制約中國經濟增長、國家崛起的最大風險因素，依然是中國經濟安全最薄弱的環節。

影響中國金融安全的主要因素包括以下內容：

(1)資本的非法流出入

在一九九〇至一九九六年間，中國有六年存在著國內儲蓄率大於總儲蓄率，即國外儲蓄率為負數，從而出現了國內資本大量外流和國外吸收國內儲蓄的情況。在資本流動中有一部分屬於資本非法流出入。一般來說，資本非法流出入是指國家貨幣管理當局明文規定所禁止的資本流入和資本流出活動，這種資本流動採取不合法或不公開的方式，通過非正常管道或混入正常管道進行。

(2)外商直接投資產生的負效應

吸收和利用外商直接投資具有雙重效應，即不僅可以產生正效應，也會產生負效應。所謂負效應，是指在吸收和利用外商直接投資的過程中，外商直接投資產生的消極作用及其給受資者即東道國造成的不良影響。

外商直接投資的負效應主要有兩種類型：一是外生因素產生的外商直接投資負效應，一般是指由資本趨利性所驅動，通過外商投資者的各種行為活動而產生的負效應；二是內生因素產生的外商直接投資負效應，是指受資者（即東道國）在引進外商直接投資的過程中，由於政策失誤、管理不善或調控不力而造成的負效應。外商直接投資的負效應嚴重威脅著中國的金融安全。在中國，由外生因素產生的外商直接投資負效應主要包括以下幾個方面：部分經濟自主權受損，如一部分經濟發展權被外商所控制；在市場份額上付出代價；影響經濟政策的效果；轉移利潤和逃避稅收；轉嫁投資風險；轉嫁環境污染，等等。

(3)外債運行存在著潛在風險

到一九九七年底，中國外債餘額已相當於中國全部外匯儲備的百分之九十四。按照國際上通行的一些衡量指標，中國外債規模被控制在能承受的範圍之內，各種外債風險指標均低於國際公認的警戒線（即外債安全線），更遠遠低於危險線。例如，一九九七年，中國的償債率爲百分之七點三、債務率爲百分之六十三點二、短期債務比率爲百分之十三點九，而國際公認的償債率的警戒線爲百分之二十、危險線爲百分之三十，債務率的警戒線爲百分之百至百分之一百二十、危險線爲百分之兩百，短期債務比率的警戒線爲百分之廿五；從負債率來看，一九九六年，中國負債率爲百分之十四點三，而國際公認的負債率的警戒線爲百分之二十。從外債風險指標來看，中國外債狀況良好，似乎並不存在問題。但是，如果從外債運行來看，中國外債存在的潛在風險不可低估。外債運行中的這些風險目前存在著擴大的趨勢，這會對中國金融安全產生較大的威脅。

(4)金融體制改革的非均衡性

中國金融體制改革存在著非均衡性，新舊體制過渡中，體制交替引起的混亂導致金融體系運營效率下降，資金配置效率下降，金融風險增加。中國金融體制改革雖然已經取得了很大的進展，但金融體制還具有明顯的過渡性，完善的金融監管體系尚未完全建立起來，使得金融風險發生的機率增大。中國金融體制改革的非均衡性在一定程度上增

加了金融風險，是威脅金融安全的一個重要因素。

6 貨幣戰爭中的中國未來戰略

從一九九七年到二〇〇七年這十年間，美元先升後貶，世界經濟先抑後揚，以金磚四國爲代表的新興經濟體經濟飛速發展，資源價格大漲，全球進入高通脹時期。伴隨著這十年來的運籌帷幄，這場旨在維護美國霸主地位、捍衛美元金本位制度的軍事金融戰爭逐步進入尾聲，雖然終場的哨聲還沒吹起，但從場面上看，遊戲的主動權逐步掌握在了美國人手裏，相對其他選手，其擁有的巨大優勢實在不能小看。

在這波金融亂局中，美國最大的戰略目標是歐元。若美國佔據優勢，對歐元來說無疑是一次巨大的打擊，這會直接導致歐元的前景看淡；反之，則會對美元本位產生巨大的衝擊，甚至直接導致美元本位的崩潰。

而對於發展中國家來說，高幣值會讓它們的經濟陷入崩潰，可不實行高幣值，如果處理不當的話，又會因通貨膨脹而導致經濟崩潰。事實上，歐洲貨幣——歐元，在二〇〇二年一月到六月之間就已完成對歐洲各國貨幣的轉換；而日本銀行亦需要用這段時間在通貨緊縮的環境中提高利息率。這樣就形成了全球資本市場的大混戰。一方面硬進攻，想登陸奪取陣地；另一方拚命抵抗防守，企圖保住陣地。歐洲中央銀行和日本銀行盡力想使資本流回本地區；美國則是盡力想要保持資本的繼續流入。

不需要什麼特別的經濟結構上的改革，利息率的運用和外匯儲備的投入就是這場資本戰爭的最有力的武器。如果美聯儲將利息率升高一點五個百分點，這不但會對美國國內生產總值的百分之五增長速度毫無影響，還可能會引發新一輪的資本流入狂潮；而如果歐洲升高零點五個百分點，雖然會給歐元匯率一個上升的動力，但隨後將會遏制歐洲本來就十分脆弱的出口導向，並可能會引起資本的大量流出，從而反過來使歐元更脆弱；如果日本突破零利率水準，這雖然會提高已經欠下十二萬億美元債務的退休人士和領取撫恤金者的收入水準，並在一開始時至少會加強日圓，但是利息率的升高將會迫使財政部門提高稅收，將日本已經難以支撐的經濟復蘇變成「自作自受」的經濟蕭條，從而葬送日圓和整個日本經濟。

或者，歐洲可以投入三千億美元的外匯儲備來保護歐元。如果這樣做的話，那麼，其處境將與滑鐵盧戰役中的拿破崙相似。同時，歐洲的高科技公司一直向美國進行「對外直接投資」，爲的是購買那些必不可少的、只有在美國才能買到的發展已經成熟的高科技產品和服務。歐洲的這項「對外直接投資」每年達一千五百億美金，也就是說，爲

了繼續將這個高科技遊戲玩下去，歐洲每年必須花費過半的外匯儲備來購買那些貼著美金標籤的資產。因此，在今後的幾年中，唯一能夠真正理解市場和經濟行爲的新分析模式應是「戰基模式」，亦即試圖闡明戰鬥者的策略運籌及其領導的「軍隊」的強勢和弱勢的模式。那種曾經在教科書和專業知識手冊中敘述的傳統分析模式，將會把那些不相信外面的世界正進行著「貨幣戰爭」的投資者們置於「危險地帶」。

美、歐貨幣霸權爭奪，最終目標是世界淨儲蓄，而世界淨儲蓄的主要產生地只有一個，就是東亞——世界產業佈局經過一系列變化之後，製造業主要都集中於東亞地區，而且，這一地區具有深厚的儲蓄傳統，目前，世界三分之二的淨儲蓄額來自這裏。

原本在上世紀九〇年代，東亞各國對美國的貿易順差還呈現比較均勻的分佈，一九九四年之後，中國憑藉其先天固有的優勢、強大的工業能力（重工業規模，中國比巴西、墨西哥、俄羅斯高五至六倍，比印度高十倍），以及龐大的國內市場，開始對東亞經濟形成整合，而亞洲金融風暴又在客觀上加速了這個過程。近十幾年來，日、韓、東南亞諸國的貿易順差從主要來自歐美變成主要來自中國，東亞內部貿易率從九〇年代初不到百分之三十提高到了百分之六十。中國「入世」之後，東亞經濟格局從先前的均勻分佈演變到現在成爲中國對歐美統合進行貿易。

正是這個「出人意料」的變化，徹底打亂了西方國家最初設想的理想世界：原本，無論貨幣霸權如何分配，貿易順差都分散在各個發展中國家、地區，這些國家中，無論任何一個，對此都不具備發言權，而彼此之間對歐美貿易順差份額的爭奪也使這些國家很難結成嚴密的同盟，只能被動地接受歐美爭霸的最終結果，而其他發展更加滯後的國家將無可避免地被排除出「食物鏈」。而現在，由於中國的加入，以上的這種可能性已經不復存在。

最初，東亞經濟出現整合的徵兆時，美國已有所察覺——二十世紀末激化朝鮮半島局勢，激化中日矛盾，激化南海主權矛盾，支持台獨勢力，都可以理解爲美國對東亞經濟出現整合趨勢後的最初對策，企圖重新打散東亞經濟佈局，打斷東亞經濟的整合過程。顯然，現在的事實證明，這些手段都不怎麼奏效，這一方面是由於中國製造業強大的競爭力，另一方面也得益於中國政府在面對周邊潛在衝突時超乎尋常的定力。

世界上未必所有的付出都有回報，但中國這二十多年來的付出的確是有回報的。上世紀九〇年代以來，中國政府一直要面對周邊潛在的地緣威脅和國內民族主義的一片罵聲，而在這兩重壓力之下卻還依然故我地維持著可以說有些笨拙的隱忍政策，而其回報則是：二〇〇一年以來，中國經濟的崛起已經將東亞地區的貿易順差高度地集中了起來，美國貿易逆差三分之二來自東亞，其中中國一家所占份額超過了一半。

一個延伸出來的效果是：由於中國製造業產品出口對其他國家保持著優勢，使得這些國家不敢隨意地調整本幣的匯率，必須緊盯人民幣匯率，這就使得中國逐漸可以間接主導東亞各貨幣的匯率變動，從而建立一套新的區域貨幣關係。就這樣，原先西方國家想定的國際新格局因為突然間硬生生地加進了中國這個新棋手而被徹底顛覆——整合了東亞經濟的中國主導著世界三分之二淨儲蓄額的流向，而無論美國還是歐洲，對淨儲蓄的來源地都沒有選擇。

至此，對比一九七一年，雖然環境和主題都已改變，但當時的那種感覺卻又回來了：對美國而言，所謂的雙赤字政策到現在已經積累了數萬億美元的債務，而且，其雙赤字現在正在以平均每秒兩萬美元的速度增長，而雙赤字的擴大使得大筆的美元無法回流到美國，於是便造成了國際範圍的美元過剩，在這之後，則非常可能是一場世界範圍的大通脹——從石油到食品，一連串的價格上漲便是先兆，一旦發生，則意味著美元以及美國的國家信用都將迎來末日；歐元崛起之後，已經成為了歐盟內部貿易的主要流通貨幣，一部分鑄幣權已經從美國手中滑落到歐元區國家，而且歐元的強勢已經在此之前抵消了美聯儲數次加息的努力。

而對中國而言，如前所說，以中國為核心的新東亞產業佈局已在成型之中，而圍繞人民幣的新的貨幣關係則使得我們擁有了「有中國特色」的「幣緣」優勢。離開中國，無論美國還是歐盟，都不可能完成與東亞的經濟對話；與之相對的是，如果美元本位制國際貨幣體系最終崩潰，那麼世界範圍的經濟衰退肯定不可避免，但這並不代表中國就過不下去，中國十多億人的國內市場消費能力還遠沒開發出來——之所以有人說中國經濟會步日本後塵，就是沒有看到中國的這一潛在優勢。美國在對日談判上能壓制日方，其根本原因在於日本國內消費早已飽和，日本在出口問題上沒有退路，而中國並不存在這個問題。

上一輪中美接近，中國所解決的是地緣安全問題，而這一次，中國的利益首先著眼於「幣緣」。從產業佈局上說，目前中國所整合的製造業主要還只是居民消費類產品，在發達國家產業體系中，這塊所占比重僅僅是四分之一至三分之一，真正的「大頭」在重化工業上。

以機床的數控化說，目前中國剛過百分之三十，而發達國家平均水準是百分之六十，美、日為百分之七十。換句話說，中國的工業化道路還遠沒走完，同樣，發達國家的重化工業重新佈局也才剛剛開始，中國未來一段時間的出口經濟，其核心任務已經不是再去賺更多的外匯，而是在於靠「外需」與內需一同拉動工業化進程。同時，目前人民幣的地位與中國經濟規模是很不相稱的，未來需要使人民幣成為東亞地區區域儲備貨幣之一。

從滿足這兩點訴求上說，中國有三套方案可供選擇：與美國協調美元政策，保持現有的國際金融體制不被打破，以現有的經濟秩序完成中國的工業化；主動與歐盟協調，增加持有歐元的數量，使得外匯儲備多元化，而其後果是美元大幅貶值，全球經濟「硬著陸」，中國則在危機中利用儲備積累獲得利益；保持對歐美的中立政策，在後續經濟波動中左右逢源，實現利益的最大化。

而相對於歐盟，美國的優勢或者說是第一選項的優勢在於，美國早已進入「虛擬經濟」階段，擁有「先發」的優勢。中國對外貿易百分之八十靠美元結算，和美元完全割裂，在一夜之間僅僅去依賴剩下的百分之二十的貿易額，是不現實的，而且，世界性的經濟危機客觀上會推後中國的工業化進程。美國建立在貨幣霸權上的軍事霸權反過來是美元最有力的支撐，而從這點上看，美元的穩定性高於歐元。當然，這些並不能抵消前面所說的中國在這場博弈中的「非對稱優勢」，這一優勢是根本性的，而且隨著時間的推移，會愈發明顯地顯現出來——中國對美國而言是唯一的選項，而對中國而言，前述的另兩個選項則並非不能接受。

歷史告訴我們，當我們處於國際架構重新「洗牌」的時期，在國家關係中，任何對「長久」、「穩定」的追求都是不切實際的，甚至可能適得其反。美國與美元的前景至今仍不明朗，同時，美國近期在國際事務中的表現使得他的國際形象變得非常的糟糕，這些使得任何國家都難以找到把自己和美國完全捆綁在一起的理由，中國當然也不例外。

「中美戰略性接近」這個總的「綱領」對中國與歐盟國家、與俄羅斯等國的關係而言，所意味的是改變，但並不是疏遠。而從歷史來看，我們不能忘記：在二戰最終戰局尚未敲定的一九四三年，美英兩國基於未來貨幣體系主導權的政治鬥爭就已經展開了；而在冷戰中的六〇和七〇年代，爲分得部分鑄幣權，西歐國家同樣曾刻意增加美元在金融市場的流通次數，以加大同一時間內美元的流通量，並以此引爆美元危機。同樣，「中美戰略性靠近」不等於說中美棋局中對抗的成分從此就煙消雲散了，合作與對抗將同時存在，中國在國家的基本利益問題上，哪怕是一分一毫，也仍然需要通過主動進取才能得以解決。

伴隨著最新一輪的全球化發展，現在的大多數國家實際上都已是「虛擬經濟」的參與者。中國的崛起是世界「幣緣」戰略格局中棋手的變化，中國之所以能夠有資格做「棋手」，一個重要原因就在於它可以做出超越一般的金融規則的選擇：中國政府具有足夠的行動力，無論是亞洲金融風暴還是非典時期，政府的表現都可以證明這一點；中國在「幣緣」問題上對歐美具有「不對稱」的優勢，我們有十多億人的國內消費市場，在國際「幣緣」問題上具有多種選擇，而對手則恰恰不具備這樣的條件；除去消費市場之外，另一個問題在於能源：中國政府連續宣布發現大型油氣資源、可燃冰，同時開始建立戰略石油儲備，這一切的背後，恐怕都有深遠的考慮。

第五章

「黃金」歲月，被軟禁的天然貨幣

1 黃金的天然貨幣屬性

「貨幣天然不是金銀，金銀天然是貨幣」。在選擇貨幣材質的過程中，黃金攜帶方便、永不變質等特點不斷地顯現出來，使它逐漸成爲一種被廣泛認可的交換媒介。它作爲一般等價物，由於其稀缺性和完美的自然屬性，備受世人矚目。

(1)黃金的天然貨幣屬性表現在黃金是一種資產

由於具有物理特性良好、不易變質、開採不易、開採成本高等特點，所以在人類的社會發展史上，黃金不但被人類用作裝飾，還被賦予了貨幣價值功能。它的稀有性使它不僅是充當人類物質財富多少的表徵，也成爲了人類競相追逐、積累財富的重要手段。到了二十世紀七〇年代，隨著金融市場的迅速發展，黃金從直接的貨幣作用中分離出來，這就是所謂的黃金非貨幣化。當代，黃金扮演的角色雖然有所改變，但它作爲一種貴重金屬，目前依然是世界主要的國際儲備。

(2)黃金作爲貨幣的歷史十分悠久

黃金在人類社會初期局部盛產黃金的地區可能就已經產生了貨幣的職能，負擔起簡單的社會交換的支付功能。中國出土，現今最爲古老的金幣，是春秋戰國時期楚國鑄造的「郢爰」，距今已有兩千三百多年的歷史，而波斯金幣和古羅馬亞歷山大金幣也都有兩千多年的歷史，它們都是僅在一定範圍和區域內流通使用的輔幣。

黃金成爲國際性流通的貨幣是在十九世紀出現的「金本位」時期，在布雷頓森林會議通過了相關決議，建立起了以美元爲中心的國際貨幣體系。後來相繼發生了數次黃金搶購風潮，直至布雷頓森林貨幣體系瓦解，開始進行黃金非貨幣化改革，一直到一九七八年修改後的《國際貨幣基金協定》獲得批准，可以說，在制度層面上，黃金的非貨幣化進程已經完成。但是正如在金本位制之前，黃金就發揮著貨幣職能一樣，在制度層面上的黃金非貨幣化並不等於黃金已經完全失去了其貨幣職能。目前，國際間主要的結算貨幣除了美元、歐元、英鎊、日圓之外，黃金仍是當今世界的第五大國際結算貨幣，黃金的貨幣屬性至今誰也無法取代。例如，在一九九八年東南亞及亞洲的金融危機時，韓國、泰國政府就用民間捐助的黃金來支付債務從而度過了金融危機，黃金的貨幣功能依然起著重要的作用。現在黃金可視爲一種準貨幣。

(3)黃金也是一種商品

當前黃金商品用途主要是首飾業、電子工業、牙醫、金章及其他工業用金。應該承認，由於昂貴的價格和相對稀少的資源，使得目前黃金的商品用途範圍仍然十分狹小，不過，這也是黃金長期作爲貨幣金屬而受到國家嚴格控制的結果。今後，隨著國際金融體制改革的推進，金融黃金商品屬性的回歸趨勢加強，黃金商品需求的拓展對黃金業的發展將具有更爲重要的意義。

 魔力無邊的黃金

早在人們把黃金當作貨幣使用之前，它就由於自身的耐久性、密度以及金光閃閃的特點而很自然地成爲了財富的象徵。黃金有著很高的延展性，你可以隨心所欲地將它變成任何形狀。一盎司的黃金很少，但它可以打成五十英里長的金絲或一百平方英尺面積的薄金片。跟地球上任何其他的元素不同，古往今來，已經挖出來的金子，現在仍然保存完好。

黃金的密度也相當高，如果要把目前所有存世的黃金裝入一個空間，只要一艘大型油輪就可以裝下，它們的總重量大約爲十二點五萬噸。同樣重量的鐵，只要美國鋼鐵工業幾個小時就可以生產出來，但它們只值五百五十萬美元，而現存的黃金價值一萬億美元左右。

根據古希臘史學家希羅多德的記載，里底亞人「是我們所知當中第一個鑄造、使用金幣和銀幣的民族，他們可以說是最早的零售商」。里底亞是西元前七百年位於小亞細亞西部的一個富庶的古王國，距離希臘愛琴海大約兩百英里遠。里底亞處於各文明地區的東西交通要道上，繁榮的貿易和商業活動對簡易兌換流通的金幣產生了自然要求，而且里底亞位於盛產沖積沙金的佩克托勒斯河岸，黃金供應基本面良好。

里底亞的末代皇帝克羅伊斯制定的新幣史塔特對後世影響久遠。史塔特由廿四克拉純金構成，還可以細分成三分之一、六分之一和十二分之一等更小的單位，因此促成了金衡盎司的發展。而且，克羅伊斯採用了金銀複本位制度，銀幣用於交易數額較小的場合，成爲以後的貨幣歷史主流。另外，里底亞人發明了「試金石」，它是種黑石頭，金匠把金器在黑石上劃出條痕，然後把條痕與一組廿四支由含有不同金、銀、銅等組合的試金針劃痕加以比較，若是符合第廿四支試金針所劃出的條痕，就表示這個金器是純金的。

黃金作爲貨幣的轉變促成了黃金的大眾化，因爲，它的使用和擁有不再是君王的特權。到了羅馬帝國，雖然國力強大，疆土廣袤，每年黃金產量至少五噸以上，但奢侈的羅馬人仍面臨著黃金嚴重短缺的情況，他們不得不在今後許多國家都會遭遇的三種解決方案中做出選擇：忍受貨幣供應不足，承受蕭條通縮的痛苦；從其他地區輸入黃金，不

管是掠奪還是交易；用同量的金屬鑄成更多的錢幣，也就是貨幣貶值。

羅馬帝國的暴君尼祿是第一個採取貨幣貶值政策的皇帝。儘管尼祿可以把自己的母親和妻子殺害，但在做貶值這件事上還是小心翼翼。只是到了西元二六〇年加列努斯皇帝登基，物價每年上漲百分之九以上，而在之前的三百五十年間，羅馬帝國的物價平均上漲才百分之零點四。在這種情況下，貨幣當然會大大貶值，當時小面額的羅馬銀、銅貨基本沒什麼價值，金幣則是在勉強維持。

直至西元三〇六年著名的君士坦丁大帝即位後，開始發行拜占庭金幣，重達四點五五克，純度百分之九十八，以一盎司三百美元計算，相當於今天的四二點六六美元，但購買力要比現在大得多。拜占庭金幣以不變的重量和純度持續發行了七百年，是歷史上發行期最長的金幣。

拜占庭金幣在當時被人們形容爲「從地球的一端到另一端，無論哪裡都可以流通。它受到所有人、所有國王的崇敬，因爲沒有一個王國的貨幣可以比得上它」。在今天看來，它可謂「中世紀美元」。貨幣史家羅培茲甚至認爲：「拜占庭金幣的穩定性與價值更勝美元。它不只是一塊黃金而已，它也是一個象徵、一個信仰，是神聖的皇帝派去民間的信差，是上帝的選民派去其他國家的大使。」

一四五三年，奧斯曼人攻陷君士坦丁堡，拜占庭金幣隨之消失，它留下了一個疑問：「爲了維持一個穩定而又值錢的貨幣不惜犧牲一切，這樣値得嗎？」或者說，金融的穩定固然能得到許多人的稱許，但它從來都不是一條必然會通向經濟繁榮的道路。

中國、日本、印度等東方國家從沒有把黃金作爲錢幣使用，最珍貴的錢幣材料是銀。東方人把金看成商品——也就是一種具有眞實使用價値的物品，而不是一種支付工具。伯恩斯坦認爲：「黃金可以用來裝飾、玩賞、美化，還有最重要的是，儲存財富。的確，東方人一有錢就想要買黃金儲藏起來，不像我們現代人一有錢就想要購買蔘寐以求的金表炫耀一番。」

其實，東方人儲藏的本性決定了不僅是黃金，只要是財富，包括今天的紙幣都要存在銀行裏。在西方人眼裏，亞洲人是「吸金海綿」，黃金到那兒就流不出來了。在十七世紀航海大發現後，西班牙人、葡萄牙人把美洲大量的金銀財富運往歐洲，但很快就流向了亞洲。從一六〇〇年到一七三〇年之間，歐洲的金銀流向近東的數量超過美洲大陸輸往歐洲的數量。即便是今日，印度仍然是世界上最大的黃金買主，他們花在黃金上的花費比花在汽車、兩輪交通工具、冰箱、電視機上的總和還要多。

其實，今天的亞洲仍在上演「吸金大法」。像日本、中國大陸、臺灣等亞洲國家和地區的外匯存底名列世界前茅，就是很好的證明。

値得一提的是，古中國等地雖然沒有將黃金作爲貨幣，黃金卻是權力和尊貴的象

徵，它可能到今天還在影響著東方世界對待黃金和黃金投資的態度。

黃金在中國沒有世俗化的另一個重要原因是，早在唐憲宗（西元八〇六年到八二一年）時就用紙幣的「飛錢」來代替銅錢，這個偉大的發明讓中國等東方國家受益匪淺。到了元代，馬可波羅將這個偉大的發明寫入了遊記中，但當時的歐洲人根本不信。

古代中國從來沒有把黃金視爲貨幣，直到兩次世界大戰，歐洲人一直想把黃金整合到貨幣體系裏，縱然當地的黃金供給十分稀缺。

一四〇〇年，歐洲本地的黃金產量不超過四噸，在錢幣需求方面，這些黃金僅可鑄造出一百萬達卡特金幣。與此同時，僅威尼斯一年就輸出了一噸重的達卡特金幣。金銀的短缺使得許多地區又回到了以物易物的方式，特別是本地交易。比如，胡椒粉比同重量的黃金還值錢，這種很受歡迎的日用品便充作貨幣來使用，德國貴族甚至以「胡椒人」來稱呼銀行家。於是，十五世紀成爲了歷史上少有的一個時期：黃金的花用遠多於儲存，從十五世紀初到十五世紀末，一盎司黃金可以買到的商品增加了一倍。

黃金的短缺也成了十五世紀地理大發現的直接誘因。哥倫布給西班牙國王斐迪南與伊莎貝拉的信寫得明明白白：「你也會得到更多西班牙名下的主權、財富以及市民。毫無疑問，那些土地有很多黃金。」所以，亞當．斯密譴責新大陸的探險家動機是「神聖化的黃金渴望」。

例如，西班牙探險者皮薩羅毀滅了秘魯的印加王國後，獲得了相當於今天的兩億七千美元的黃金，將近五噸金，比當時歐洲一年的黃金生產量還多。這還不包括印加皇帝的金御座，它重達一百九十磅，相當於秘魯金礦一年的產量。

十六世紀期間，渡過大西洋的金銀數量，比起十五世紀末葉全歐洲所擁有的金銀數量還要多。新大陸黃金的最大輸入國當然是西班牙，按理來說，它應成爲歐洲最富有的國家。但事實恰恰相反，西班牙只是變得更懂得揮霍，而不是變得更爲積極地生產。那時的西班牙就像個暴發戶，以爲好運還會來，但好運的確只有這一次。結果，西班牙僅僅變成了金銀大轉移的一座橋梁。當時就有西班牙人明智地評論道：「這麼多的金銀永遠是國家與城市的致命毒藥。」一五六九年、一六〇七年、一六二七年和一六四七年，西班牙相繼出現了四次財政危機，國家面臨破產。

十七世紀，西班牙人在新大陸的黃金發現使得世界貴金屬的產量一年增加了七噸以上，大約是以前的兩倍之多。到了一千七百年，世界貴金屬的總量是一四九二年的五倍。之後，葡萄牙人在巴西發現了金礦，到了十八世紀，黃金產量又再增長一倍。

到了一八五九年，隨著美國加州、澳洲、俄羅斯、西伯利亞源源不斷地開採，世界黃金產量一年便高達兩百七十五噸，是十八世紀平均年產量的十倍以上。這意味著，當時十年的黃金產量就比得上從哥倫布到一八四八年這三百五十六年間的黃金產量。

在十九世紀末與二十世紀初，美國克朗代克河、科羅拉多和南非陸續又有金礦開採出來。一九〇八年，世界黃金的產量是一八四八年的一百倍以上，是一八八八年的四點五倍。到了一九〇八年，各種形態的（貨幣的、儲備的、裝飾的）黃金總量可以熔成每邊十米的大金塊，而一千五百年才每邊兩米（它可是此前三千年文明的積累）。

十九世紀的淘金熱中，首發上場的是俄羅斯金礦，烏拉山的金礦一八二三年的年產量還不到兩噸，到一八三〇年則增長到了五噸以上。其後，西伯利亞也發現了大量黃金，一八四二年的年產量達到了十一噸，到了一八四七年，俄羅斯的黃金產量占了全世界的百分之六十以上。一九一四年，俄羅斯的黃金年產量達六十噸。

俄羅斯黃金之所以沒有名氣，可能是它的發現是靠非常有組織地使用奴工。而在美國加州等地就是另一幅景象了。一八四八年加州發現黃金，到了一八五三年，已有十萬人湧進加州，其中包括兩萬五千名法國人和兩萬名華人，年產量不久就達到了九十五噸。

澳洲原是英國流放罪犯之地，由於在一八五一年發現了黃金，竟有四分之一的英國人搶著買船票赴澳洲，後者從此變成了「黃金海岸」。

南非在一八八六年發現黃金，但當地的金礦比較特別。第一，南非的黃金多半深埋在地底一英里，平均只有一英尺厚的礦脈中；第二也是最重要的是，南非的礦石品質很低，一噸的礦石只含不到一盎司的純金，而且將純金與礦石分離的工作非常困難。也正是第二點導致南非金礦公司股票一度崩盤，有些甚至跌了百分之九十五。

最後，由於氰化法的採用，使得南非黃金年產量從一八八六年的不到一噸增長到一八八九年的十四噸。又過了十年後，年產量已達一百二十噸。

③世紀的金匠「銀行家」

大約在一千多年前，西歐仍然處於黑暗的中世紀時期。但也是在這一時期，那些交換、創造和操縱貨幣數量的放貸者們卻已活躍在英格蘭。他們在那個時期逐漸聯合起來，將英格蘭的經濟操控於手中。但這些人不是貴族，不是教徒，也不是銀行家，而是一般的鑄造金幣的匠人。當然，也可以說他們是銀行家，是西歐出現的第一批銀行家，因爲他們已經開始替別人保管金子，將這些金子放在安全的房間裏或房頂上。

事實上，西歐的第一批紙幣僅僅是金匠們開出的收據。爲了方便，避免到金匠那裏進行一次不必要的旅行，那些存放者可以將這些金幣儲存收據通過簽名轉讓給他人。經過一段時間後，爲了簡化程序，收據塡交給持有者，而不是金幣存放者，這使得這些收據開始能夠不經過簽名進行流通，這也逐漸打斷了與金子的聯繫。

不久，金匠們發現只有一小部分的存款者來取錢，這樣，就有很多金子沒有被取走，於是，金匠們開始要起了花樣——他們開始秘密地出借一些委託管理的金子，以此來收取利息。然後，金匠們發現他們可以印製比金子更多的紙幣，然後貸出多餘的紙幣並且收取利息。這也是部分儲備出借的誕生，也就是出借比存款還要多的錢。很明顯，這是一個騙局，一旦大家能夠明白，這就是違法行爲。

剛開始時，金匠們還能相對溫和地從事這種欺騙活動，貸款只是金子儲存量的二到三倍。但後來，他們變得越來越貪婪和自信，經常貸出金子儲存量的四倍、五倍甚至十倍。比如，如果有價值一千美元的金子儲存在他們那邊，他們就能夠貸出一萬美元的紙幣，收取大量的利息，沒有人發現這種騙局。通過這種方法，金匠們逐漸積累起越來越多的財富，同時也聚集了越來越多的金子。

這是信託的濫用，是一種欺詐行爲，卻被作爲一種標準而爲現代儲蓄銀行所採納。

今天，這種貸出比儲蓄更多貨幣的制度被稱爲部分銀行儲備金制度。換句話說，銀行只需保留部分儲蓄存款以應對提款等義務。如果存款者同時來取款，銀行只能支付他們百分之三的需求，這就是銀行怕擠兌的原因。同時，這也是銀行、證券市場和國家經濟內在不穩定的根本原因。

與發行比金子更多的金子收據相比，現代銀行只是更簡單地發放比他們擁有的現金更多的債務，通過簿記就能夠創造貸款。舉一個現代的例子：美聯儲在市場上購買一萬美元的債券導致出售債券的銀行賬上多了一萬美元的存款。在百分之十的存款準備金制度下，銀行只需留下一千美元的儲蓄，剩下的九千美元可以全部貸出。通常，借款人會將這九千美元儲存在同一家銀行或其他銀行裏，那麼，銀行就會保留百分之十，即九百美元的儲蓄，然後貸出八千一百美元，這個過程可以這麼一直進行下去。

美聯儲創造的一萬美元被放在這個系統裏的多家銀行後，最終產生了九萬美元的貸款和一萬美元的存款。換句話說，美聯儲的一萬美元一共產生了十萬美元。然而，不到百分之一的銀行創造出了這些貨幣的百分之七十五，他們就是華爾街的一些銀行。例如貸款，他們拿走了上千億貸款，獲得大量利息，只給其餘的銀行留下很少的貸款。但這些很少的貸款也能有數十億，所以這些小銀行不敢吭聲，他們也支持這種腐敗的體制。

在實際操作中，很多並不要求有百分之十的儲備金，銀行系統創造的貨幣量可能是美聯儲發行貨幣的十倍以上。而且，美國的現金和銀行儲備總計大約六十億美元，卻支撐著二十萬億美元的債務，每個美國人包括大人、小孩，都要承擔大約八萬美元的債務，這些債務包括國債、信用卡債務、家庭抵押貸款等。

美聯儲所創造的債務大概占總量的百分之三，私人銀行大約占了百分之九十七。這些貨幣如果是由美國政府創造出來的，那就沒有這些付息的債務，在支付政府支出的同時，也降低了稅收。

但這些是否意味著利息和銀行業是不合法的呢？不是。在中世紀，天主教會的教規禁止收取債務利息。亞里斯多德和湯瑪斯·阿奎奈講授過這個內容。在他們的授課中，貨幣只是一個社會成員之間交換物品的仲介。他們認爲，在使用貨幣中增加一個不需要和不公平的負擔是有礙於這種目標實現的。換言之，利息與公平是相違背的。這反映在中世紀教會法中就是，所有歐洲國家禁止收取利息，除非那種用於生產性的貸款，並且將違法的人稱爲高利貸者。

當商業發展，投資機會在中世紀晚期逐漸增多，人們開始認識到，貸款對貸款人本身也有一個失去獲益的成本。所以，他們開始允許收取一定的費用，比如從生產性的投資中獲得部分利潤，但這不是貸款內在的利息。

從道德上來說，不管是什麼宗教信仰、職務高低，只要是發放高利貸、欺壓窮人和不正義的行爲都是絕對不道德的。因爲部分準備金貸款植根於欺詐，它導致了貧窮的擴大，不僅壓迫了窮人，也減少了其他手持貨幣的價值。如果忽視了這些，就會使得道德譴責的聲音變得很弱。

不幸的是，一些宗教學派限制對這種欺騙、壓迫和不公平對待他們人民的行爲進行譴責。這種可嘆的限制，是與公平和慈善相違背的，這也是銀行業問題存在的一個原因，其他民族的人不可避免地被認爲低人一等。

這種現象導致了這樣一種世界觀：根據和平意味著優等民族和優等種族的優越感——物質總的形式僅僅是隱藏了的民族主義，儘管它譴責防禦的國家主義，但是民族主義主要的決定因素，最終分析來看，僅僅是心理上的而且是易變的，不是什麼內在的優越感。

人們忘記了人類是一個龐大的人群，生來平等，沒有高低之分。如果說有什麼優等民族，那他們也應該通過道德方面的標準來衡量，而不是通過欺騙和狡猾。

回到金匠這邊：他們在低息存款和高息貸款之間發現了額外的利潤，當他們很容易借出這些錢時，在流通中的貨幣數量就會擴張。在貨幣充足的情況下，人們會拿出更多的貸款來擴張他們的商業。到那時，金匠們將會緊縮貨幣供給，使得大家很難獲得貸款。這將會發生什麼呢？正如現在的情況一樣，一部分人不能償還他們先前的貸款，因爲他們得不到新的貸款來償還過去的貸款，進而，他們會破產，從而不得不將資產賣給金匠。

同樣的事情在今天仍然發生著，今天，我們將這種經濟的上下起伏稱爲「經濟週期」，在證券市場上更爲明顯，即「不停地修正」。

④ 金本位的黃金歲月

雖然英國在一八二一年最終決定採取金本位制度，但讓其他國家也隨之確立金本位，還是靠世界黃金產量的劇增。因爲那些採用金銀複本位或銀本位的國家，可以大膽地拋棄銀，而不愁無法兌現黃金。到了一八七六年，世界上的主要國家，除了中國和印度仍採用銀本位制外，像法國、德國、美國等絕大多數國家都採用了金本位制。

儘管黃金自古以來就那樣迷人，但直到十九世紀中葉，銀還是主要的金錢形式。只是後來，銀的兩個劣勢開始越發凸顯：一是銀缺乏金的魅力，銀比較容易生銹變色，從沒有像金那般引起眾人極度強烈的欲望；二是銀的體積比金大得多，運輸費用也要比金多得多。

金本位制度是以一定量黃金作爲本位貨幣的制度，它有三個特點：金幣可以自由鑄造、自由兌換和自由輸入輸出。在國際金本位制度下，各國的貨幣儲備是黃金，國際間的結算也使用黃金，黃金充分發揮了世界貨幣的職能。當然，在國際金本位時期，不僅在國內市場上，在國際市場上，大部分支付也不是通過貴金屬進行的，還要借助於各種貨幣形式。當代諾貝爾獎獲得者蒙代爾說的「貨幣不過是一定量黃金的名稱」，很好地概括了金本位制度的特徵。

從美國內戰結束到第一次世界大戰爆發的這五十年中，金本位制度如日中天，取得了類似宗教的地位。因爲它把自古以來人類對這種閃耀金屬的原始信賴，和在第一次世界大戰之前那段時期黃金充分配合工業和金融發展需求的高度複雜動態，巧妙地結合了起來。

金本位對當時第一金融帝國英國最爲有利，像今天的美元一樣，英鎊是當時人們最先選擇的貨幣。由於黃金儲備是不產生收益的，英格蘭銀行以其最佳信譽降低黃金儲備標準。一九一三年，該銀行持有黃金有一點六五億美元，而法蘭西銀行是六點七八億美元，美國財政部則需要十三億美元。

在這個金本位最美好的時代，還是出現了幾次大的金融危機。一八九〇年，英國最有名望的霸權財團投機阿根廷失敗，面臨破產，急需四百萬英鎊，而英格蘭銀行基金儲備不到一千一百英鎊。幸好，當時的俄國、法國央行和金融大財團羅特希爾德家族與英格蘭銀行通力合作，擺平了危機。以後，歐洲的幾次危機也是靠各國相互支援渡過的。

但是，當時的美國就沒那麼幸福了。在歐洲人眼裏，美國和阿根廷沒什麼區別，只是一個新興市場罷了。所以，當一八九五年美國黃金儲備跌到九百萬金幣時，美國人只能自救，救星是美國的大金融家皮爾龐特·摩根。他闖入總統辦公室，對著焦躁不安的克利夫蘭總統等一班首腦說：「今天將有一張一千萬美元的匯票要求承兌，不到下午三點，一切就完了。」然後，摩根提出自己的銀行和倫敦的羅特希爾德家族籌集三百五十萬盎司的黃金作爲交換條件，美國財政部發行價值六千五百萬美元的三十年期的黃金債券。最後，市場恢復了信心。

從十九世紀七〇年代到第一次世界大戰爆發，確實是金本位制運作得最美妙的日子，歐洲政治經濟風調雨順，國泰民安。當時很多人都認爲金本位功莫大焉，正如一百年後將新經濟與華爾街的匹配無間歸功於格林斯潘的妙手一般。可是從事後來看，國際金本位制的成功可能是結果，而不是原因。當時，英國的一位政治家迪斯雷利倒是看出了這一點，他說：「把英國的商業優勢與繁榮歸功於我們英國採行金本位制，世界上再也沒有比這更虛妄的了。英國的金本位制不是英國商業繁榮的原因，而是結果。」

第一次世界大戰後，歐洲滿目瘡痍，人們以爲只有金本位制才能讓歐洲經濟走上復蘇之路。於是在一九二五年，英國恢復了一度停止的金本位制度。可是，美國的一九二九年大崩潰引發的全球經濟蕭條很快讓英國在一九三一年結束了金本位。一年後，在四十七個採用金本位制的國家當中，只有美國、法國、瑞士、荷蘭以及比利時仍採用金本位制。六年後，沒有一個國家允許人民將貨幣或存款兌換成黃金。羅斯福一九三三年上臺後，爲了緩和黃金大量外流的危機，宣布人民持有金幣不再合法，必須全數上交銀行，並用行政命令把金價釘牢在一盎司三十五美元上。這個價格維持了三十七年。

對金本位一向不以爲然的凱恩斯在一九三〇年極富遠見地指出：「黃金今後再也不會從一個人的手中轉到另一個人的手中，人們那渴望觸摸黃金的手已經被奪走了觸摸它的機會。這很討人喜愛的家庭守護神以前居住在錢包、長襪、罐盒裏，如今在各個國家都被一個大金像給吞併了，它住在地下，人們看不到。黃金現在是看不見了——它又回到了地下。但是，當我們再也看不到那穿著金黃華服的神在塵世上行走時，我們便開始將它理性化，就在不久之前，我們對它什麼感覺也沒有了。」

在一九二九年開始的十年通縮環境下，每種貨幣都對黃金貶值了，就像黃金從每盎司二十點六七美元升至三十五美元一樣。另一方面，所有國家的商品與勞務價格都大幅下降，三十年代中期，每盎司黃金可以買到的商品與勞務是一九二九年的兩倍。

與此同時，黃金產量卻在大增。一九三二年，世界黃金產量達兩百萬噸，這個數量幾乎是自古到十九世紀中葉全部累積的貨幣性黃金的一半。一九三八年，世界黃金又比一九三二年高出了百分之五十。各國中央銀行的黃金儲備在一九二九年有四千萬噸，十年後激增至六千萬噸，總值從一百億美元升至兩百五十億美元。一九三九年，世界上的貨幣儲備所保存的黃金已經多到即使所有的貨幣全都用金幣流通也不成問題。這在歷史上極為罕見。主要原因是戰爭的威脅，世界各地的黃金都運到了紐約。從一九三四年到一九三九年，輸入美國的黃金總量高達九十六億美元，其中百分之二十來自法國。到第二次世界大戰爆發，全世界約有兩百億美元的黃金或百分之六十的貨幣性黃金放在美國，而在一九一三年是百分之廿三，一九二九年是百分之三十八。這些儲備黃金總量達一萬五千噸以上，相當於那個時期全世界十二年的黃金產量。

這個時期，美國的金庫也像當年的亞洲，是「黃金的墓地」，並沒有往外流出黃金，戰爭風雲幾乎使得所有的投資都停止了。而且，美國準備以三十五美元每盎司黃金的固定價格無限量收購，也是世界上獨一無二的國家。伯恩斯坦抒情地概括道：「美元與黃金的關係就像天空一顆不動的星，其他所有的星星都不由自主地被它吸引。」

黃金確實很實在，金光閃閃，沉甸甸的，與美人一樣讓人感到生活的美好和真實。但是，千百年來的歷史一次次證明，當我們把黃金視為穩固大船的鐵錨且不加防範時，終有一天，滔天巨浪會掀翻大船。

一九四四年，布雷頓森林體系建立，國際經濟體系的核心從黃金變為美元，當時的美元有世界黃金儲備的百分之七十五支持。美國持有黃金兩百億美元以上，債務卻不到一百億美元，可謂盛極一時。但好景不長，美國經濟超強的地位到一九六〇年已受侵蝕，當年的外國人持有的美元流動資產從一九五〇年的八十億美元增加到兩百億美元，也就是說，如果全數兌換成黃金，美國的黃金存底便會立刻見底。

在這種情況下，敏感的黃金投機客開始挑戰一盎司三十五美元的官價，而美、英、法、德、意等國家在一九六一年成立黃金總匯，聯合平抑黃金價格。

富有戲劇性的是，一直對美國很有看法的法國總統戴高樂突然倒戈，在一九六五年呼籲大家恢復金本位制，因爲美元失去了十多年前彙集巨大黃金的基礎，美國的黃金儲備占世界總量的比例已從一九四九年的百分之七十五下降到了百分之五十以下（到了六〇年代結束已是百分之三十以下）。一九六七年，法國退出了黃金總匯。

戴高樂站在投機客的一邊不無私心。法國是美國以外全世界擁有黃金最多的國家，如果按它宣稱的將每盎司黃金提到七十美元的水準，法國將大賺一筆。

不過，戴高樂想終結美元的特殊地位是很多國家所樂見的。「美元本位制」使得只有美國人可以用大量印刷的美鈔作爲國外支出的資金，而別的國家都必須在國際收支有了盈餘才能「賺取」黃金或外幣。結果是，美國無限制地用美元彌補國際收支赤字，美元氾濫成災，將國內的通貨膨脹輸出，加劇了世界性的通貨膨脹。而美國黃金大量流失時，美元作爲國際儲備物質基礎大大削弱。最後，它和黃金的固定聯繫被切斷，紙幣流通規律發生作用，美元相對黃金貶值，一盎司黃金三十五美元的官價已不堪一擊。

一九六七年十一月十八日，英鎊在戰後第二次貶值；一九六八年三月十七日，「黃金總匯」解體；一九六九年八月八日，法郎貶值百分之十一點十一。

一九七一年八月十五日，美國總統尼克森發表電視講話，關閉黃金窗口，停止各國政府或中央銀行持有美元前來兌換黃金，美元掙脫黃金的牢獄，自由浮動於外匯市場。在當時，這一招還迫使西德和日本兩國實現貨幣升值，改善了美國國際收支狀況。接下來就是黃金價格像一匹野馬那般狂飆突進了。

一九七二年，倫敦市場的金價從一盎司四十六美元漲到六十四美元；一九七三年，金價衝破一百美元；一九七四年到一九七七年，金價在一百三十美元到一百八十美元之間波動；一九七八年，石油輸出國組織的原油再度飆漲，達一桶三十美元，導致金價漲到二四四美元，這一年的七月三日，一位著名的女演員要求六十萬美元的酬金用南非金幣支付，而不是用美元；一九七九年，金價漲到五百美元，這一年三月十二日發行的美國《商業週刊》封面上的自由女神像淚流滿面，標題是《美國的衰落》，十月，美國通脹率衝破百分之十二，黃金成爲對抗通脹的有力武器；一九八〇年元月的頭兩個交易日，金價達到六百三十四美元。

也就在這個時候，全世界各大央行行長和財經首腦的市場智商低能暴露無遺。在此之前，各大央行拼命拋售黃金儲備，美國財政部總共拍賣了百分之六的黃金儲備。而現在，面對如此強大的黃金牛市，他們開始高談闊論要恢復黃金在貨幣體系中的傳統角色。典型代表便是美國財長米勒，他宣布財政部不再出售黃金。

世界黃金價格一九九九年到達每盎司二五一點九美元的底部後，終於在二〇〇一年走出一波上揚的走勢，尤其是二〇〇三年底突破每盎司四一四美元，讓「金甲蟲」（黃金多頭投資者）雀躍不已。然而，黃金市場的未來走勢仍讓人捉摸不定，樂觀者認爲黃金價格的第一目標位在每盎司四五〇美元，第二目標位在每盎司六百美元。至於極端多頭者，認爲再創黃金歷史新高，達到每盎司一千美元也不是沒有可能。但也有相當多的人認爲別高興得太早，畢竟自從黃金價格在一九八〇年到達每盎司八百五十美元之後，便一路盤旋而下，中間屢有反彈，卻還是進入了長達二十年的熊市。

儘管一個好的投資（投機）家在執行操作時要往前看而不是往後看，但投資（投機）最終成功的第一要素是經驗。投資經驗有兩種：一種是直接的，用不斷行動來累積，能讓你最終成功的無非是要麼有驚人的運氣，要麼至少有一次破產經歷，然後憑藉生存意志反敗爲勝；另一種投資經驗的形成是間接地吸取歷史教訓，然後在投資時加以具體應用分析，這種在有風險控制前提下的投資積累的財富比較漸進，但不會一夜間輸個精光。想必大多數人決不會去選擇前者。

5 「黑色星期五」：黃金市場的大恐慌

十九世紀六〇年代，美國內戰一爆發，美國政府和銀行就立即脫離了金本位。政府發行了幾百萬不可贖回的綠鈔來支付其各種開支。只要綠鈔還在流通，美國國內就不會回到金本位上來，它們的價格還在隨著黃金的價格波動。十九世紀六〇年代的最後幾年，大約一百三十五美元的綠鈔可以兌換一百美元的黃金。

然而，國際貿易是按照金本位制進行的，這意味著在海外做買賣的商人需要兌換黃金來支付關稅，而且要在黃金市場進行套期交易來保證綠鈔價格的波動不會影響他們的利潤。華爾街最精明的傑・古爾德看到了其中的商機，一八六九年，他決定操控黃金市場。

操控只不過是在一定時期裏完全控制一種商品的供應，不管這種商品是豬胸肉、鐵路公司股份還是黃金。任何人想在這一操控時期買什麼商品，都必須按照操控方制訂的價格付賬，或者也可以不這樣做。當別人要求賣空的商人把貨交出來時，他們別無選擇，只有再買回來。丹尼爾・德魯有一句很著名的話：「他把不屬於自己的東西賣掉，要麼買回來，要麼進大獄。」

十九世紀六〇年代，華爾街企圖操控市場者大有人在，而且每年在不同的股票交易上都會有成功的例子。但是，想要操控十九世紀貨幣體系心臟和靈魂的黃金市場，絕對是前無古人後無來者的大膽行為。首先，聯邦政府有幾百萬黃金，可以輕鬆地粉碎任何人想要操控黃金的企圖。但是傑・古爾德自信對付得了老實又有些幼稚的格蘭特總統。他設法說服總統任命內戰英雄丹尼爾・巴特菲爾德少將為聯邦國庫紐約分庫的主管，這樣，任何賣出黃金的指令都必須由他親自下達。

後來，當有人問傑・古爾德是否已經在政府裏安裝了竊聽電話專門打探其動向時，他的合夥人詹姆斯・菲斯科回答：「竊聽電話？胡說八道！只需要竊聽巴特菲爾德的電話就可以得到我們想要的消息。」與此同時，古爾德藉口美國農民需要出口他們的穀物賣個好價錢，說服了格蘭特總統在一八六九年整個夏天沒有批准任何一樁黃金買賣。在做格蘭特工作的同時，他開始與夥伴們在華爾街囤積貴金屬。

那時，市場上真正的黃金供應量（一段時間內隨時可以拿到市場上流通的數量）少得可憐，不超過兩千萬美元。華爾街的黃金交易室當時一天的交易量是七千萬美元，其中的大部分屬於所謂的「影子黃金」，即只需要很少的保證金就可以購買的黃金。正如一位華爾街人士有點誇張的說法：「只要有一千美元，一個人就可以買價值五百萬美元的

黃金合同。」當時，古爾德已經集聚了越來越多的賣空力量，所以他有充裕的資金可以多次將市面上的黃金流動庫存全部買下。

一八六九年九月廿四日，操控活動達到高潮，從此出現了「黑色星期五」的說法。這一天或許是華爾街歷史上最激動人心的一天，交易商瘋了似的拚命保住自己的利益，整個黃金交易室一片混亂。全美各地的商業活動差不多都暫停了，人們聚集在經紀人的辦公室和銀行裏通過新近發明的證券報價機關注著紐約黃金的價格一點點兒上漲。

在百老匯街上，情況也好不到哪裡去。一個親眼目睹了當時景象的人講述道：「百老匯大街上擠滿了幾千人……一個小時的時間他們已經變得衣冠不整，有的衣服上沒有了領子，有的帽子不知道哪裡去了，他們瘋狂地衝到大街上，彷彿精神病院失去了控制。人們大喊著、尖叫著，搓著雙手無能爲力，而黃金價格在穩步上升。」

格蘭特總統最終意識到了事態的嚴重性，財政部下令在上午十一點四十二分賣出四百萬黃金，巴特菲爾德幾分鐘後就收到了這個指令。然而，黃金市場早已受到重挫。那天晚上十一點四十分，黃金價格（綠鈔）已經漲到了一百六十美元，到中午時分，黃金價格降到了一百四十美元並繼續下跳。《紐約先驅報》在第二天寫道：「這一天剩下的時間中，黃金交易室以及其他所有的管道在高潮過去後就像剛剛經過一場火災或劫難，突如其來的平靜籠罩著整個華爾街。」

古爾德到底是賺是賠，人們永遠不會知道，因爲這場黃金恐慌引發的金融騷亂可能永遠都無法理清，只是在一定程度上被掩蓋起來了。就像在黃金交易室裏簽訂的黃金合同，儘管指明要用黃金交割，但在法律上並沒有強制力，所以即使拒絕用黃金支付也不見得要承擔法律後果，很多交易商就是這樣做的。

操控黃金帶來的是買方的大恐慌，但因爲他們拼命做空商品，所以不會影響到整個經濟的長期發展。在經濟出現大衰退的初期，常常出現賣方恐慌，因爲人們不顧及價格爭相拋售股票和債券，並且取出所有的銀行存款——他們覺得銀行不可靠。投資者和存款人都需要流動資金，貨幣本質上當然就是流動資本，所以恐慌會突然引發市場對貨幣需求的上漲。由於美國國內還沒有中央銀行可以處理貨幣供應並在緊缺時期提供流動資金以保護銀行體系，所以賣家的恐慌加劇了商業活動的惡性循環。當大量的儲戶突然要求兌現時，幾百家原先經營狀況良好的銀行就會因無力償付而倒閉關門，經常是銀行帶著普通家庭一輩子的積蓄和企業的流動資金逃之夭夭。

內戰結束後的幾年，經濟大擴張，那是美國繁榮的典範時期。在短短八年的時間裏，鐵路津貼翻了一番，小麥產量也增長了一倍。但是一八七三年九月，因發明債券推動在內戰時期融資而一舉成名的費城最著名的銀行家傑伊·庫克卻出人意料地宣布：他已經破產了。華爾街頓時一片恐慌，許多銀行和經紀行來不及將他們的資產變現，紛紛倒閉。證券市場一片混亂，紐約證券交易所被迫停業十天。接下來的六年中，美國一直處在大蕭條的陰霾裏。

這次經濟衰退開始深入美國經濟的各方面，因爲這時依賴工資以及全國市場的國內勞動者的數量比以前要多得多。那些靠在當地賣一些自家剩餘糧食的自給農民在金融大蕭條中的日子還好過一點兒，而那些從銀行借錢種莊稼再轉賣給大的穀物公司的產業工人以及農民，日子就很艱難了。

6 恢復金本位：黨派與利益之爭

十九世紀七〇年代的美國，「失業」一詞被用來指所有沒有職業的人，從五歲的小孩、家庭主婦到靠投資回報爲生的人。但是一八七八年，七〇年代的經濟蕭條進入尾聲，麻塞諸塞州的一份調查報告重新定義了失業群體，專指年滿十八歲「沒有工作以及正在找工作的人」。到了十九世紀九〇年代中期，失業人口已達數百萬，美國各城市中大片貧民窟的街道上到處可見饑餓的人群，他們只有在私人的慈善機構那裏才能吃一頓飽飯。

引發新一輪經濟不景氣的直接原因，是因爲缺乏一個在需要的時候可以踩剎車的中央銀行，經濟膨脹得不到抑制。但根本的原因是，美國試圖同時實現兩個目標相互衝突的貨幣政策。

一八六九年，也就是爆發黃金恐慌的第二年，眾議院就此事舉行了由眾議員詹姆斯·加菲爾德主持的聽證會。這位俄亥俄的國會議員通過這場聽證會第一次名揚全國。加菲爾德在一份報告中提到：「只要我們的法律還執行兩套價值標準，而且人爲干預色彩濃厚，金價投機活動的誘惑將難以抗拒。」換句話說，加菲爾德想要恢復金本位制，取消綠鈔的流通。做國際貿易的商人們，其中很多人在黑色星期五遭遇了滅頂之災，也希望恢復金本位制。華爾街日趨強大的銀行以及那些從事重工業生產的人們也都表示贊成。當然，這些人當時是共和黨的主導勢力。然而，還有更多反對回到金本位制的人。

貨幣體系採用金本位制有一大優勢：通貨膨脹發生的機率幾乎爲零。如果一個國家紙幣發行的增長速度超出市場可承受的範圍，人們就會把紙幣換成黃金。而且，其他國家的中央銀行將不再賒賣這種貨幣，而是換成它們想要賒賣的黃金，所以，黃金將外流。

但是，負債方總是歡迎通貨膨脹，因爲這樣一來就可以用「更便宜」的錢來還債。比如，對於滿目瘡痍的南方地區，大部分銀行資產和其他可流動財產在戰爭中已經耗盡，要建立一個金本位爲基礎的貨幣體系意味著經濟不景氣將會繼續，然而，「低息貸款」將有助於南方經濟的復蘇。事實上，十九世紀晚期的顯著特點就是低速、連續不斷的通貨緊縮。

在通貨緊縮的影響下，金本位在美國金融、外貿以及工業的中心東北部很是流行，但在南方和邊疆的小農場主那裏卻得不到支持。那邊的大部分人把金本位制看作華爾街讓他們破產的一個「陰謀」。一八七六年，「綠鈔」黨將紐約年邁的彼得·庫珀提名爲總統候選人。荒謬的是，庫珀是國內最富有的人之一——或許他是第一位「富裕的自由主義者」。一八七八年，「綠鈔」黨在國會選舉中贏得了一百零六萬張選票，足以選出十四位國會議員。

儘管政府在內戰結束的時候已經不再印製綠鈔，但還是利用西部開採量急劇增加的銀礦石製造銀元，國內因此出現了複本位制。由於國會投票表決在一八七九年恢復金本位制，所以一八七三年，政府停止製造銀元。那些金本位制的反對者馬上將這一決定稱爲「罪惡的一八七三年」。正反雙方都不斷向國會施壓，國會採取了民主制度下立法機構面對複雜棘手的經濟問題時的常見做法：試圖雙管齊下。

美國一八七九年一月一日如期恢復了金本位制，而且政府要求財政部準備一億美元的黃金儲備以滿足對貴金屬的各種需求。一年前，國會投票表決保留仍在流通領域的價值大約三四六，六八一，〇〇〇美元的綠鈔，但要用黃金兌現，銀幣也是如此。另外，國會通過了《布蘭德—阿利森法案》，法案要求財政部每個月應在公開市場上購買價值兩百至四百萬美元的白銀，然後按照十六比一的銀金比率製成鑄幣。換句話說，國會頒佈法令宣布每十六盎司的白銀相當於一盎司的黃金。當然，這種新的銀幣制度明顯提高了國家的貨幣供應，是抑制通貨膨脹的一劑良藥。

起先，十六比一的比率相當接近金銀的實際價格比值。但由於愛達荷州的科達倫以及一八五九年首次發現的內華達州蘊藏量豐富的康斯托克礦脈等西部地區的大銀礦紛紛投入開採，市場上的白銀價格開始跳水。一八九〇年，白銀和黃金的兌換比率約爲二十比一。同年，國會通過《謝爾曼購銀法》，要求財政部每月購買四百五十萬盎司的白銀並製成銀幣，這個數量幾乎是當時美國一年白銀的總產量。

金本位制穩定了美元的價值，而當白銀政策極大地增加了貨幣供應時，政府既要保證通脹，又要防止通脹。當時的白銀價格是黃金價格的十六分之一，可上市流通之後就降爲黃金價格的二十分之一，於是，人們很自然地會花銀幣保存黃金，財政部手中的黃金則慢慢減少。

十九世紀八〇年代，政府出現的高額預算盈餘掩蓋了這種分裂的貨幣政策導致的問題。但當以一八九三年經濟大崩潰爲標誌的新一輪經濟衰退開始時，一點一點流出財政部的黃金頓呈洶湧之勢。政府收入在一八九三至一八九四年間從三點八六億美元降至三點零六億美元，為此，國會急忙撤回《謝爾曼購銀法》，但兌換黃金的人排山倒海地向財政部湧來，政府只得發行債券以購進更多的黃金補充儲備，但黃金仍在繼續大量外流。

不久以後，局勢變得相當危急，財政部黃金儲備低於一八九四年法定的一億美元，而且那年一月還有五千萬美元債券發行收益加入儲備。到第二年一月，黃金儲備減少到只有六千八百萬美元，一周後又降到四千五百萬美元。

政府的活動被嚴格限制了起來，很快，它就眼睜睜地看著黃金不斷地流向國外市場，價值數百萬美元的金條被裝上紐約港的船隻，運往歐洲各大中央銀行。華爾街人士都在打賭財政部的黃金儲備到底會何時耗盡，美國何時會再次脫離金本位制。

摩根當時在國內是無可爭議的銀行業老大，他坐火車趕赴華盛頓力爭挽回局面，避免人們猜測中的最糟糕的情況出現。克利夫蘭總統儘管本身是一名健全貨幣和金本位的支持者，但他非常明白自己領導的這個黨派有很大一部分人既想讓國家離金本位遠遠的，又痛恨「華爾街」及其所有把戲。克利夫蘭拒絕與摩根會面，但形勢每小時都在惡化，克利夫蘭次日早晨別無選擇，只能聽聽摩根的意見。

總統仍希望他能說服國會授權發行新的債券，來補充日益萎縮的黃金儲備，當然，這需要時間。一個下屬告訴克利夫蘭，國庫紐約分庫此時只有九百萬的黃金儲備。摩根知道財政部隨時都可能收到數張向其支取一千兩百萬美元的匯票，如果真出現這種情況，他警告說：「到三點鐘，一切就都完蛋了。」

「你有什麼高見？」克利夫蘭無可奈何地問他。摩根自有辦法：他認爲在國內市場發行更多的債券從長期來看毫無益處，因爲黃金會反向流出財政部。但他和當日也在白宮的羅斯恰爾茲貼現公司的美國代表小奧古斯特·貝爾蒙特先生將從歐洲籌到一億美元的黃金，幫助抑制財政部的黃金外流。另外，摩根的律師發現有一項仍舊有效力的內戰時期的法案，它允許政府在國會沒有採取進一步行動的時候，發行債券來購買硬幣。

令人大感意外的是，摩根樂意擔保黃金不會再流回歐洲，至少短期是如此。這無疑給美國身處危難中的金融業注入了一針強心劑。摩根顯赫的聲望以及老練的外匯運作讓他沒有食言，一八九五年六月，財政部黃金儲備達到了一點零七億美元。更重要的是，美國經濟開始復蘇，摩根保住了美國的金本位制。

不用說，金本位制的反對派肯定百般詆毀摩根和貝爾蒙特，一八九六年的民主黨大會正是這群反對派的天下。內布拉斯加州的前國會議員、現在白銀派的狂熱擁護者、《奧馬哈世界前鋒報》的總編威廉·詹寧斯·布萊恩，在與會代表面前發表了美國歷史上最有名的一篇演說，文中表達了代表們的願望。

布萊恩一開始就向代表們保證「美國最卑微的公民在披上正義的盔甲之後，將比一切謬誤的勢力都要強大」。布萊恩的事業就是廢除金本位制，他用鏗鏘有力的語調力陳金本位是如何損害農民和工人的利益的，用湯瑪斯．卡萊爾的話說，它只是爲「持有閒散資金的閒散人」的利益服務的。

布萊恩告訴與會代表們，這就是最大的問題。「事關民主黨站在哪一邊戰鬥——是支持『持有閒散資金的閒散人』一方，還是支持『抗爭的大眾』一方?」

芝加哥大會堂的各個角落回蕩著布萊恩激昂的聲音，當他結束演說時，已經牢牢抓住了在場聽眾的心。「我們的背後有全國乃至全世界的勞苦大眾，有商界、工人以及各地的勞善大眾的支持。面對他們對金本位制的要求，我們要說的是，你們不應該把這頂帶刺的皇冠壓在勞動者的頭頂，你們不應該用黃金十字架來折磨人類。」

與會者群情激昂，在場的小說家威拉．凱瑟稱之爲「永世難忘的演講」。喧鬧持續了半個小時，最後，年僅三十六歲的布萊恩被提名爲總統候選人。直到今天，他仍舊是大黨派中被提名的最年輕的候選人。

共和黨候選人威廉．麥金利在俄亥俄州坎頓的家中露臺上，面對眾多乘火車前來的民眾發表了演講。另一方面，布萊恩不知疲倦地在各地奔波，拉開了美國歷史上第一次競選活動的帷幕。兩大黨派的對立已經達到白熱化，而且比民主黨更激進的人民黨人不推舉自己的候選人，轉而支持布萊恩。

「我們已經提交訴求，」布萊恩在他的演說中說，「但是遭到了他們的恥笑；我們也會懇求，但被置之不理；我們也會央求，但是當我們遭遇災難時，他們只會嘲笑。我們不再央求，不再懇求，不再請願，我們蔑視他們！」

同時，共和黨的一份報紙發表社論說：「激進黨人完全控制了芝加哥（布萊恩被提名的地方）。美國之前的大型政治運動中從未出現過這樣陰險、可憎的奸詐之人。」

候選人通常將罵人的工作交給自己的支持者，但布萊恩的經濟理念使很多普通民眾以及更多心懷抱負的美國人大感恐慌。東部和中西部很多民主黨人認爲布萊恩在蠱惑人心，所以對其敬而遠之，開始支持麥金利。然而，競選運動之初，布萊恩的競選綱領看上去穩操勝券。那年春天，創刊不久的《華爾街日報》的編輯查理斯．道提出了道瓊工業指數，對股票市場進行了綜合評估。道瓊指數一個夏天的時間下跌了三分之一。

在夏天幾個月的時間裏，經濟復蘇步伐加快，極大地幫助了打著「健全的貨幣，保護與繁榮」這一競選口號的黨派。作爲對國家政治和金融領域的一個大致反映的晴雨錶，道瓊指數進入秋天後開始回升。

十一月，麥金利贏得百分之五十二的支持率，獲得了經濟最發達地區——東北部和中西部、平原北部各州、加州和俄勒岡州民眾的支持。布萊恩則贏得了南方和其他西部

各州的選票。

雖然競選失利，但布萊恩很清楚美國政治的未來走向。「民主黨人把同情給予了抗爭的大眾，」他在一次演講中對代表們說，「他們是民主黨的基石。人們對政府有兩種看法：一些人認爲，如果你們立法只爲富人謀福利，那他們的好日子就從富人的底下漏走了；然而，民主黨人卻認爲，如果你們立法只爲大眾謀福利，那他們的好日子將超過依靠他們的所有階層。」

各種選擇一目了然，但美利堅事實上兼而選之。美國政治是折中主義，而非極端派，而且，這個國家喜歡拋開分歧，或者可能的話，兩條路一起走。在接下來的一百年間，兩大黨派輪流執政，「下滴」效應和「上滴」效應理論都被應用到了美國的經濟決策當中。和民主制度下的政治是一個道理，即使哲學上一片混亂，結果也幾乎是完全積極的。

第六章

新形式的石油金融戰

① 二戰中的石油戰

石油，也稱原油，由不同的碳氫化合物混合組成，其主要成分是烷烴，此外，石油中還含硫、氧、氮、磷、釩等元素。石油主要被用作燃油和汽油，燃油和汽油是目前世界上最重要的一次性能源之一。石油也是許多化學工業產品如溶液、化肥、殺蟲劑和塑膠等的原料。石油對於現代社會的重要性不言而喻。自從第二次工業革命以來，石油就成了最重要的動力能源和化工原料，自然也就成爲了最重要的戰略資源。有人稱石油爲工業的血液，也有人稱石油爲黑色金子，所有這些美譽，石油都當之無愧。

到了第二次世界大戰前，石油的重要性更是因爲現代軍備的發展而進一步提高。首先是在陸軍中，內燃機動力逐漸取代了畜力（主要是馬匹），成爲現代陸軍機動能力的基礎，特別是坦克這種新式武器的出現和廣泛運用，使得石油對於現代化陸軍的運作變得至關重要；在海軍方面，由於蒸汽輪機和燃油鍋爐分別取代了往復式蒸汽機和燃煤鍋爐，使得石油成爲戰艦必不可少的動力；最後，飛機在軍事上的重要性迅速提高，更使得石油資源對於現代化軍事力量的運作不可或缺。總而言之，石油不僅是工業的血液，

第六章

新形式的石油金融戰

也是現代化軍事力量的血液，所以也成爲了最重要的戰爭資源。

納粹德國得益於普魯士和後來的德意志帝國長期的軍國主義傳統，其戰爭機器精良而強大。第二次世界大戰前夕，德國全力進行軍事準備，卻遇到了一個難以克服的致命難題：德國無法獲得足夠的石油資源來維持其戰爭機器的運作。德國雖然盛產煤炭，石油資源卻少得可憐，後來就出現了諷刺性的一幕：德國雖然開創了以「閃擊戰」爲代表的現代機械化陸地戰爭的歷史，但德國軍隊的機械化程度卻一直遠遠落後於其主要對手。德國不得不大量使用馬匹等傳統畜力來彌補機動能力上的不足（英美軍隊在戰爭之初就基本完全淘汰了畜力，而前蘇聯也在戰爭後期實現了高度的機械化）。

畜力的使用雖然幫助德國節省了寶貴的石油資源，但其高昂的成本和低下的效能還是大大拖累了德軍（德軍不得不投入大量人力物力來飼養這些馬匹；群居的馬匹在戰地環境下極容易發生疫病流行；馬匹的馱載能力亦十分有限）。希特勒發動對蘇戰爭的一個重要考慮，就是要保障作爲納粹德國唯一石油供應源的羅馬尼亞普羅耶什蒂油田的安全（此油田鄰近前蘇聯，極易遭到前蘇聯空軍轟炸）；後來豪賭史達林格勒戰役的主要目標之一，也是掩護其南線的A集團軍群部隊奪取高加索油田，以獲得石油供應。希特勒非常清楚，如果德國不能獲得足夠的石油供應，德國的軍事機器不管如何精良，都將最終陷於癱瘓。在國內，德國也興建了大量的合成燃料工廠，以非常高昂的代價用煤合成替

代石油的液體燃料，但由此獲得的那點可憐的油料補充對於巨大的戰爭消耗而言只是杯水車薪。

由於史達林格勒戰役的失敗，德國奪取高加索油田的希望化爲了泡影，而美英戰略轟炸機對普羅耶什蒂油田以及德國國內的燃料合成工廠頻密有效的轟炸，則直接使德國的油料供給陷於枯竭。德軍戰鬥機因爲缺乏燃料而無法起飛執行防空任務，更遑論對地支援，德國空軍幾乎癱瘓；裝甲部隊的機動能力也因此大受限制，不能有效進行作戰。德軍失去了素以爲傲的「空中重錘」和「地面利斧」之後，就如同被剝奪了利爪尖牙的猛獸，作戰能力急劇下降，最終在盟軍和蘇軍的夾擊下迅速走向覆滅。

在太平洋戰場，納粹德國的盟友日本則面臨著更爲困難的局面。日本的工業能力大大遜色於德國，資源甚至更加貧乏（這也是美英一開始就把德國當成主要敵人，而把日本當成次要敵人的重要原因）。太平洋戰爭爆發之前，美國爲了遏制日本的擴張勢頭，對其進行了逐步升級的經濟制裁。特別是一九四一年七月，美國連同荷蘭對日本實施了石油禁運，這一制裁尤爲致命。美國是當時世界上最大的石油生產國，而日本境內則幾乎沒有任何石油資源，其所需的石油百分之九十八都要從美國進口。僅僅是維持日本海軍龐大艦隊的正常運作，每天就需要四百多噸石油。日本在此之前雖然未雨綢繆，全力囤積，但其石油儲備在戰爭條件下也不敷一年之用。所以受到美國的石油禁運制裁之後，日本就被逼到了牆角：要麼屈服於美國所提出的難以接受的條件；要麼放手一搏，跟實力強大的美國開戰。

日本軍國主義分子雖然狂妄，但當時日本國內很少有人相信自己可以戰勝美國，所以在此之前，日本一直以避免與美國開戰爲原則。日本主動挑起戰爭其實正是美國想要的，這樣，美國就可以完全佔據道義上的優勢，動員其強大國力，借機徹底擊敗在太平洋地區對其構成挑戰的日本，從而獨霸太平洋。美國開出苛刻的條件，其實就是想逼迫日本打第一槍。日本孤注一擲與美國開戰之後，重創了美英在太平洋地區的軍事力量，隨即迅速進軍東南亞，奪取了荷屬東印度這一關鍵的石油產地。

但石油戰爭並沒有結束。荷屬東印度距離日本本土十分遙遠，漫長而脆弱的海上運輸線成了日本石油供應的瓶頸。美國雖然無力馬上反攻荷屬東印度，但海軍潛艇卻能有效地破壞日本的海上運輸。與日軍潛艇以戰艦爲主要打擊目標的戰略不同，在太平洋廣闊水域活動的美軍潛艇以日本的運輸商船，特別是油輪爲主要打擊目標，取得了豐碩的戰果。到了一九四四年，面臨油料短缺的日本海軍不得不嚴格限制航空兵的訓練時間以節省油料用於作戰，導致飛行員素質大幅下降，這是後來的馬里亞納海戰中，日本海軍航空兵遭受毀滅性打擊的重要原因；爲就近獲得油料補給，日本艦隊也不得不從前線基地撤出，轉往婆羅洲油田附近島嶼上的基地，限制了其作戰行動。到了戰爭的最後階

段，日本的油料供給被徹底切斷，以致「大和」號戰艦被派去支援沖繩時，海軍只能為它提供單程的油料。

二戰中，盟國對兩大軸心國德國和日本石油供給釜底抽薪式的剝奪，加速了法西斯集團的覆滅。美國也從這一石油戰實踐中汲取經驗，在戰後國際政治經濟角力的縱橫捭闔中，因國際形勢的變化，其「石油戰」手法和花樣更是不斷翻新，讓人防不勝防，從超級大國前蘇聯到中東產油國，無不「遭其毒手」。

② 中東戰爭：油桶上燃起的戰火

第二次世界大戰之後，世界石油工業的格局發生了重大變化。隨著中東、南美以及前蘇聯地區一系列大油田的發現和開採，美國在世界石油生產中的地位迅速衰落，由世界第一大石油生產國和輸出國變成了最大的石油進口國，美國變得日益依賴從南美和中東進口石油。而中東地區地緣政治格局的變化，令美國坐臥難安。

一九四八年以色列建國後不久，阿拉伯國家和以色列之間便爆發了第一次中東戰爭。在這場戰爭中，美國的立場是曖昧的和基本中立的，英國傾向於同情阿拉伯國家，而前蘇聯則傾向於以色列。隨著中東陸續發現大油田以及國際政治形勢的變化，這些國家的立場幾乎來了個一百八十度的轉變。特別是第二次中東戰爭以後，前蘇聯大力援助和武裝阿拉伯國家，美國國內同情以色列的輿論也開始佔據主流。特別是前蘇聯在中東這個「大油庫」擴張影響力，引起了美國的高度警惕。美蘇雙方對彼此的戰略意圖都十分明瞭，那就是控制中東的石油資源。

阿以矛盾被兩大超級大國利用，阿、以雙方分別成爲前蘇聯和美國的代理人，中東戰爭也演變成一場爭奪石油控制權的代理人戰爭。前蘇聯向敘利亞、埃及等國提供大量先進武器，包括米格戰機、薩姆導彈、新式坦克和火炮等；前蘇聯還向這些國家派出了大量軍事顧問和技術人員，在作戰指揮、人員培訓、裝備維護方面提供了廣泛的幫助。通過軍援，前蘇聯大大加強了對這些阿拉伯國家的滲透和控制。

由於阿拉伯國家復仇心切，頻頻挑起與以色列的衝突，雙方在邊境上摩擦不斷。對於阿拉伯國家囤積軍備的動作，以色列保持高度警惕。一九六七年六月五日，以色列對阿拉伯國家進行了先發制人的打擊。由於以色列掌握的情報詳盡準確，獲得的西方武器性能優良，其軍隊也訓練有素，所以在短短六天之內，戰爭就以以色列的全面勝利而告終。阿拉伯國家遭遇慘重的軍事損失，苦心經營多年的軍事力量毀於一旦，還喪失了大片領土。美國事實上成爲了這場戰爭的大贏家，它借以色列之手懲戒了不馴服的中東國家（在此之前數年，曾經親美的伊拉克也退出了美英主導的巴格達條約）；前蘇聯則是顏面掃地，阿拉伯國家開始對其提供的軍事技術產生懷疑。

第三次中東戰爭（即「六日戰爭」）以後，阿拉伯國家特別是埃及臥薪嚐膽，意圖雪恥。前蘇聯在阿拉伯國家的要求下也無保留地提供了大批先進常規武器，除了最新的防空導彈之外，甚至向埃及提供了最先進的米格二五型截擊機。美國則是向以色列提供了鷹式防空導彈、F-4型重型戰鬥機等大批先進武器。埃及和敘利亞等國經過長期準備之後，於一九七三年發動了第四次中東戰爭，突襲以色列。

雖然在戰爭之初，阿拉伯聯軍方面取得了不俗的戰果，但以色列還是在美國的幫助下逆轉了局勢。美國的現役戰機由美國飛行員駕駛直接飛往以色列，轉交給以色列方面，此外，美國還向以色列提供了大量武器彈藥補充。在美國偵察衛星提供的情報幫助下，以色列發現了埃及兩個集團軍之間的間隙，成功實施了穿插，渡過蘇伊士運河，兵鋒直指開羅，埃及軍隊全線崩潰，被迫接受停戰。此次戰爭羞辱性的失敗，使埃及意識到憑藉武力是無法雪恥的，更遑論收復失地。這次戰爭的結果也嚴重打擊了前蘇聯的威信，加深了埃及對前蘇聯的不信任，薩達特總統最終決定與前蘇聯決裂，不僅驅逐了前蘇聯的軍事顧問，還沒收了其在埃及的所有軍事物資。在美國的斡旋下，埃及還與以色列達成了和平協議：埃及承認以色列，以色列將西奈半島歸還給埃及。

第四次中東戰爭之後，美國在中東地區的形勢變得極爲有利。除埃及以外，約旦、沙烏地阿拉伯、科威特等中東主要國家都倒向了美國，成爲了美國在中東地區的盟友。雖然伊朗爆發的伊斯蘭革命推翻了親美的巴勒維政權，但革命後的伊朗同樣也把堅持無神論的前蘇聯當成了潛在的敵人，前蘇聯並沒能夠在中東擴大地盤。特別是蘇軍入侵阿富汗以後，前蘇聯在中東伊斯蘭世界的聲望更是一落千丈。沙烏地阿拉伯等中東國家積極爲阿富汗的抵抗力量提供武器和資金，美國也借此鞏固了與這些中東國家的關係。

一九八二年的第五次中東戰爭，以色列不僅掃蕩了「巴解」（巴勒斯坦解放組織）在黎巴嫩境內的基地，更是沉重打擊了前蘇聯在中東地區僅剩的主要樁腳敘利亞。貝卡谷地空戰的結果讓蘇制武器徹底名譽掃地。以色列的美制F-15、F-16戰機以極其微小的代價擊落八十多架敘利亞飛機，並拔除了敘利亞在貝卡谷地地區部署的十九個薩姆防空導彈連，其空戰的結果是驚人的八十二比零（即在空戰中以軍擊落敘利亞飛機八十二架，而自身無一損失）！

第五次中東戰爭之後，前蘇聯苦心經營多年的中東戰略徹底破產；美國則牢牢控制住了中東油田，從沙烏地阿拉伯、科威特等國獲得了穩定的原油供應。控制了中東產油國之後，美國在二十世紀八〇年代的國際原油市場上大肆打壓油價，使前蘇聯通過原油出口獲得的硬通貨收入大爲減少，從而加劇了前蘇聯的經濟困難，使之最終走向了解

體。

3 期貨市場的操縱之手

第二次世界大戰以後，美國逐漸由最大的石油出口國變成了最大的石油進口國，美國的石油產量占世界總產量的比重急劇下降。但美國及其西方盟友的大石油公司仍然控制了世界石油貿易以及煉油業。第三世界國家許多油田的開採，也嚴重依賴以美國爲首的西方大石油公司提供的技術，美國仍然在世界石油工業中有著一言九鼎的發言權。然而，前蘇聯的競爭使得美國的地位受到了嚴重威脅，OPEC組織的成立也大大加強了第三世界產油國在國際原油市場上的發言權。特別是第四次中東戰爭中，中東產油國以石油爲武器，大幅提高原油價格，並宣布對美國禁運石油，以報復美國對以色列的支持，從而引發了第一次中東石油危機。

這使美國備感威脅。據最新的解密資料稱，美軍甚至制定了佔領中東油田的作戰計畫，只是因後來形勢緩和而作罷。形勢的發展變化，使得美國亟需新的手段來確保自己對世界原油市場的影響力。當然，美國也很快找到了答案：金融期貨市場。

第六章
新形式的石油金融戰

二十世紀六〇年代末到七〇年代，是金融衍生品大發展的時代。布雷頓森林體系崩潰前後的匯率波動促進了外匯期貨市場的發展。石油危機之後，油價劇烈波動，美國把目光投向了期貨市場。七〇年代末，美國紐約商品交易所率先設立了取暖油期貨，其後，原油期貨市場趁著金融衍生品發展的大潮迅速發展，交易的品種日益豐富，吸引的資金也越來越多。由於世界範圍內的巨額資金注入，交易量不斷攀升，紐約的原油期貨市場在事實上獲得了對國際原油價格的決定性發言權。從此，這裏也成爲了美英金融大鱷表演的舞臺，他們所施加的影響通過這個市場迅速傳遍全世界的各個角落：從紐約曼哈頓的長島，到印尼蘇拉威西島上的偏遠村落；從沙烏地阿拉伯的布蓋格油田，到上海車流如織的繁華街道。

金融大鱷們在國際原油期貨市場上興風作浪，翻雲覆雨，追逐著資本的利潤。然而，只有最幼稚的書呆子才會相信金融大鱷們在原油期貨市場上一擲萬金僅僅是爲了賺錢，利潤遠非他們目標的全部。這些金融大鱷，其實也代表著他們國家的意志，實際上是在金融市場上執行其國家戰略的馬前卒。國際原油期貨市場上演的激烈角逐實際上是一場場沒有硝煙也沒有流血的戰爭，其熾烈精彩程度絲毫不亞於人類用飛機大炮進行的任何現代戰爭。這裏有最爲深謀遠慮的戰略、最爲精明詭詐的陰謀，這裏彙聚的金錢和智慧不是其他任何一個地方所能比擬的。原油期貨市場，可以說是世界經濟最爲重要的戰略制高點，發生如此激烈的爭奪，也可以說是在情理之中。

二十世紀八〇年代，美英金融集團利用對原油期貨市場的操縱，成功地幫助西方達到了一系列重要的戰略目標，其中最重要的莫過於成功打壓了油價，既大大削弱了OPEC組織在世界原油市場上的影響力，更將高度依賴原油出口的前蘇聯經濟逼入了絕境。這使得西方自第一次石油危機後所面臨的窘迫戰略形勢得到了徹底的改善。

4 擊垮前蘇聯經濟的石油

第二次世界大戰結束以後，前蘇聯的石油工業迅猛發展，在西伯利亞地區陸續發現和開採了一系列大油田，高加索地區的傳統油田也產量大增，其石油年產量由戰後初期的大約七千萬噸一路上升，到二十世紀八〇年代初期，前蘇聯的石油產量已經超過六億噸。通過石油出口，前蘇聯賺取了大量的硬通貨，石油工業成爲其重要的經濟支柱。同一時期，中東和南美也有大量的油田被發現和開採。此外，戰後世界經濟的高速發展也刺激了石油的需求，世界石油產量不斷攀升，呈現出供應充裕、需求旺盛的局面。由於當時儲量豐富，原油開採成本極低，原油的價格也一直保持在非常低的水準。但到了

第六章
新形式的石油金融戰

一九七三年，形勢驟然改變。

第四次中東戰爭最重要的副產品莫過於石油危機。在一九六七年的「六日戰爭」中遭受到恥辱的失敗之後，阿拉伯國家臥薪嚐膽，花費鉅資從前蘇聯買進大批先進軍備，大幅提升軍隊訓練水準，以圖一雪前恥。但是，即便經過了六年的精心準備，也通過先發制人的突襲佔據了先機，但阿拉伯國家最終還是慘敗。以色列軍隊之所以能夠力挽狂瀾，美國的大力支持功不可沒。所以，戰爭一結束，阿拉伯國家就把氣都撒到了以美國爲首的西方世界頭上。阿拉伯世界手上的王牌就是他們手中控制的石油資源。

一九七三年十二月，石油輸出國組織（ＯＰＥＣ）中的阿拉伯國家宣布收回石油標價權，並將其積陳原油價格從每桶三點零一一美元提高到十點六五一美元，使得油價猛然上漲了兩倍多。能源價格的飆漲觸發了第二次世界大戰之後最嚴重的全球經濟危機，世界經濟受到了嚴重衝擊。在這場危機中，美國的工業生產下降了百分之十四，日本的工業生產下降了百分之二十以上，所有工業化國家的經濟增長都明顯放慢。但後來的結果表明，這一場石油危機對於阿拉伯和西方國家來說是兩敗俱傷，只有一個國家在這場危機中大大得益，那就是前蘇聯。

當時的前蘇聯受到西方國家嚴密的封鎖，其工農業產品在國際市場上均不具競爭力，因此，它高度依賴石油出口獲取維持其龐大軍事機器運作的硬通貨（具有諷刺意味

的是，前蘇聯高度依賴美元這樣的「硬通貨」）。石油價格暴漲使得陷入停滯的前蘇聯經濟起死回生，重新煥發出了生機（這是前蘇聯體制的特點，這種體制有著極強的通過對未來的透支來放大當前的經濟效益的能力），同時也增強了前蘇聯對衛星國家的影響力。

由於此時美國面臨著嚴重的經濟衰退，這就更凸顯出了前蘇聯勢力的增強。所以，二十世紀七〇年代中期，前蘇聯在全球範圍內展開了咄咄逼人的攻勢，形成了所謂「蘇攻美守」的局面。這一局面引起了西方戰略家們的深刻反思，同時他們也意識到，通過操縱國際原油市場，同樣可以沉重打擊前蘇聯的經濟。從此之後，西方的政治勢力開始深刻滲入世界原油市場，而為其充當馬前卒的，正是以美國金融巨頭為首的西方金融機構。

一九七九年發生了兩個重大事件：一是伊朗發生了伊斯蘭革命，親美的巴勒維政權被推翻；二是前蘇聯入侵阿富汗。石油價格在這一系列事件的推動下再次迅速上漲。而在美國引發的卻是深刻的政治生態變化，一直奉行和解政策的卡特總統被認為過度軟弱，儘管他極力彌補，但還是在一九八〇年的總統大選中被代表保守主義興起的共和黨人雷根所擊敗。一九八一年，石油價格達到了創記錄的三十五美元，前蘇聯勢力看起來也如日中天，但令人玩味的是，雷根總統上任後獲得的中情局絕密情報簡報裏明確說明前蘇聯經濟已經疲態盡露。

多年的高油價使得嘗到甜頭的前蘇聯大力擴充石油生產和運輸能力，在石油設施建設上花費了鉅資。當石油價格衝上歷史新高時，前蘇聯卻面臨著石油設施嚴重老化的問題。由於得意忘形而擴張過度，大把的硬通貨被浪費在軍事開支和對外援助上，此時的前蘇聯已經拿不出用於更新其石油設施的資金，因此，它開始積極尋求國際金融市場的融資支持，尤其渴望在西方以石油天然氣實物作爲擔保發行債券。

此外，前蘇聯還希望從西方進口石油天然氣設備和工程技術。但雷根不會讓已經被誘入陷阱的「北極熊」逃脫，他要求動用一切可能的手段阻止前蘇聯從國際金融市場上獲得融資，並且阻止西方國家向前蘇聯的石油天然氣工業提供設備和技術支援。在美國政府的幕後推動下，西方金融機構全力圍堵前蘇聯，使前蘇聯在國際金融市場融資的希望化爲泡影。雷根的目標很明確，那就是把已經嚴重內傷的「北極熊」送上西天路。他不僅要促成前蘇聯的自行崩潰，而且這種崩潰必須是內向的爆炸，也就是說，必須是前蘇聯內部來承受其崩潰的後果，而非外部。

除了在國際金融市場上徹底封鎖前蘇聯之外，雷根政府還有系統地制訂了打壓高油價的計畫，其中，大幅提高美元利率的殺傷力最爲巨大。在美國政府的背後推動下，西方金融機構在國際市場上大肆做空油價，特別是通過在新近發展起來的紐約原油期貨市場做空，有效地影響了市場價格，同時也成功地塑造了「油價疲軟」的市場預期。原油價格在一九八一年短期衝上高峰以後，幾乎在雷根的整個任期內都萎靡不振。OPEC這個卡特爾組織在「油價繼續低迷」的市場預期下，也搞得內訌不斷，連其設定的十八美元最低價格都在一九八六年被無情突破。當然，受低油價傷害最深的還是前蘇聯。龐大臃腫的前蘇聯對石油出口收入的依賴超出了當時絕大多數人的想像，關鍵的石油收入大幅減少之後，前蘇聯陷入了嚴重的資金短缺和技術停滯，經濟陷入了泥潭，最終走上了窮途末路。低油價對前蘇聯石油出口收入的破壞，無疑是對前蘇聯經濟最爲致命的一擊。美國對前蘇聯發動的石油金融戰，扼殺了前蘇聯的最後一點經濟活力，大大加速了冷戰的終結，因而被廣泛認爲是雷根政府的「傑作」之一。

轉眼時光來到了二〇〇八年的夏天，石油價格在達到一百四十七美元的歷史高價之後稍有回落，但仍然停留在高位。炎炎夏日同樣炙烤著世界石油市場，市場瀰漫著焦躁不安的情緒。八月八日，舉世矚目的北京奧運會召開，這是一個被中國人看作具有重大歷史意義的日子，被認爲是中華民族偉大復興的一個里程碑。然而，恰恰就是在這一天，俄羅斯和格魯吉亞在南奧塞梯發生了大規模軍事衝突。雖然戰局毫無懸念，格魯吉亞軍隊迅速被擊敗，但國際油價在此之後卻接連上演了刺激的大跳水，到十一月份，跌落到了四十美元以下，並數度向下擊穿三十五美元這一關鍵價位。伴隨這一進程的是原本表現靚麗的俄羅斯經濟急轉直下，盧布大幅貶值，俄羅斯的外匯儲備也急劇縮水。

可能俄羅斯人萬萬沒有想到，一個「重振雄風」的俄羅斯原來如此脆弱。國際金融危機也在同一時期爆發，可能部分掩蓋了俄羅斯遭受重創的根本原因，因為同時有多個國家陷入類似的困境。但仔細觀察我們可以發現，這些國家的「症狀」與俄羅斯截然不同，換言之，油價跳水這個利刃輕易削平了俄羅斯的財富之山。太陽底下並無新鮮事，「北極熊」又一次落入了陷阱。

二〇〇一年中國加入世貿組織以來，國際原油價格就不斷上漲，特別是到了二〇〇四年以後，油價開始變得瘋狂。高漲的油價大大壓縮了中國這樣的新興製造業大國的利潤空間，抬高了中國製造的成本，中國不得不在低成本、低水準勞力上繼續挖掘潛力，而更高素質的人力資源開發卻沒有獲得資金支援，甚至出現了低教育水準勞動力獲得工作機會容易、高教育水準勞動力失業嚴重的「腦體倒掛」現象。在薪資水準方面，兩者也迅速接近。

在中國一直受到詬病的「收入公平」問題，在這裏似乎得到了大大的「改善」。我們應該看到，這種局面損害了中國長遠發展的潛力。但在美國那一邊，形勢正在悄悄改變。高油價讓控制世界石油市場的西方大石油公司賺得盆滿缽滿，靠著高油價，美國也實際上從全世界的製造業中搜刮到了相當部分的收益。但是高油價對美國的傷害正在體現出來。中東產油國也從高油價中獲利不菲，而且中東民間的石油資金大量流入正力圖擊敗美國的恐怖主義力量手中，或者至少是被大量用於中東周邊地區，特別是北非、東非以及巴爾幹地區擴大伊斯蘭教的影響力，這兩者都爲美國所深忌。

俄羅斯也從高油價中大大獲利，其經濟迅速起飛，由此變得越來越桀驁不馴。相對中國而言，俄羅斯有著更高水準的軍事工業，而且更具有攻擊性，所以就近期而言，恐怕沒有任何一件事情比俄羅斯重新崛起更讓美國寢食難安。美國國內也早有輿論稱，美國正在用石油美元資助自己的敵人，南奧塞梯衝突可以說爲這一觀點提供了充分的論據。

美國的策略已轉向，當然，不必美國政府親自出面，華爾街再次充當了馬前卒。金融大鱷們可以把油價炒上天來壓縮中國這樣的新興製造業大國的利潤空間，自然也可以把油價打入地來教訓開始不馴服的俄羅斯，順帶敲打中東產油國和南美的委內瑞拉這個刺頭。陷阱早已布下，上半年的瘋狂拉高不過是爲做空積蓄動能，於是，我們看到了原油價格上演的非常戲劇性的一幕。

不幸的是，眾多中國企業也攪了這蹚渾水，在這場他人的戰爭中受傷慘重。由於原油價格高歌猛進，一舉突破了一百美元大關，隨著價格節節走高，原油空頭看起來已經潰不成軍，市場上到處傳言原油價格將升破兩百美元，甚至三百美元！於是，國內企業紛紛摩拳擦掌，躍躍欲試，不管有無套保需求，都準備在原油期貨市場上撈上一桶金，聲名大噪的深南電就是在這種背景下與高盛簽署了巨額對賭合約。

深南電與高盛的對賭合約實際上是與高盛的全資子公司傑潤（新加坡）簽訂的期權合約，合約確認書主要分爲兩個時間段：其中一份確認書的有效期爲二〇〇八年三月三日至十二月三十一日，雙方規定，當浮動價高於六十三點五美元／桶時，深南電每月可獲三十萬美元的收益；當浮動價低於六十三點五美元／桶且高於六十二美元／桶時，深南電每月可得（浮動價減六十二美元／桶）乘以三十萬桶的收益；而當浮動價低於六十二美元／桶時，深南電每月則需向傑潤公司支付與（六十二美元／桶減浮動價）乘以四十萬桶等額的美元。

儘管風險敞口很大，但在當時原油價格漲勢洶洶，並已成功突破一百美元的情況下看來，對賭合約的條件還是相當「優惠」的，因爲原油價格在年內掉頭向下並突破六十二美元的機率「極小極小」。至於第二份確認書，深南電方面語焉不詳，但毫無疑問的是，這份確認書涉及的條件遠不如前一個「優惠」——約定的時期更長，約定價格更高，這一份據傳在危機中被取消執行。合約簽訂以後，正如大多數剛走進賭場的人一樣，深南電享受到了一段時間的「甜頭」。但他們萬萬沒有想到，風雲突變，國際原油價格一頭扎向四十美元，並數度跌破三十五美元大關。於是，中國企業陸續爆出原油期貨「套保」巨虧的醜聞，其中就包括深南電。面對油價的驚人大跳水，深南電恐怕是目

瞪口呆，「幾乎不可能事件」竟然轉眼間就發生了。高盛給的錢在手裏還沒有捂熱，就全都還回去了。而且，根據合約，它還要掏大筆錢給高盛，這使得深南電幾乎陷入了破產的境地（後來，深南電究竟是如何處理這份合約的，不得而知）。

需要說明的是，深南電還不是這場遊戲裏賠得最多的中國企業。因爲原油套保導致巨虧，中國的幾大航空公司資產狀況急劇惡化，使得政府不得不對他們進行注資。

現在，經濟危機席捲全球，油價大風暴似乎已經過去。當然，實際上過去與否不得而知，但可以相信的是，陰謀還沒有過去，這個大局還沒有做完，至於下一個目標是誰呢？我們有理由擔心。

5 中國的石油困局

歷史上，中國曾經是一個貧油國家。二十世紀五〇年代以後，在特殊的歷史背景下，中國動員了大量人力物力進行石油勘探，最終獲得了巨大成果。大慶、勝利等一系列油田的發現，讓中國摘掉了貧油國家的帽子。特別是從二十世紀六〇年代開始，中國的石油生產進入了高速增長期，一九七八年，中國的原油產量超過了一億噸。石油成爲了經濟困難年代裏除糧食之外唯一可以大量換取外匯的資源，備受國家重視。

改革開放以後，特別是進入二十世紀九〇年代以後，隨著中國經濟的迅速發展，石油需求急劇上升，雖然國內石油開採量也有了一定的增長，但還是逐漸不能滿足經濟增長的需要。一九九六年，中國成爲了原油淨進口國；二〇〇五年，中國躍居世界第二大原油淨進口國，僅次於美國；到了二〇〇八年，中國的原油進口量達到將近一億八千噸，原油對外依存度接近百分之五十。而且，由於需求增長迅猛和國內原油產量增長乏力，中國對海外原油供應的依賴程度還將日趨嚴重。特別值得一提的是，中國有超過百分之五十的進口原油來自中東地區。

二〇〇八年，中國的原油生產量達到了一點八九億噸，位居世界第五位。但是大慶等主要傳統油田經過連年高產之後，其後續生產能力已經非常有限。以大慶爲例，在連續廿七年穩產五千萬噸之後，儘管採取了各種技術手段，其產量迅速下滑已經基本確定。雖然截至二〇〇八年，中國石油的探明儲量依然達到廿一點九二億噸，位居世界第十三位，但是分佈分散，儲油品位不高，而且，未來再發現大慶這樣的高品位油田的可能性非常低。總而言之，未來中國國內石油生產的前景不容樂觀。

在海洋油氣資源開發方面，儘管中國擁有面積達四百三十餘萬平方公里的海洋專屬經濟區，並有多處發現了豐富的油氣資源，但是在這些油氣儲藏所在地區的勘探和開採大多都受到政治外交因素的制約。至於油氣儲量最爲豐富的南海地區，目前的形勢又高度敏感化和複雜化。

在海外油氣資源開拓方面，雖然中國的三家主要石油公司中石油、中石化和中海油全力參與海外油田的勘探、開採以及併購，但所取得的成績寥寥。西方大石油公司早已佔據有利地位，它們幾乎壟斷了高價位油田的開採，留給後來的中國石油企業的，只有價高質次的「殘羹冷炙」。即便是在蘇丹這樣的國家獲得了一些油田的開採權，也由於政治上的原因受到了諸多西方國家的指責和干涉，面臨諸多掣肘。

6 原油定價權的旁落

過去幾年裏，在需求上升、美元貶値等因素的推動下，我們經歷了原油的空前大牛市。儘管國際金融危機爆發以後，原油價格出現了暴跌，但從長期來看，世界原油消費量有增無減，而新探明的原油儲量十分有限（以目前的開採速度計算，全球原油的剩餘儲量僅僅只夠再開採四十二年），高油價幾乎已成爲未來必然的趨勢。在過去這一輪原油價格暴漲中，人們談論得最多的是「中國因素」。中國急劇增長的原油需求無疑是最近幾年油價飆升的主要推動因素之一。BP能源報告指出，中國的原油消費增長占到了世界原油消費增長的百分之七十五左右，而中國在世界原油消費中所占的比重也超過了百分之十。中國已是毋庸置疑的原油生產和消費大國，但在資源儲備和原油定價權方面，中國仍然只是個「小國」。

金融市場發展的滯後，使得中國在原油定價權爭奪方面更加軟弱無力。雖然早在一九九三年初，中國的原上海石油交易所就成功推出了石油期貨交易，其後又有原華南商品交易所等跟進，總成交量一度達到五千萬噸以上，但由於市場體系不完善以及石油流通體制事實上的雙軌制等原因，這些原油期貨交易市場都曇花一現。直到今天，中國的原油期貨依然遲遲難以推出，其主要的制約因素依然是當年導致原油期貨市場被取消的體制性因素。

從實踐和運行歷史看，成熟規範的市場經濟體系是石油期貨市場得以存在和發展的必要前提，具體包括：市場競爭和開放程度較高，供求資訊充分，現貨市場發達；經濟體系比較開放，不存在嚴格的價格和進出口管制；期貨交易所所在地區的金融市場開放，期貨標價貨幣在資本項目下可自由兌換；期貨市場所在國家或地區法律法規健全，對期貨市場的監管切實有效。中國距離上述標準還有一定的距離。

我們知道美國的原油產量和儲藏量均與中國相近，但這兩個世界上最大的原油消費國對原油價格的影響力卻是不可同日而語的。原因無他，就在於金融市場的發展程度。即便是同爲發展中國家的印度，目前也已建立起了一個以印度盧比爲計價單位的原油期貨市場。當然，由於印度也存在著外匯管制，在短期內其原油期貨基本不可能對國際油價產生實質性影響力。但對於這個原油供應百分之七十依賴進口，而且原油消費急劇增加的國家來說，原油期貨市場的設立不僅有利於印度企業在交易中套期保值，規避油價急劇波動可能帶來的風險，而且有助於更迅速地反映原油供求的價格，減少油價波動對整個經濟體系的負面影響。更重要的是，這個市場的設立有利於未來在市場的發展過程中爭取對油品交易的國際定價權。毫無疑問，美國和印度在這方面的成功經驗都非常值得中國去學習和借鑒。

過去幾年裏，在所謂「中國需求」的刺激之下，國際上形形色色的石油對沖基金大肆做多油價，「熱捧」中國。我們知道，在目前的石油期貨交易中，真正發生實際交割的一般在百分之五以內，也就是說，百分之九十以上的交易不過是純粹的投機炒作而已。但在石油價格持續暴漲之下，中國卻只能被動地接受這個「炒作」的市場給出的價格，無端被「敲詐」，付出了非常高昂的經濟代價。中航油、深南電等中國企業按照別人制定的規則參與石油金融衍生品套期保值，結果屢遭算計，損失慘重。在石油供應方面面臨的困境，使得中國在未來依然可能被國外的投機資金所「挾持」。我們應該清醒地認識到：此刻，海外的金融大鱷依然在虎視眈眈。美元在中長期內持續貶值的趨勢已經確立，這會對國際原油價格的走向產生決定性的影響。中國的類似於盯著美元的匯率制度，會使中國在油價風險面前顯得更為脆弱。

加快金融體制改革，積極建設中國自己的原油期貨市場，並千方百計地擴大「中國價格」的國際影響力，是中國目前亟需解決的問題。中國必須從一個被動的「跟隨者」變成主動的「參與者」，甚至是「領導者」。否則，中國的石油消費市場的增長非但不能增強中國在國際原油市場上的發言權，反而會使中國成為一頭更肥的待宰羔羊。

國際金融危機爆發後，原油價格大跌，雖然近期原油價格有所回升，但與二〇〇八年中之前的價格水準相比，依然相去甚遠。而近年來中國的油價經過屢次調整，漲得多降得少，目前，國內每升九十三號汽油的價格已經超出美國平均價格一元多人民幣。中國的高油價引發了很多來自民間的批評和抱怨，發改委對此回應稱：從各個方面考慮，中國都不可能實行美國那樣的「低油價」；石油部門則聲稱，按去除稅收因素後的「裸油價」計算，中國的油價實際上低於美國。很顯然，他們不想背「高油價」這個「黑鍋」。國內成品油的名義價格，曾經長期低於美國（實際油價並非如此），現在連名義價格都超過了美國，引發民眾的抱怨是情理之中的事情。但是綜合各方面因素來看，中國的老百姓恐怕還是需要習慣高油價，因為維持管制下的高油價是在長期內的必然趨勢。

嚴峻的供應形勢，中國國內高昂的生產運營成本，是導致中國高油價的重要原因，但並非最主要原因。曾經有相當長一段時間，石油出口是中國最重要的獲取外匯的手段之一，石油產品也是最重要的財政收入來源之一。現在，石油出口早已不再是中國出口換匯的主要手段，在財政收入上，石油行業也已經被近年火爆的地產業搶去了風頭，但是石油產品稅費收入的財政收入支柱地位並沒有動搖。地產業有興盛就會有蕭條，而無論經濟形勢好與壞，石油行業都能提供穩定的財政收入。隨著中國工業化進程的推進以及石油消費在整體能源消費結構中所占比重的繼續提高，未來石油產品稅費收入的重要性還會進一步突顯。

傳統上，中國的稅收一直是以「暗稅」爲主。如果我們在西方國家的超市裏買東西，開出的發票和單據一般都讓我們清清楚楚知道貨款多少、稅費多少，而在中國的超市裏購物則不會有，我們並不清楚自己爲此繳納了多少稅費，這裏頭很多就是「暗稅」。近年來，中國財政金融體制改革的一個重要方向就是「暗稅」改「明稅」，比如個人所得稅、燃油稅，以及擬議中準備徵收的物業稅。推行「明稅」會造成什麼樣的後果？我們可以從燃油稅中看出來。中國的名義油價也超過了美國，就是在燃油稅這樣的「明稅」開徵之後。

「暗稅」是很難消滅的，因爲「暗稅」是一種「習慣性」的財政收入，是稅收的「底線」，早已固定了下來，而且，它已經在不知不覺中被人們當成了消費品成本的一部分。政府消滅「暗稅」，人們只會視爲是產品成本的降低，而很難意識到是稅收的減免。對於政府而言，這顯然是吃力不討好。推行「明稅」的改革，往往意味著「暗稅」已經無法獲取更多的財政收入，所以「明稅」總是傾向於提高實際稅率。燃油稅這樣的「明稅」推行之後，事實上已經決定了中國的低油價時代一去不復返。

高油價可能有利於緩解中國石油供應的緊張局面，也能爲政府提供穩定且可觀的財政收入，然而，它必然會提高「中國製造」的成本，使得中國日益衰微的產品成本優勢進一步被侵蝕，從而損害長遠的經濟競爭力。產業升級轉型並非一日之功，產品成本的提高卻隨時足以致命。高油價是中國無法回避的一個局面，但這個「高」要高到何種程度，需要政府非常審慎地權衡。

第七章
美國經濟的雙刃劍——美元

回顧美元的中東之旅

從二戰之後說起。與美國一樣，前蘇聯同樣是第二次世界大戰的勝利者，但後者顯然沒有前者走運，戰爭給這個國家帶來的不是財富，而是滿目瘡痍和兩千七百萬個亡魂，它所謂的強大不過是一部只能消耗資源的戰爭機器而已。想要恢復元氣，除了儘快拿到德國一百億美元的戰爭賠款，就得依靠前蘇聯儲量豐富的油氣資源，依靠和西方國家做能源生意來獲得生產設備和原料。

當然，美國人並沒有給前蘇聯這個機會，而是拉起了所謂的「鐵幕」，一來是出於意識形態，二來，美國也需要給西方世界「製造」一個敵人，一個可以迫使西歐和日本必須唯美國馬首是瞻的敵人。美國的目的在於全球擴張，解決前蘇聯終歸不過是一種手段而已，就如同後來要解決歐元一樣，而在這之後所炮製的「中國威脅論」，也與此如出一轍，這些都是後話。

而當時前蘇聯的確爲此作了具體的部署：一九四五年，爲了獲得達達尼爾海峽的控制權，以打通到達西歐的海上油路，前蘇聯政府照會土耳其，要求廢除一九二五年蘇土兩國的中立及互不侵犯條約，重新分割海峽的控制權；一九四六年，前蘇聯拒絕按時從伊朗撤軍，其目的在於獲得與阿塞拜疆接壤的伊北部石油開採權。

這兩件事情最早給了美國直接插手中東的機會。在此之前，美國只能與英國——這個中東實際的控制者——名下所屬的石油公司進行合資，才能獲取有限的利益；而現在，由於國力枯竭，原先控制中東的英帝國已經無力再繼續援助和前蘇聯對峙的希臘、土耳其兩國。到了一九四七年的三月，美國開始代替英國向希、土兩國提供援助，也就等於從英國人手裏「接收」了這一地區的控制權。而在更早的一九四六年一月，本已被廢黜的伊朗禮薩王室在美國的支持下，將前蘇聯拒絕撤兵伊朗的問題提交到了聯合國，最終迫使前蘇聯無法染指伊北部的石油資源。緊接著，禮薩．巴勒維國王在一九四九年、一九五三年接連發動了兩場「保守主義政變」，重新攫取了伊朗的軍政權力，這之後，包括美金和F-14戰鬥機在內的各式「美援」隨之滾滾而來。

美利堅在中東至此算是完成了「登陸」，後續的擴張隨之展開。

歷史教科書上是這樣記載的：一九四七年十一月廿九日，聯合國大會通過決議，終止英國對巴勒斯坦的「託管」，對這一地區進行劃分，分別建立以色列和巴勒斯坦兩個國家。一九四八年五月十四日，以色列宣布建國，次日，阿拉伯聯盟軍隊向以色列發起進攻，第一次中東戰爭爆發……

所謂的「終止英國託管」，就是結束了英國對此處的控制，而由於手裏握著美元貸款，一九四七年的聯合國在西方內部事務上幾乎就是美國的私人領地——在核心利益面前，美國人乾淨俐落地把他「親密的歐洲盟友」一腳踢出了中東。

顛沛流離了兩千多年的猶太人終於擁有了自己的國家，但這個國家偏偏被美國建立在這個地方，而占巴勒斯坦地區總人口不過百分之十一的以色列人卻分得了這裏百分之五十九的土地，這就注定了以色列自建國伊始，就肯定是美國先天而生的「盟友」——綜觀第一次中東戰爭初期的形勢，當時阿拉伯國家處於十分有利的地位，以色列軍隊節節敗退。

現在被奉爲神話的以軍的將領，在那時驚呼「以色列軍隊無法抵擋阿拉伯國家軍隊的進攻，全軍已處於崩潰邊緣」。爲扭轉戰局，以色列總理急電以色列駐聯合國代表埃班說「以色列急需幾周的時間來重新組織和裝備軍隊」，「以色列需要立即停火」。

五月十七日，開戰的第三天，以色列的要求得到了滿足，美國代表向聯合國安理會遞交了議案，建議安理會命令戰爭雙方在三十六小時內停火。而尚對和西方合作存有一絲希望的前蘇聯也要求安理會立即表決，並指責阿拉伯國家發動進攻，要求它們停止行動。不甘心失去中東的英國最初極力反對美國的建議，並聲稱會繼續給予阿拉伯國家援助。但不久，英國又同意了美國的建議，並撤走了阿拉伯軍團的英國軍官，停止向埃及、伊拉克、外約旦提供武器。其中的奧秘，恐怕還是在「美金」上——對於「百廢待興」的英國，這才是最緊要的問題。

最終，阿拉伯國家被迫同意停火四周。這期間，以色列被美國重新武裝了起來，得以「起死回生」，這四周時間使阿拉伯人轉勝爲敗，戰爭以一種令美國人和以色列人都滿意的方式結束了——除加沙和約旦河西岸部分地區外，以色列佔領了巴勒斯坦五分之四的土地，共計兩萬多平方公里，比聯合國分治決議規定的面積多了六千七百多平方公里。代價則是九十六萬巴勒斯坦人逃離家園，淪爲難民，聯合國所規定的阿拉伯國家始終未能建立。同時，由於英國態度的被迫轉變，這次戰爭激化了阿拉伯國家和英國的矛盾。換句話說，英國在阿拉伯國家的影響力被美國人給終結了。

這以後，巴、以和平問題被成功地製造了出來，衝突——和談——再衝突——再和談……在一屆又一屆美國政府的反覆張弛之下一直延續至今，各種協議、路線圖不斷地翻新花樣，唯一不變的是，中東石油的控制權始終握在美國手裏。

從黃金美元到石油美元

對於歐洲人來說，爲了實現歐洲的復興，他們始終沒有放棄過重返中東的打算。他們的第一次「反攻」發動於一九五六年。

當年的七月廿六日，埃及總統納賽爾宣布將蘇伊士運河公司收歸國有，這一行爲觸動了西方資本主義國家的利益。十月廿九日，英、法兩國以此爲藉口，聯合以色列軍事入侵埃及，挑起了第二次中東戰爭。而究其根源，英、法的最終目的恐怕還在於部分恢復其在中東的影響。出於地緣政治的考慮，當時的前蘇聯也同樣強調「將在解決中近東問題上起積極作用」。

英、法參與軍事入侵之後，前蘇聯立刻發出最後通牒，表示如果英、法不立即撤軍，前蘇聯將「採取必要的軍事行動支援埃及」。有意思的是，當時作爲盟友的美國也對英、法的軍事行動提出了抗議，顯然，美國人並不歡迎歐洲人回到這裏，而要命的是他還掌握著美元。因此，最終在十一月六日，入侵者不得不宣布停火。同年的十二月份，英、法軍隊便早早地撤出了埃及，以軍撤出西奈半島是在次年的三月。這標誌著英國人已經徹底失去了中東，在那之後的很長一段時間裏，對於中東，英、法所能做的就只有面對著那些躺在倫敦、巴黎博物館裏的法老文物，去聊以自慰了。而精明的英國人在被歐洲國家日益邊緣化的情況下，最終也只能選擇將自己徹底和美國綁在一起——如果沒法戰勝他，那就加入他。

前兩場中東戰爭，戰火燒在中東，而真正心痛的首先應該是歐洲人，這或許也是後來西歐願意接納「巴解」組織的一個深層原因。這之後先後爆發了三次中東戰爭，同樣是發生在美蘇全球對抗及美歐局部對抗的背景之下，其最終的目的仍然是中東石油的控制權——石油對阿拉伯人究竟算是恩賜還是災星，真的不好定論。但是，美國在那一次次的戰火中牢牢地控制住了中東，並以此來影響全世界的資本流動，這一點還是顯而易見的。

「布雷頓森林體系」崩潰之後，美元因爲失去了黃金的信用支撐，開始急速貶值。從一九七一年到一九八〇年，金價從一盎司三十五美元瘋漲到八百五十美元，翻了廿四倍，整個西方世界都陷入了經濟動盪中。此時的美元，最迫切需要的就是一個新的信用支撐。那是什麼呢？答案還是石油。

一九七四年，美國國務卿季辛吉開始了對中東國家的訪問，其目標就是要迫使ＯＰＥＣ組織接收以美元作爲石油交易結算的唯一貨幣，而在一九七三年的十月廿五日，以色列在美國的插手下剛剛打贏了第四次中東戰爭。很快，美國從和其關係密切的沙特王室（其絕大部分資產都在美國）身上打開了缺口，沙特政府同意採用美元作爲唯一結算貨幣，並將獲得的美元以投資的形式再次回流到美國，之後，還是由沙特政府出面說服了ＯＰＥＣ其他成員如此行事。

所有國家都離不開石油，而這個星球上，有三分之二的石油如果要購買的話，就必須以美元來結算，美元因此成了所有國家都必須儲備的貨幣——雖然它沒有任何實際價值。直到現在，國際貿易中的百分之七十都在以美元進行結算。中東的石油美元和美國的貨幣霸權至此綁定在了一起，任何可能動搖「石油美元」的舉動都是美國所難以容忍的。

兩伊戰爭中的美式援助

一九七九年二月十一日，在美國人毫無準備的情況下，伊朗爆發了由霍梅尼領導的伊斯蘭革命，長達兩千五百年的王權統治宣告結束。四月一日，伊朗伊斯蘭共和國成立，伊朗與西方國家的關係開始急劇惡化，美國在中東的一個著力點就這樣丟掉了。伊朗也是中東主要的產油國之一，而且，他企圖向中東地區「輸出革命」。這裏有一點常識要說明：所謂的輸出伊斯蘭革命，是向阿拉伯世界推行「什葉派」教義。從世俗的角度考慮，這也是伊朗想成爲中東大國的一種手段。這一行爲直接威脅到了在中東形成不久的石油美元。

就像是一種巧合，一九七九年七月，在與伊朗相鄰且同樣擁有豐富石油資源的伊拉克，時任總統的貝克爾「因病」辭職，早已得到美國支持的實力派人物薩達姆（一九六〇年，還在埃及開羅大學讀法學時，薩達姆就開始與美國中情局接觸。當時，美國擔心伊拉克政府與共產黨的關係日益密切，於是向復興黨及其他反政府勢力提供援助）順利登上總統寶座，同時還擔任伊拉克革命指揮委員會主席、總理和阿拉伯復興社會黨地區領導機構總書記的職務，集黨、政、軍大權於一身。更爲「巧合」的是，薩達姆上臺執政一年後，兩伊戰爭便爆發了。

一九八〇年九月廿二日，伊拉克藉口伊朗參與對伊拉克外長阿齊茲的刺殺行動，向伊朗發起進攻。戰爭起因的公開說法是：由於伊拉克試圖完全控制位於波斯灣西北部的「Shattal-Arab」水道，該水道是兩個國家重要的石油出口通道。而在這背後，美國爲薩達姆提供武裝並支持其發動戰爭，是試圖以此遏制剛剛通過革命上臺並強烈反美的伊朗政權。

兩伊戰爭歷時八年，兩個中東富國被打成了窮光蛋，戰爭同時製造了數以百萬計的冤魂以及更多的殘缺身軀以及家庭。OPEC各成員國由於對自身安全的憂慮和石油出口受到的影響，不得不進一步向美國靠近。而伊朗由於戰爭，其影響最終沒有走出國境線。

而在此期間，對中東石油的控制權又幫助美國在全球擴張中走出了一步極爲重要的棋——一九九〇年，前蘇聯各加盟共和國先後宣布獨立，一九九一年十二月廿五日、廿六日，前蘇聯最高蘇維埃確認了聯盟解體的事實，並表決通過停止聯盟國家權力機關職權的事宜。與此同時，幫助美國抓牢了中東石油的伊拉克，由於兩伊戰爭，僅欠科威

特的債務就高達一百四十億美元。爲了化解巨大的財政危機，同時也是在「泛阿拉伯主義」野心的驅使下，科威特時間一九九〇年八月二日凌晨一時，在空軍、海軍、兩棲作戰部隊和特種作戰部隊的密切支援和配合下，伊拉克共和國衛隊的三個師越過伊科邊境，佔領了科威特全境。一時間，薩達姆幾乎把自己放到了全世界的對立面上，昔日的美國盟友的反應出乎意料之外，「解放伊朗獨裁統治的英雄」一覺醒來發現自己成了人類的「公敵」。美國攜多國部隊六十九萬（美軍四十五萬）陳兵波斯灣，一九九一年一月十五日，「沙漠風暴」正式吹向伊拉克。

美元霸權與海灣戰爭

在八年的消耗戰之後，那部久經戰陣的戰爭機器成了薩達姆唯一的本錢，而海灣戰爭中，這唯一的脊梁也被美國人打斷了——伊軍崩潰的速度簡直叫人覺得匪夷所思。而在這種情況下，一九九一年二月廿八日晨八時，多國部隊卻在巴格達前停止了前進。

從戰爭爆發到結束，從戰略上看，意圖整合中東的伊拉克和懷有同樣想法的伊朗一樣，都不符合美國的利益，而薩達姆的軍事入侵以及後面被打而不死，使得沙特、科威特等國感到了恐懼，這使美國得以直接在中東駐軍——那時，前蘇聯已經行將就木，美國這麼做完全可以沒有顧忌。同時，美式裝備在戰爭期間好好地「秀」了一把，倍感壓力的中東國家向美國拋出了大筆軍火訂單，除了讓美國軍火商狠賺了一筆之外，無形中也把自己的戰爭機器納入到了美國的軍事體系之下。

另一方面，由於壓在美歐矛盾之上的冷戰陰雲正在散去，歐洲人此時已經開始獨自謀劃他們的未來，或者說，在美國看來，已經可以明顯地感到盟友們「離心離德」，要離開美元體系，但是，他們還離不開中東的原油。總之，幫助美國打「壞蛋薩達姆」的歐洲人、日本人（海灣戰爭的費用是由日本政府買單的）似乎又被什麼人給耍了。

任何一場戰爭都會使得多方產生利益損益，而在美國政府眼中，關於伊拉克戰爭，他們首先看到的還是鑄幣權。中東半個世紀的戰火，恐怕很難和美元脫離關係，而隨著二十世紀七〇年代貨幣經濟體系開始占主導，以及石油美元的出現，戰爭和美元之間的聯繫在中東已經越來越直接，當然，在其他區域亦是如此。

從一九一三年十二月廿三日美聯儲建立，截至二〇〇一年，美國的國債總額達六萬億美元（美聯儲事實上為私有銀行，美國的貨幣發行是由政府向銀行借債，銀行再根據國債數額來發行美元）。正是在這一年，隨著九一一後美國股市泡沫的崩潰，美聯儲將利率由百分之六降至百分之一，這導致美元信貸額暴漲，大量的美元被投資者投入到房地產、貴金屬和原油等產品上，美元迅速被從各國儲備中挪到了市場上，流通數量激增。

二〇〇一年之後，美國國債平均每一秒鐘增加兩萬美元，原有的強勢美元政策已經沒有辦法維持美國的償債能力，國際資本開始流出美國。

按照以往的辦法，只要宣布美元貶值就可以讓那些無法清償的債務灰飛煙滅，但此時已沒這麼簡單，因爲在美元的身旁是正在走向強勢的歐元，美元肆無忌憚地貶值，將使得人們在國際市場上不得不拒收美元而代之以歐元。因此，必須用什麼辦法去保障美國的貨幣霸權，保證美元不被拒收。目前，歐元區貿易額的三分之二來自於歐盟內部貿易，而在科索沃戰爭之後，歐洲已經不再存在這樣的空子給美國鑽了，既然如此，那就只有中東的戰火可以使歐洲的投資者感到不安了。

爭奪鑄幣權的手段無非兩種：一種是「我比你好」，在美歐經濟相差不大的情況下，這不太容易做到，時間上也不容許；第二種則是「你比我更差」，顯然，美國人更青睞這一種，原因就在前一句中。而伊拉克，在海灣戰爭中早已被打斷脊梁，又被連續的制裁、核查折騰得奄奄一息，是一顆軟得不能再軟的「柿子」。

「更可恨的是」，自二〇〇〇年起，由於歐元對美元升值，爲了獲得更高的收益，伊拉克開始以歐元進行石油貿易的結算，而這又引起了多個產油國的注意，直接觸及到了石油美元——戰後的伊拉克新政府第一個動作就是在石油貿易中以美元取代歐元。

對薩達姆政權的軍事打擊和政權顛覆，對其他中東國家必然具有威懾的意味，這會進一步迫使ＯＰＥＣ繼續以美元進行石油貿易結算，雖然這樣將意味著替美國承擔起日益嚴重的金融風險。總之，在華盛頓政府看來，也許沒有比伊拉克更合適的減壓閥了。

但事情並沒有布希政府所預計的那樣簡單。傳統的阿拉伯社會中，對教派、部族的認同感要遠遠強於對世俗的國家概念，美國對伊拉克的打擊因此產生了一連串沒有預料到的反應：在沒有強勢代理人的情況下，這種打擊實際是破而不立，過去強有力的統治機器已經不存在了——這就是爲什麼巴格達博物館以及其他設施會被哄搶一空，伊拉克的什葉派和遜尼派穆斯林由於歷史的原因存在著嚴重的對立情緒，失去一個強力的政權等於讓這種對立失去約束，美國在扶植伊拉克新政府的時候，讓過去遭受不公正待遇的什葉派穆斯林和庫爾德人占了便宜，這似乎是想「借鑒」過去英國殖民者「拉一個壓一個」的做法，但在沒有強勢代理人的情況下，這反倒把美國大兵拉入了直接的衝突中。此外，伊拉克人缺少國家概念但不等於缺少仇恨的基因，對大多數伊拉克民眾而言，美國人給了他們每人一張選票，然後毀掉了他們生活中的一切。

與此同時，巴格達被「解放」了，共和國衛隊「蒸發」了，薩達姆「落網」了，衝進來的美軍也失去了目標，美國大兵倒是成了伊武裝分子的目標，原來打共和國衛隊如刀切豆腐一般的先進戰爭機器對此無能爲力。廿一世紀最先進的武器裝備所幹的活和上世紀六〇年代越戰時期的裝備比毫無區別，除了價格，再也沒什麼高過那時的古董。

在上述對立情況無法消除的情況下，這些問題是不可能避免的。美國大兵在挨打，卻沒有具體的目標，戰爭也沒有終點。很快，這使得這場戰爭的投入／產出比開始下降，原本保衛貨幣霸權的戰爭卻反過來開始威脅到美元。正是因爲如此，在最初蠻橫地踢開聯合國單幹之後，美國不得不回過頭來要求「盟友」們以及聯合國出面，以緩解自己的壓力，而後者的介入使得原本已經幾乎徹底失去中東影響力的法、德、俄等國的面前又出現了希望。

從根源說，這是美國追求絕對霸權的必然結果，貨幣經濟下，利益早已超越了地緣，各國的利益結構都是「你中有我，我中有你」，靠軍事打擊解決核心以外的問題，稍有不慎就會打成「七傷拳」，所謂「不可馬上制天下」的古訓到現在仍然成立。對資本主義而言，對絕對利益的追求是必然的，但這最終會損害到其根本利益。

到了這個地步，要麼美國逐步收縮貨幣圈——美元暫態崩潰對世界也是一個不小的麻煩，所以歐洲和東亞地區也不會眼看著這種事情發生，必然會採取相應的措施來配合美國的收縮；要麼，則再發動新的戰爭，重新讓戰爭機器開動起來，通過打擊週邊繼續消滅歐元。如今，一面伊朗、敘利亞甚至沙特都戰雲密佈，一面伊朗核問題還在政治、外交層面進行著博弈，這些說到底，都是前面那種矛盾的體現。

2 美元的利刃：商品霸權

二十世紀被稱為美國的世紀，雖然美國早在二十世紀初就躍居世界最大工業國，但是美元正式成為國際貨幣體系的主導貨幣，還是在一九四四年布雷頓森林體系建立以後。在此之後，雖然歷經了多次重大衝擊，包括一九七一年布雷頓森林體系本身的崩潰，但美元的主導權並沒有動搖。

建立布雷頓森林體系的初衷是穩定二戰後的國際金融體系，以促進世界經濟儘快從戰爭的廢墟中恢復過來。為此，一度受到削弱的金本位制被重新建立起來。按規定，每三十五美元可以兌換一盎司黃金（美元也因此常常被稱為美金，幾乎等同於硬通貨），而其他國家的貨幣則以此為基礎採用美元聯繫匯率。其他國家在美國存入黃金，作為發行本幣的準備。在這種機制下，美國以外的國家要麼在美國存入黃金，要麼獲得美元，才能獲得本幣發行的依據；若非如此，固定的聯繫匯率就無法維持。

美元成為國際貿易的主要結算貨幣，帶來了一個直接後果：需要美國持續對外貿易逆差，輸出美元，其他國家才可以獲得足夠的美元供應，以維持全球貿易。然而，戰後各國經濟的迅速恢復給美元帶來了沉重壓力，美國飽受黃金流失之苦。雖然大量黃金依然存放在美國，但由於持續的貿易逆差，這些黃金的主人已經悄然易主。持續的黃金流失迫使美元多次貶值，但金本位制依然維持，直至一九七二年，美國終於忍無可忍，尼克森總統宣布美元與黃金脫鉤，自此黃金飆漲。

如果從美元對黃金的價格來看，美元急劇貶值了數倍。但是，人們發現沒有任何其他貨幣可以替代美元作為國際貿易的結算貨幣，美元儘管不再是「美金」而僅僅是一張綠色的紙片，但它的主導權絲毫沒有被撼動。這一格局，一直持續到了今天。

如果要問為什麼，只能說美元的地位不可取代。美元的市場容量、安全性以及美國經濟的特點使得它即便與黃金脫鉤，也仍然能作為國際貿易結算的主要貨幣（沒有其他任何一種貨幣可以承擔美元的角色，這一點直到歐元出現，也沒有太大的改變）。我們可以看一個例子：中俄之間的巨額石油交易仍然以美元為結算貨幣。儘管這兩個國家對美國的政治經濟地位，包括美元的地位都有不小的意見，都多次聲稱要擴大本幣結算的範圍，然而，真正到了交易的時候，中國人信不過盧布，俄國人信不過人民幣，他們都還是相信他們不喜歡的那個國家——美國的貨幣。這就是美元地位的現實體現。

商品價格的指揮棒，現在的國際貿易格局，依然大體上是美國持續逆差、供應美元，而各國將美元作為國際貿易的主要結算貨幣。其實，從現在的香港地區就可以依稀看到當年的影子。香港號稱是最自由的經濟體，不僅港幣可以自由兌換，連發鈔權也交給幾家私人銀行（這裏的私人是指非香港政府擁有的銀行），而非由政府壟斷，同時維持了對美元的固定匯率。香港這幾家發鈔行發行鈔票，必須有相應數量的外匯（美元）作爲準備。除了在亞洲金融風暴中受到過衝擊之外，港幣對美元的匯率一直大致保持穩定。

但我們應該看到，香港是一個很小的經濟體，同時佔據了有利的貿易地位，可以很輕鬆地獲得美元保障其金融系統的正常運作。在這套機制下，試想，如果香港得不到足夠的美元供應，會出現什麼情況呢？香港的進口貿易會因此萎縮，出口產品的價格則會下跌。假如把這種情況擴展到全球，又會出現什麼情況呢？很顯然，就是國際貿易會因此萎縮，同時，國際間交易的大宗貨物價格會出現暴跌。如果我們聯想到二〇〇七年到二〇〇八年間美國經濟的實際狀況，以及美國國內日益增長的對巨額貿易赤字的不滿和貿易保護主義的抬頭，就不難得出這樣的結論：通過貿易赤字流出的美元將大大減少。也就是說，國際間貿易所能獲得的美元數量的前景不樂觀。二〇〇八年出現了大宗商品普遍下跌的情況，其中固然有整體經濟的影響，但美元的因素也是不可忽略的。

而過去數年，大宗商品價格不斷上漲，以致形成泡沫，也有著深刻的美元背景。回過頭來看看這一輪經濟繁榮的歷程，或許能更好地理解這個問題。

柯林頓政府時期就不追溯了，就從「九一一」事件談起。

「九一一」之後，美國經濟遭遇了短暫的滑坡，但很快就被消費的增長所克服。當時，美國也流行「消費愛國論」，消費信貸不斷增長。而此時還有一個重大事件，就是中國加入了世界貿易組織。這個擁有龐大廉價人力資源和豐富自然資源的國家，不僅獲得了巨額的外國投資，還獲得了巨大的海外市場。如同一個餓極了的大胖子，中國狼吞虎嚥般地吞下來自外國的投資，同時，國內投資也如火如荼，固定資產投資持續以百分之二十以上的速度增長，到二〇〇六年，固定資產投資占到了GDP的百分之五十，無論是前蘇聯的工業化，還是日本、韓國的工業化，都不曾達到這樣驚人的水準。

隨著一片片工廠拔地而起，巨大的生產能力源源不斷地開動，中國廉價商品在幾年間幾乎充斥了全世界。美國從中國獲得了大量的廉價商品，其下層民眾的生活水準因此獲得了不小的改善。同時，消費信用繼續擴張，美國的反恐戰爭，尤其是伊拉克戰爭開銷巨大，使柯林頓時期獲得的財政盈餘消耗殆盡，美國政府的財政陷入赤字狀態，並且赤字不斷擴大；而在國際貿易領域，美國的貿易逆差也在不斷擴大。這幾項因素導致了美元無論在美國國內還是國外都氾濫成災。美元氾濫又導致大量過剩的美元尋找出路，結果，它們找到了房地產和商品市場，造成了極大的繁榮和泡沫。可以說，正是美元泡沫造就了商品泡沫。

正所謂「成也蕭何，敗也蕭何」，綜合以上，我們可以看到無論是商品市場的繁榮還是蕭條，都跟美元的供求狀況有著密切關係。換而言之，作爲國際貿易主導貨幣的美元握有商品霸權，這就是我們今天所處世界的現實。

③美國國債，拋與不拋

「美國國債逼近圖窮匕見，中國巨額的外匯儲備面臨的風險大增，中國應儘快處理握在手中的美元資產。」

「美國人爲地讓美元貶值，當心美國故伎重演，又一輪借助美元世界貨幣的槓桿掠奪世界財富。」

……

在中國的經濟學家中，這樣的呼聲不絕於耳。

二〇〇九年三月十八日，美聯儲主席伯南克在美聯儲公開市場委員會第二次例會後突然宣布，爲改善私人借貸市場的條件，將在未來六個月內買入總額爲三千億美元的美國長期國債。隨即，美國國債價格飆升，十年期國債收益率下跌了四十七個基點至百分之二點五四；美元開始貶值，美元兌其他主要貨幣也出現了較大幅度的下跌，歐元對美元已經達到了一點三五美元的高位，美元對日圓也下降到了九十五點四四。

在全球經濟金融危機持續惡化，美國海外投資者購買美國國債和政府債券出現下降的態勢下，美聯儲此舉客觀上可以保證美國政府經濟刺激方案的有效推進，避免了財政部大規模發行國債而市場無人問津的尷尬局面。同時，這也避免了財政部發債成本過高等問題。

但這讓那些拿了大把美元的國家擔心。美聯儲的錢從哪裡來？美國肯定捨不得拋售那寶貴的八千二百噸黃金來換美元，因爲這些黃金是美聯儲不會出售的真正家底。而且，即使以現在的九百三十美元的價格全部拋售，它也僅值兩千七百億美元，這對於救助金融危機來說還不夠塞牙縫的，連此次購買長期國債的錢都不夠。在這種情況下，美聯儲難免直接印刷美元，然後用這些剛剛滾下印刷機還散發著油墨香的美元去購買機構抵押證券和長期國債。

美國又一次借用美元國際貨幣霸主地位向國際市場投放沒有多少「銅臭」味的美元，他企圖通過人爲地讓美元貶值來稀釋和贖回美國債務。購買大量美國國債和儲備大量美元的國家，他們將爲此損失掉多少本國國民辛苦掙來的財富不得而知。

從貨幣銀行學來講，一個主權國家，央行是不允許直接購買本國政府發行的國債和其他政府債券的。因爲一旦開了這個口子，就意味著一國的財政赤字被直接貨幣化了，這無疑等效於發行基礎貨幣。而央行直接購買國債，意味著國債收益率的市場化定價機制將被徹底打破，收益率更多地取決於美聯儲而非市場；由於國債收益率曲線是整個金融市場的定價基礎，收益率曲線的扭曲也意味著整個金融市場的定價基礎被扭曲，這會導致金融市場風險資產無法有效定價，並加劇市場的信貸緊縮和債務緊縮壓力。

美聯儲主席伯南克的這次舉動是要告訴世界，美國的經濟出現了嚴重困難。也許美聯儲的潛臺詞就是讓購買了美國國債的國際買家們委屈一下，使用軟威脅迫使他們同美國一起共擔損失和風險，同渡難關。

在這種背景下，中國首當其衝。中國已超過日本，成爲美國國債的最大買家，外匯美元儲備超過兩萬億，根據美國財政部二〇〇九年三月十六日發佈的報告顯示，截至一月底，中國持有的美國國債達到七三九六億美元，占美國外債十點九萬億美元的百分之七，是美國最大的債權國。時任中國國家總理的溫家寶也坦言開始擔心中國對美國債券投資的風險。

美國的這一財政赤字貨幣化的經濟刺激政策將加劇美元的貶值。就中國外匯儲備存量資產而言，美元的貶值將不可避免地使中國大量以美元計價的資產面臨著明顯的匯兌損失，從而導致中國外匯儲備的進一步縮水。美元的貶值也將在客觀上惡化中國的貿易條件，反映在國際大宗商品市場上，以美元計價的能源等大宗商品價格又將上漲；在外需持續萎縮和中國出口產品議價能力有限的情況下，美元的貶值將抬高中國的進口成本和變相壓低出口價格（中國貿易部門無法完全轉移美元貶值所帶來的匯兌損失），從而加劇中國外需市場的不確定風險和中國福利的進一步外溢。

美聯儲印刷美元直接從財政部購買國債，將使中國的外匯儲備投資處於兩難之中。一方面，若爲了規避美聯儲這一舉動對市場的不利影響而減持美國國債或其他美元資產，那麼，減持帶來的連鎖反應將增加中國外匯儲備的損失；但如果繼續持有美國國債，那就意味著這些美元資產的未來不確定風險正在加劇。

相較而言，美元顯然更加虛弱。美聯儲回購機構抵押債券和長期國債，此舉表明美國金融機構的內向財務塌陷與債務危機比表面更嚴峻。儘管美國總統歐巴馬一再安撫中國說，應該對在美國投資的安全性抱有絕對信心，對美國國庫券、政府債券的投資以及對私營部門、商業和工業的投資都是如此，但中國仍舊擔心美國一旦違約，將會給中國造成不可估量的損失和影響。中國國內早已開始針對是否拋售美國國債進行討論和爭執。

根據一些機構就關於中國是否拋售或繼續購買美國國債的調查，有百分之廿八點六的經濟學家認爲中國應該繼續購買美國國債；有百分之三十八點六的經濟學家認爲中國不應該繼續購買，但也不應拋售美國國債；另外有百分之三十二點八的經濟學家認為中國應該拋售美國國債，其中有百分之二十二點八認為應小幅拋售，百分之十認為應大幅拋售美國國債。

從調查的最終結果來看，認為中國不應該繼續購買美國國債的經濟學家占到了百分之七十一點四，大大超過了支持繼續購買的百分之廿八點六的比例。由此窺見，在中國超過日本成為美國第一大國債持有人，在巨額金融危機救助計畫不斷放大美國財政赤字的背景下，越來越多的經濟學家認為中國應該不再繼續購買美國國債。

針對中國巨額的外匯儲備，諾貝爾經濟學獎獲得者斯蒂格利茨從側面提出了批評。斯蒂格利茨說，過多的國家開始儲蓄過多的資金，而不是用於國內支出，通常，這種存款選擇的又多是美國國債，這讓美國獲得了全世界的現金以供支配，而其他國家一些深層次的問題，如貧富差距擴大等卻沒有得到解決。美國聯邦儲備委員會和美國監管機構的冒險之舉導致美國經濟陷入了崩潰，並進而擴散到全球。美國政府和美聯儲在不遺餘力地拉動需求，以抵消世界其他地區需求的疲弱。美元儲備體系是其中的一個問題，中國需要徹底反思它的防守策略。

他還戲稱，那些吸取一九九七年亞洲危機時的教訓，以大量儲備外匯來保駕本國經濟健康發展的國家是「一九九七屆畢業生」。在一九九七年，亞洲陷入了嚴重的地區性金融危機，遭受打擊最大的，看起來是那些沒有充足美元儲備以抵禦本幣大幅貶值的國家如泰國、韓國和印尼等。如果這門課程的中心思想是需要儲備大量美元以使經濟免受衝擊，那麼中國的成績無疑是A⁺。中國一直否認應該對目前的全球動盪負責，稱存款是中國的文化傳統之一，犯錯誤的是美國政府鼓勵大規模放貸。

斯蒂格利茨說，中國目前最緊迫的問題並不是考慮是否需要調整持有的外匯儲備結構，比如增持歐元和減持美元等。兩種貨幣的外匯儲備體系可能比單一儲備體系更加不穩定，對美國或歐洲哪個才是更好投資場所的看法可能每天都會發生變化。中國也不要草率地認爲由於美國未能保證所有債券的安全就應該拋出美國國債。中國並不需要對自己所持美國債券的安全性表示擔憂。持有美國國債不存在任何違約風險，相信美國不會拿本國的經濟來賭博。中國眼下要做的是考慮能夠抵消通貨膨脹壓力的證券品種，如通貨膨脹保值債券。許多人都認爲美國最終將會受到通貨膨脹的衝擊。

在美國新一輪經濟刺激政策出爐之後，中國政府手拿巨額的美元儲備和美國國債卻不能不擔心，畢竟美元和美國國債操縱在美國手裏，美國如何玩是中國無法控制的。中國若堅持持有美國國債和美元資產，美國可以任意地讓美元貶值，到時，中國肯定損失巨大。但如果中國在這個時候拋售美國國債，美國也可以讓美元升值，畢竟美國不會放棄美元的國際貨幣地位。如果美元升值，重新建立它的信任體系，這時，中國想再次購買美元資產，就要付出更多的財富來換取。

中國正處在拋與不拋美國國債的兩難處境。也許斯蒂格利茨的建議是可行的，中國應該利用手中的外匯儲備購買更爲安全的其他債券，或者拿著外匯儲備直接購買海外的有形資產，譬如礦產等。

4 美元貶值的玄機

自一九九五年以來，憑藉美國雄厚的經濟實力及其國際地位，美元在國際外匯市場上持續走強，無論是美國高科技泡沫的破滅，還是二〇〇一年下半年的經濟衰退，乃至震驚世界的「九一一」事件，都沒有動搖美元的強勢地位。但是自二〇〇二年，美國經濟開始復蘇時，國際外匯市場上美元兌主要貨幣的價格卻開始不斷下跌。

據統計，從二〇〇二年初到二〇〇四年末，以實際匯率計算，貿易加權的美元指數在此期間下跌了百分之十六。在二〇〇五年，美聯儲採取加息措施，貿易加權的美元指數上升了百分之五。不過好景不長，二〇〇六年下半年開始，美元重又回到了下跌的通道中。尤其是自二〇〇七年八月美國次貸危機爆發以來，伴隨著美國經濟形勢的不斷惡化和美聯儲利率的急劇下調，美元更是加快了其下跌的步伐，對十六種主要貨幣的匯率全線下滑。據官方統計資料顯示，截至二〇〇七年十二月三十一日，美元從二〇〇二年以來貶值了近百分之四十，衡量美元與一攬子貨幣比價的美元指數也跌至七十三點三〇以下，爲近幾年的最低位置。

美元大幅度貶值引起了國際社會的廣泛關注。關於強勢美元「跌跌不休」之勢，英國《經濟學人》雜誌和《金融時報》認爲，美元的大幅貶值是美國的一種「變相賴債」。

進入廿一世紀以後，在很長一段時間裏，美國財政連年赤字，世界很多國家積存的美元儲備直線上升，總額近三萬億美元。這些美元儲備都是各國人民辛苦掙來的血汗錢，是美國對外負債的憑證。而美元一貶值，這些血汗錢的價值相當一部分就縮水了。比如，假如一個國家有一千億美元外匯儲備，若美元貶值百分之十，雖然一千億美元的形體還在，但其實際價值卻將「縮水」一百億美元。

由此可見，如果各國美元儲備保持上升勢頭，通過美元貶值這種辦法，美國就可以輕而易舉地「賴」掉其大部分對外債務。道理很簡單：美元已不是傳統紙幣，而是現代紙幣，是不再與黃金掛鉤因而不能保持定值的「信用」貨幣。現在的美元與黃金不同，其本身沒有任何價值，只是一張紙片。有多少美元流出美國境外，就有多少等值的物質財富流入美國。進出口相抵後，外國持有的美元儲備餘額淨值，特別是長期沉澱的那一部分外匯儲備，就被美國政府和人民白白享用了。當其他國家要把這些美元換成黃金或所需商品時，它的實際價值卻已縮水。美國就是這樣賴掉相當一部分對外債務的。

有金融專家指出，如果說一九九七年亞洲金融危機期間，從泰國、馬來西亞、香港等國家和地區變相搶劫的是索羅斯，那麼現在通過美元貶值從中國及世界其他國家變相搶錢的，則是美國政府和美聯儲，而且性質比上一次更加惡劣。

美元貶值除了有利於削減外債以外，也有利於美國出口的增長。二〇〇七年十月十六日，美聯儲前主席格林斯潘表示，美元貶值帶動了美國出口，在房市衰退期間，有助於美國經濟。據統計，在二〇〇七年第二季度，美國經濟增長了百分之三點八，其中，出口貢獻一點三個百分點。

在二〇〇八年，美國的出口率依然保持著強勁增長的勢頭。據二〇〇八年上半年公佈的經濟資料顯示，美國貿易出口成爲美國對經濟增長產生正面影響的重要動力；而美元對歐元、人民幣、日圓等主要貨幣的貶值，顯然是刺激出口的一個主要因素。

美國「全美製造業者協會」首席經濟師霍澤表示，在美國國內消費持續低迷的情況下，由於出口依然保持強勁，抵消了國內房市低迷和金融動盪對美國經濟的拖累，使美國經濟至少在名義上沒有滑入衰退。

美國商務部的數字顯示，以二〇〇五年爲轉捩點，美國對外貿易的出口增幅開始超過進口增幅，而且差距不斷擴大。在二〇〇八年，美國的各類產品出口均呈現良好增長態勢，工業設備出口保持雙位數增長，並有進一步加速增長的趨勢。

霍澤認爲，美元對歐元、人民幣、日圓等主要貨幣的貶值顯然是刺激出口的一個主要因素。據統計，從二〇〇五年一月到二〇〇八年一月三年時間裏，美國出口增長的將近三分之一是對歐洲的出口，其次是對亞太地區的出口，占到美國出口總增長的百分之廿二。他說：「根據我們的估算，美元貶值對於美國產品競爭力的提升大約可以解釋爲什麼美國在過去三年裏出口增長了百分之五十。」他強調，如果美元沒有貶值，美國在過去三年裏的出口量想實現如此大的增長是不可能的。

由此可見，美元貶值是符合美國國家利益的。然而，美元持續下跌，歐元等貨幣持續上漲，是否會衝擊美元作爲全球清算貨幣的主導地位？歐元是否會在可預見的未來替代美元呢？

對於此問題，中國銀行高級分析員譚雅玲指出，美元不會放棄自己在世界上的主導地位。從美國短期經濟指標低迷而長期指標相對樂觀來看，美國經濟可以避免衰退。首先，美國房地產和次貸問題惡化是循序漸進的，並非急速惡化甚至難以控制；其次，美國金融市場價格波折，特別是股價低迷的局面，並非因爲美國企業發生重大問題或衰落，只是因爲金融機構的次貸損失放大，引起了恐慌與警惕。

渣打銀行駐新加坡的外匯分析師Harr．Thomas表示，美元仍可以保持國際主導貨幣的地位，不過，隨著歐盟在全球貿易中變得越來越重要，歐盟金融市場的流動性越來越大，歐元將變得更加重要，人民幣也同樣如此。但是，這個過程需要花費較長的時間，至少在五年以上。工商銀行廣州省分行外匯分析師侍偉也表示，美國仍然是全球最大的經濟體，美元仍是國際通用的結算貨幣，歐元或其他貨幣要想動搖其地位，還是比較困難的，當前，這種改變的苗頭還沒有出現。

因此，根據當前的形勢，美元貶值不僅不會影響到美元在全球清算貨幣中的主導地位，還有助於美國經濟的發展。摩根史坦利亞太區首席經濟學家謝國忠指出，美國推低美元，是通過犧牲其他國家的經濟增長來推動美國經濟持續、強勁的增長的。

5 干擾世界經濟的美元貶值

自從二〇〇二年以來美元開始不斷貶值，國際金融市場也隨之進入了多事之秋。在當今，雖然布雷頓森林會議之後，美元不再一手遮天，但美元依然是國際經濟活動中商品與服務貿易的最主要計價貨幣，因此，美元貶值實際上是把負擔甩給了世界經濟。不論是發達國家還是新興國家，抑或是石油出口國，他們的經濟政策和經濟戰略都因此受到了干擾。

作爲貨幣輸出國的美國進行美元「傾銷」，無疑能夠成爲最大的贏家，即美元貶值可以增強美國產品的國際競爭力，促進美國產品的出口，從而減少其貿易逆差。據美國國際經濟研究所統計，美元如果貶值百分之二十至百分之廿五，將足以使美國貿易赤字占國內生產總值的比例削減到百分之二。也正是如此，布希政府對弱勢美元採取了聽之任之的態度。但是美國是一個消費和進口大國，美元貶值會促使其進口產品價格上升，進而有可能推高美國整體價格水準，加大其通貨膨脹壓力。

歐洲國家對於美元貶值可謂愛恨交加。一方面，歐元相對於美元升值可以提升歐元區國家的投資者和其他中央銀行對歐元的信心，從而增強歐元在國際金融界的地位；同時，歐元升值還可以幫助歐元區國家抑制物價的上漲，降低通貨膨脹。但是，歐元的持續升值必然會導致歐洲公司出口成本增加，加重其出口的壓力，進而削弱歐元區企業的國際競爭力，並最終傷及歐洲經濟。

在美元貶值的環境下，亞洲，尤其是東亞國家，成爲了與美國貿易聯繫中的最主要貿易順差的發生地，有多大的外匯儲備，就必須釋放出多大的本幣進行對沖，美元儲備資產的增加會進一步削弱亞洲國家中央銀行的貨幣調控能力和政策的獨立性；更要命的是，伴隨著美元的貶值，美元的儲備價值將會嚴重縮水。

美元是世界上最重要的貨幣，美元貶值會干擾世界經濟的正常運行，對其他國家的生產、貿易、金融等領域產生負面影響，從而拖累世界經濟。

第一，美元貶值會造成其他經濟體出口萎縮，進而導致經濟增長減速。

美國經濟放慢減少了對外國產品的需求，美元大幅度貶值又進一步抑制了進口，因此，歐洲、日本及亞洲新興經濟體對美出口遭受到了雙重打擊。一是歐、日、亞對美出口率大幅回落。例如，二〇〇七年第四季度，歐元區對美國出口較二〇〇六年同期下滑了百分之八；二〇〇八年前兩個月，美國消費開支疲軟，又使這些經濟體對美出口進一步下滑。二是歐、日、亞貨幣升值也制約了這些經濟體對美以外地區的出口增長。由於出口是許多國家經濟增長的主要引擎，出口驟然減少必然會導致經濟增長放慢。據估計，目前歐元貿易加權平均匯率已比二〇〇四年至二〇〇六年的平均水準上升了百分之十，這可能造成歐元區未來三年的年度GDP增幅累計減少百分之一點二。

第二，美元貶值加劇了能源及其他初級產品價格上漲，從而引發全球通貨膨脹上升。

近年來，國際大宗商品價格節節攀升，特別是二〇〇八年初以來，油價突破每桶一百美元和一百一十美元大關，黃金價格「破千」（每盎司一千美元），不少農產品價格也達到了近幾十年新高，這一切都源於美元貶值。這是因爲國際市場原油及其他商品期貨交易以美元計價，美元貶值一方面會增加原油等商品期貨對於持有其他強勢貨幣投資者的吸引力，另一方面還會推動部分持有美元資產的投資者轉而買入原油等期貨，以避免美元貶值帶來的損失。近年來，美元貶值對油價上漲的「貢獻率」接近百分之二十。美元貶值也促使人們大量購買黃金作爲資產保值手段，從而刺激了黃金需求和價格上漲。

能源等初級產品價格猛漲，使世界各國通脹壓力增大，其中首當其衝的是中國、印度等初級產品進口的新興市場國家。新興市場經濟體比發達國家面臨更大的通脹壓力，不僅因爲其進口能源價格大幅攀升，還因爲上漲的糧食價格在其消費物價指數（CP

Ｉ）中佔有較大的權重（百分之四十左右）。歐元區二〇〇八年三月份ＣＰＩ較二〇〇七年同期升幅達到百分之三點五，創歷史新高，遠遠高於歐央行設定的不超過百分之二的通貨膨脹率目標。

第三，美元貶值使國際熱錢流向新興市場，加大了新興市場國家宏觀調控的困難。由於新興市場國家貨幣趨向升值，加上爲控制通脹使國際投機者預期新興市場利率上升，這就加劇了國際熱錢流向新興市場，干擾了新興市場國家的宏觀調控。爲防止熱錢流入導致貨幣大幅升值，這些國家不得不向市場投放本國貨幣，這又會加劇流動性過剩，從而限制央行通過加息以控制通貨膨脹的政策空間。

第四，美元貶值使新興市場國家遭受重大資金損失。新興國家大量外匯儲備用於購買美國政府債券，其收益率極低，而新興市場投資的收益率和利率較高，這就造成了其巨大的財政損失。據統計，這一國內外收益率的差別使印度二〇〇七年財政損失相當於ＧＤＰ的百分之二。

由此可見，美元貶值擾亂了世界經濟。

⑥ 宏觀調控：考驗全球智慧的難題

在美國財長保爾森「強勢美元是美國利益所在」的聲音中，美元匯率仍在進一步下跌，由美元貶值帶來的本國貨幣急速升值成了不少國家不得不正視的難題。爲了防止本幣對美元過度強勢，多國央行開始採取各種手段對匯市進行管制。

在進行管制的過程中，哥倫比亞央行規定，外資買進股票和債券，必須存入四成保證金在央行六個月；印度央行也設立了新的法規，以壓制外國基金經理人對本地股市和匯市的炒作；韓國央行則著手調查遠期外匯交易，以限制已升至十年來最高點的韓元繼續走強。

從這場保衛戰中，我們可以看出，各國當局並未動用外匯儲備或升息等手段影響外匯市場，而是試圖通過其他途徑防止美元不斷貶值，進而侵蝕出口商盈利和危及經濟增長。全球最大外匯銀行德意志銀行的分析師百格指出，央行急於尋找干預本國貨幣急升的新途徑，但很多想法根本行不通。

針對這種現狀，有金融專家指出，美元貶值對於擴大美國出口規模、減少巨額貿易逆差來說，起著積極的作用。但對全球其他國家來說，美元貶值加大了世界其他國家和地區承受美元貶值的壓力，進而對各國宏觀經濟調控發出了嚴峻挑戰。

美元在國際市場上的主導優勢爲美國提供了大量的資金來源。據統計，在國際市場商品交易中，百分之八十以上以美元作爲計價和結算貨幣，各國央行持有的美元外匯儲備占世界總儲備的百分之六十五以上。世界其他國家和地區將巨額的外匯儲備投資於美元資產，爲美國政府維持巨額經常專案逆差和債務提供資金保障，支撐著美國國內的投資和消費。美元貶值後，這些將巨額的外匯儲備投資于美元資產的國家和地區承受著巨大的壓力，經濟利益受到損害，各國經濟宏觀調控的難度增加，從而使這些國家的決策陷入兩難的境地。

美元持續貶值，直接影響著OPEC成員國以及俄羅斯、安哥拉等石油輸出國的石油美元收入，影響其國際收支平衡。這些石油輸出國家經濟結構往往比較單一，在出口石油的同時要進口大量其他產品。據統計，在這些國家產品出口的地區結構中，歐元區占百分之廿二，美國占百分之十四，日本占百分之十一；而在產品進口的地區結構中，歐元區占百分之廿七，美國和日本分別占百分之七和百分之六。在歐元升值、美元貶值的情況下，由於石油交易是以美元來計價，而其他產品進出口交易以非美元貨幣來結算，這就意味著石油輸出國要承受因美元貶值而帶來的出口收入減少、進口成本增加的損失。

為了維護本國利益，減少經濟損失，這些國家採取了積極的措施。在二〇〇七年十一月OPEC組織利雅得會議上，伊朗和委內瑞拉提議用一攬子貨幣取代美元，作為該組織各成員國石油交易貨幣的計畫。隨後，伊朗政府縮減了對美元的使用率，在石油交易中，改用非美元貨幣進行石油交易結算。

除了經濟利益受到影響外，美元貶值後，世界上一些國家和地區的經濟調控難度加大，承受的壓力和風險也進一步加大。

第一，**對外經濟不平衡進一步加劇，貨幣升值壓力加大。**

在美元占主導地位時，主要發達國家實行浮動匯率制，而東南亞、中東地區等國家和地區則實行盯住美元的匯率制度。而當世界經濟增長格局發生變化，發展中國家經濟持續快速增長，而美國經濟減弱時，為了與此相適應，發展中國家貨幣應相對升值，而美元應相對貶值，以維護外部經濟平衡。但是，一些發展中國家盯住美元的匯率制度在一定程度上抑制了匯率變動的客觀趨勢，助長了出口規模的擴大和外匯儲備的激增，加劇了外部經濟的不平衡。據IMF統計，截至二〇〇七年八月底，世界外匯儲備總額為五九五七五億美元，發達國家占百分之廿五，發展中國家占百分之七十五。其中，中國占百分之廿三點八，日本占百分之十五，石油輸出國家占百分之七。近年來，主要發展中國家貨幣均呈升值趨勢。

第二，**宏觀經濟調控難度增大，調控政策效應減弱。**在美元貶值和經常項目盈餘增加的雙重作用下，一些發展中國家央行爲維持匯率基本穩定，不得不進行外匯買賣，通過增加國內基礎貨幣供應量來平衡外匯市場，這一舉措導致國內流動性過剩，信貸和投資膨脹。雖然主要發展中國家及時採取了緊縮貨幣政策和一系列強制性行政措施來抑制投資需求和通脹，但實際收效不大。

第三，**通脹壓力明顯加大。**美元持續貶值刺激了國際商品，特別是石油和食品價格持續高漲，給一些發展中國家帶來了較大的輸入型通貨膨脹壓力。據世界銀行統計，二〇〇七年以來，發展中國家居民消費價格在波動中趨升，從一月的百分之五點五升至十月的百分之六點七。其中，東歐國家和俄羅斯從百分之五點五升到了百分之八點一，中東地區居民的消費價格也呈上升趨勢。

第四，**受國際投機資本衝擊風險加大，一些發展中國家的金融體系更加脆弱。**美聯儲爲緩解房地產市場進一步惡化和次貸危機，連續兩次降息，而許多發展中國家央行爲抑制通脹，仍在繼續升息。利差的擴大以及發展中國家貨幣升值預期的提高，使得國際投機資本大量湧入一些發展中國家，加大了這些國家經濟體系和金融體系的風險，也進一步加劇了國內信貸規模和投資規模的膨脹。

美元貶值對各國經濟的影響已無法回避，因此，人們將焦點聚集在兩個方面：一是歐元或其他貨幣會不會取代美元，而成爲國際商品交易貨幣？二是實行盯住美元匯率制度的東南亞和中東等發展中國家和地區會不會實行更加靈活的匯率制度？

對於歐元是否會取代美元的地位，多數經濟專家認爲，歐元還不具備在國際貨幣市場上充當主要角色的條件。從國際市場上來看，近年來，雖然歐元區經濟自主增長能力不斷增強，經常項目帳戶保持基本平衡，歐元的國際地位也在不斷上升，吸引力增加，但是，出口一直是歐元區經濟增長的重要推動力。如果歐元取代美元作爲國際市場商品交易的主要貨幣和主要國際儲備貨幣，歐元將會因需求急劇增加而出現更大幅度的升值，這將嚴重衝擊歐元區出口，從而拖累歐元區經濟。

經濟專家還認爲，美元在國際貨幣市場上的主體地位在近期甚至今後較長時期內是無法改變的。因爲，如果美元作爲國際儲備貨幣和商品交易貨幣的地位被歐元或其他貨幣所取代，勢必造成國際市場對美元進一步貶值的恐慌，使得各國大量拋售美元，美元因需求急劇減少而暴跌。在當前美國經濟減弱、美聯儲正在降息的情況下，美元崩潰對美國經濟的打擊將是慘重的。此外，持有大量美元資產和美元外匯儲備以及以美國爲主要出口市場的國家和地區，也將因美元暴跌而付出高昂的代價。如果美元暴跌，美元資產將大幅度縮水，外匯儲備將受到嚴重的損失。並且，如果美國經濟因美元暴跌而嚴重衰退，以美國爲主要出口市場的國家和地區經濟增長也將大大放緩，可能進入經濟低迷狀態。

經濟專家認爲，匯率作爲經濟調控的重要手段，實行浮動匯率制是國際匯率制度演變的必然趨勢。特別是在當前美元持續貶值已損害其他國家經濟利益並給經濟調控帶來較大困難的情況下，改進和完善匯率形成機制是有關國家央行必須考慮的問題。

總之，全球商品交易貨幣和外匯儲備貨幣的調整及多元化趨勢是一個痛苦過程，也是一個漫長過程。如果調整過急、過快，對世界經濟的打擊將是毀滅性的，可能引起世界範圍內的經濟衰退，這是任何一個國家政府都不願意看到的。但是，當前美元持續大幅貶值，增加了世界經濟發展前景的風險和不確定因素，成爲各國政府制定宏觀調控政策的一大難題。

第八章

人民幣VS美元：新一輪「貨幣戰爭」的矛頭

1 中美貨幣歷史上的匯率演變

由於中國複雜的國情和歷史發展背景，人民幣對美元的匯率也走過了一段非常複雜的歷程，但是「官定匯率」而非完全市場化的匯率一直是其主要基調。匯率的市場化和人民幣可自由兌換至少從目前來看仍然是一件非常遙遠的事情，回顧人民幣對美元匯率的歷史對於理解人民幣匯率的未來發展走勢有著非常重要的意義。

從一九四九年一月十八日起，爲適應解放戰爭的新形勢，各大行政區的人民銀行開始公佈人民幣外匯牌價。由於當時戰爭仍然在激烈進行中，各大行政區的具體狀況差異很大，所以，這個人民幣外匯牌價在不同行政區也是有差異的。到一九五〇年七月八日，才實行全國統一的外匯牌價，由中國人民銀行總行制定和公佈。一九七九年成立了國家外匯管理總局（一九八二年八月更名為國家外匯管理局）作爲國家外匯管理機關，統一制定和公佈人民幣外匯牌價。

人民幣的外匯牌價一直採用直接標價法，即以一定數額（比如一百貨幣單位）的外國貨幣作爲標準來折算若干單位的人民幣，也就是採取固定數額的外幣（比如一百貨幣為單位）和浮動數額的人民幣比價來標價。而一九四九年一月十八日到一九五五年二月，各種外匯牌價是以一個單位外幣折合人民幣元（舊幣）標價。一九五五年三月一日，中國實行人民幣幣值改革，發行新人民幣，每一萬元舊幣人民幣兌換一元新人民幣。此後，人民幣的外匯牌價按新幣折算。

新中國成立以後，中國先後制定過人民幣對四十九種外幣的匯價，隨後，根據國際形勢和對外經濟貿易往來的實際情況變化，陸續停止了人民幣對某些外幣的外匯牌價。爲適應新的發展形勢，一九九一年四月九日，中國開始對人民幣匯率實施有管理的浮動運行機制。自一九九四年開始，中國匯率制度實現了重大改革，開始實施以市場供求爲基礎、單一、有管理的浮動匯率制度。自一九九四年一月一日起，國家外匯管理局陸續公佈了人民幣對美元、日圓、港幣三種貨幣的外匯牌價；二〇〇二年四月一日起，又公佈了人民幣對歐元的外匯牌價；其他幣種的匯價通過這四種匯價進行套算。另外，自一九九四年一月一日起，中國開始實行單一匯率，人民幣對美元匯率定爲一美元兌換八點七元人民幣。此後人民幣一直趨於升值。

從一九四九年一月十八日至一九七二年九月十三日，由於特殊國情，人民幣對外國貨幣的外匯牌價有對外公佈和對內掌握兩種。前者由中國人民銀行對外公佈，後者由銀行內部掌握使用。之後，中國與西方國家的經濟交流開始活躍，爲適應新的形勢，自

一九七二年九月十四日起，各種實際外匯牌價均開始對外公佈。此外，一九七一年開始辦理人民幣對外幣的遠期買賣。買賣遠期人民幣的匯價是按即期外匯牌價加收一定比例的遠期費。一九七四年八月十二日統一實行買賣的雙檔外匯牌價，一九八一年起對貿易和貿易從屬費用使用貿易外匯內部結算價，即一美元約合二點八元人民幣。

由於中國長期受到西方封鎖，所以，港澳地區在中國轉口貿易中佔據重要的地位。一九六八年起，對香港和澳門地區開始試用人民幣計價結算，買賣外匯人民幣使用買賣價。一九七二年七月起，對香港和澳門地區的買賣外匯人民幣匯價改用人民幣對港幣的貿易兌換率（即人民幣對港幣牌價的中間價）。二〇〇五年七月廿一日起，中國開始實行以市場供求爲基礎、參考一攬子貨幣進行調節、有管理的浮動匯率制度，人民幣匯率從此不再盯住單一美元，形成了更富有彈性的人民幣匯率機制。中國人民銀行於每個工作日閉市以後，公佈當日銀行間外匯市場美元等交易貨幣對人民幣匯率的收盤價，作爲下一個工作日該貨幣對人民幣交易的中間價格。此後，又逐步放寬了人民幣對美元等外匯的單日浮動範圍，匯率制度變得更具靈活性。

人民幣對美元匯率的歷史

下面我們來看看人民幣對美元匯率的歷史變遷。正如前面所述，一九五〇年七月八日之前並沒有全國統一的人民幣外匯牌價。

以天津爲例，一九四九年一月十八日，官方匯價爲一美元兌換人民幣（舊幣）八十元，此後，人民幣（舊幣）對美元急劇貶值，官方匯價也一路狂跌。當年三月九日，官方匯價一美元兌換三百元人民幣（舊幣）；四月六日，一美元兌換六百元人民幣（舊幣）；十月十日，官方匯價已是一美元兌換四千八百元人民幣（舊幣）；到了十二月廿三日，則爲一美元兌換兩萬三千元人民幣（舊幣）；一九五〇年上半年，官方匯價一度突破一美元兌換四萬元人民幣（舊幣），最高達到四萬一千元（舊幣）人民幣，此後逐步回落。到了一九五〇年七月八日，全國統一匯價時，官方匯價爲一美元兌換三萬五千元人民幣（舊幣）。到了一九五一年初，美元對人民幣的官方匯價逐步穩定在十美元兌換兩萬五千元人民幣（舊幣）以下。一九五一年下半年後，一度停止掛牌。

這一段時期恰恰是新中國成立前後的金融秩序混亂時期，經歷了幾年內戰，中國的經濟狀況可想而知。這一系列官定匯率並沒有任何市場價值，但人民幣官定匯率的持續暴跌至少反映了建國前後一段時間金融秩序的混亂和實際經濟狀況的蕭條。

到了一九五五年三月一日，人民幣實現了幣值改革，此時，官方匯價爲一百美元兌換二四六點一八元人民幣（中間價，下同）。此後，按官方匯價，人民幣又逐步升值，一九七三年六月一日，一百美元兌換一九四點一六元人民幣，到一九七五年二月廿七日，則達到一百美元兌換一七四點三一元人民幣的高點，此後逐漸回落。

一九七七年開始，官方匯價的人民幣對美元又開始升值，一九八〇年七月八日，達到一百美元兌一四四點八〇元人民幣的歷史高點。隨著改革開放的逐步推進，人民幣對美元又展開了漫長的貶值之路。一九八一年一月十三日，一百美元兌一五三點八〇元人民幣；一九八二年一月一日，一百美元兌一七四點一一元人民幣；一九八三年一月四日，一百美元兌一九〇點四四元人民幣；一九八四年一月四日，一百美元兌二〇〇點〇七元人民幣；一九八五年十月八日，一百美元兌三〇二點一八元人民幣。自一九八七年十月廿五日起，官方匯價穩定在一百美元兌三七二點二一人民幣，直到一九八九年十二月十六日，官方匯價突變為一百美元兌四七二點二一元人民幣，然後到一九九〇年十一月十七日，官方匯價在此變為一百美元兌五二二點二一元人民幣，並凍結在此。

到了一九九一年四月九日，中國開始對人民幣匯率實行有管理的浮動運行機制，當天，一百美元兌五二七點二二元人民幣。到一九九三年十二月三十一日，一百美元兌五八〇點〇〇元人民幣。次日，中國外匯管理制度實現重大改革，人民幣基準匯率定為一百美元兌換八七〇點〇〇元人民幣。人民幣自此一次貶值到位，又踏上了漫漫升值之路。此後，人民幣對美元基準匯率曾經長期穩定在一百美元兌換八二七元人民幣左右。

歷次匯率凍結和突變，實際上反映了中國從二十世紀八〇年代，特別是八〇年代後期「價格闖關」改革以後，歷史積累的通貨膨脹壓力在政府的管制下分階段釋放這一現實。加入世貿組織以後，中國的貿易收支情況大大改善，大量貿易盈餘開始積累起來。二〇〇五年七月廿二日起，人民幣加快了升值步伐，當天基準匯率爲一百美元兌換八一一元人民幣。此後，人民幣對美元一路升值，二〇〇八年八月以後，人民幣對美元基準匯率基本穩定在一百美元兌換六八一至六八九元人民幣之間。

② 人民幣匯改：任重而道遠

最近幾年來，人民幣匯率問題一直是國際貿易中的一個焦點問題，人民幣匯率目前仍然還存在相當程度的「非市場因素」，而且，其市場化改革也是任重而道遠。

匯率的本質是供需決定價格，而在長期內決定供需的，歸根結底，還是一個國家的長期經濟發展趨勢，特別是與其他國家相對而言的經濟發展趨勢。最近三十年來，中國的經濟發展無疑取得了舉世矚目的成就，目前按GDP核算的總體經濟規模，已經位居世界第二，成爲僅次於美國的第二大經濟體。這是時隔一百多年後，中國在總體經濟規模上重回在世界上的巔峰地位。但是，人們也看到，中國已經漸漸爲自身的問題所困擾，多年的經濟發展同時也積累下了諸多的深刻矛盾。

在過去，這些矛盾往往是被暫時放在一邊，但到了今天，已經變得越來越無法回避。所有這些問題和矛盾，都將嚴重制約中國經濟的可持續發展能力，甚至有可能帶來社會的衰敗和經濟的倒退。

首先是人口問題。豐沛而廉價的勞動力是近幾十年來中國經濟發展的一根重要支柱。中國之所以能夠吸收來自全世界的資金和技術，中國產品之所以能夠以低廉的價格風行世界，都與這個勞動力的相對優勢息息相關。然而，中國正在漸漸失去這個優勢。按照科學測算，中國的人口將在不遠的將來達到頂峰（可能是二〇二〇年左右），在此之後，將會進入長期的衰減歷程，換而言之，中國即將進入勞動力相對短缺的時代。更雪上加霜的是：中國的人口老齡化情況日益嚴重，並將在未來數十年內急劇惡化。早在二〇〇五年，中國六十五歲以上的人口就已經超過一億，占到人口總數的百分之七點七，屬於典型的人口結構老齡化國家。人口減少、人口結構老齡化對於一個非移民國家的經濟發展而言，影響無疑是相當負面的。

人口結構老齡化所帶來的不僅僅是勞動力的減少，還有嚴重的社會保障負擔。有報告稱，美國的社會保險體系面臨破產，按目前的資料測算，美國的醫療保險基金和養老保險基金分別將在二〇一九年和二〇三九年左右耗盡，這意味著一九八〇年以後出生的美國人，將沒有分文退休金可領。雖然美國在人口老齡化程度上較中國更爲嚴重，但是美國不僅遠比中國富裕，還是移民淨流入的國家。這些移民不僅平均年紀較輕，還將資金和技術帶入美國，大大緩解了美國的人口老齡化帶來的壓力。可以想像，中國的醫療保險體系和養老保險體系也將在未來面臨非常嚴峻的形勢。我們還應該記住的是，未來社會保障體系所消耗的資源和財富不會從天上掉下來，它們都要從今天的帳戶中支取。

中國目前存在的大規模的年輕人失業現象，會使得這一問題更加嚴重。

總而言之，中國的人口問題對於中國未來的經濟競爭力構成了非常嚴重的制約，這種制約，特別是未來用於醫療和養老這樣的社會保障體系的巨額非產出性福利支出，將嚴重削弱人民幣的實際購買力。這是籠罩人民幣匯率長期趨勢上的巨大陰影。

制約中國未來經濟競爭力的另一個重要因素是經濟結構失衡帶來的資源配置扭曲。雖然中國進行了多年的經濟改革，改變和糾正了以前很多不合理的資源配置機制，釋放出了巨大的經濟活力，然而，從整體上來看，資源配置扭曲的局面並沒有得到根本性的改善，本質上的經濟「雙軌制」並沒有改變。今天的國有壟斷企業，從帳面上看，盈利水準相較以往已經有了非常大的提高，但這種盈利並非實際經濟效率提高的結果，更大程度上是壟斷地位得以強化的結果。或者說，國有企業通過自身的壟斷地位，從其他發展迅速的競爭性經濟部門手中奪取了本應屬於那些部門的經濟果實。並且，這些國有企業還可以通過銀行系統獲得低於市場利率的低成本融資支援，從而獲得相對其他企業（特別是民營企業）的巨大優勢。

國有壟斷企業只不過是整個經濟結構中存在問題的一小部分。對非生產性部門或經濟效率相對低下的部門支付與其實際經濟貢獻不相符的過高福利，也是中國經濟中普遍存在的問題。由此造成的資源配置扭曲，帶來的是整體經濟效率的低下。此外，為了維持以投資拉動的高速經濟增長，在資產價格方面也存在著制度性的扭曲現象。虛高的資產價格不僅帶來了過多的流動性，更帶來了資源配置的扭曲，損害了整體經濟的效率。所有這些中國經濟結構上存在的問題，都會對人民幣的長期匯率產生實質性的影響。

此外，技術能力的落後和發展乏力也會對中國未來的經濟競爭力構成嚴重制約。鄧小平指出：科學技術是第一生產力。技術無疑是撬動財富增長的最有力的槓桿。但遺憾的是，中國在技術能力方面仍然沒有取得太多實質性的進步。雖然中國一直保持了較為完整的工業體系，但是關鍵技術、關鍵零件、關鍵設備仍然依賴進口。中國雖然擁有世界上最大規模的高等教育，也擁有龐大的科研院所體系，但原創性、突破性的技術成果依然十分罕見，在技術能力上與其經濟規模極不相稱。

由於在教育、科研體制上存在的諸多弊端難以革除，改變這一狀況的前景依然十分不樂觀。曾經有美國學者在對比中印兩國的教育現狀後尖銳地指出：印度教育的最大問題不是品質而是數量；中國教育的最大問題不是數量，而是品質。中國通過「高等教育大躍進」雖然製造出了世界上最大規模的受高等教育的群體，但其品質令人憂慮。這位美國學者還指出：中國大學裏培養的所謂工程師，並不是西方意義上的工程師，而更像是技術工人。然而，具有諷刺意味的是，他們離技術工人又太遠。

中國的實際情況是：合格的技術工人嚴重短缺，大學畢業生大量失業。

技術能力上全面落後，教育和人力資源開發體制方面又存在嚴重弊端，使得這一狀況得以改變的前景十分黯淡。這是中國經濟必須面對的殘酷現實。中國現有的經濟模式在過去取得了巨大的成功，但這種成功不可能在未來持續下去。爲維持中國經濟的競爭力，產業升級、經濟轉型已迫在眉睫。如果中國不能在技術能力上有所突破，那麼產業升級、經濟轉型都將是一句空話，未來的經濟前景堪憂。

人民幣匯率不僅在今天是個焦點問題，在將來也依然會是焦點問題。中國的經濟現代化無疑是世界經濟發展進程中極爲重要的一部分，將長期受到全世界範圍的關注。人民幣匯率作爲表徵中國經濟狀況和趨勢的重要經濟變數，仍將繼續處在「風暴之眼」。

3 新一輪的經濟博弈

隨著人民幣匯率的市場化程度不斷加大，它反映實際經濟狀況的能力也在不斷增強。中美經濟關係中存在的問題，特別是兩國之間的經濟摩擦，近年來也越來越多地反映在匯率問題上。未來中美在經濟上的博弈，必然會更多地反映在人民幣與美元的匯率之上。

美國發動的貨幣戰爭

美國曾經利用美元打遍世界並屢屢獲勝。譬如二十世紀初葉，美元打敗英鎊成爲世界貨幣霸主；二十世紀中葉，美國利用美元顛覆共產主義國家，還利用美元打垮了國際石油輸出國；八〇年代到九〇年代，當日本的經濟勢力出現超過美國的苗頭時，美國利用美元的世界貨幣霸主地位強迫日圓升值百分之二十，擊垮了日本經濟增長的強勢勁頭；二十世紀九〇年代後期，美國攻打伊拉克消耗了大量美元資產，但美國卻讓他們的戰爭經費由亞洲國家買單，人們肯定不會忘記一九九七年的亞洲金融危機，正是美國利用美元再一次偷襲亞洲國家，把韓國、泰國甚至香港席捲一空；而出現在二〇〇八年的金融危機，也正是美國展開又一輪美元戰爭的藉口和開始，這一輪美國和美元的戰爭對手無疑就是中國和人民幣，其戰爭理由與當年美日經濟戰爭十分相似。

簡短分析一下當年美日之間那場經濟戰的成因、結果，也許會對當下的美中經濟之戰有所借鑒和理解。

這場開始於一九八五年的美日經濟之戰，當時的背景是日本ＧＤＰ開始超過美國ＧＤＰ的一半。具有極強民族主義的日本人開始歡呼：只要超過美國的ＧＤＰ，日本就可以恢復成「正常國家」了！世界各國也都在興奮地期待著日本ＧＤＰ超過美國ＧＤＰ的那個「歷史性時刻」！日本企業更加瘋狂，美國經濟的象徵——洛克菲勒廣場被日本人買下了！美國的精神象徵——好萊塢被日本人買了！美國開始坐不住了，眼看著世界第一的經濟地位就快保不住了，美國人民的榮耀感在急劇下滑，民間開始蔓延仇日情緒。

一九八五年，美國遊說七國集團其他成員國，逼迫日本簽署了以「行政手段」迫使日圓升值的廣場協議，其中心思想就是日本央行不得「過度」干預外匯市場。日本當時手頭有充足的美元外匯儲備，如果日本央行干預，日圓就升不了值。從「廣場協議」簽署開始，美國要求日圓升值，日圓兌美元的匯率從協定前的一美元兌兩百四十日圓上升到一九八六年五月時的一美元兌一百六十日圓。美國雷根政府認為日圓升值仍不到位，於是繼續推高日圓。

到了柯林頓政府時期，美國政府對以汽車摩擦爲核心的日美經濟關係採取比較嚴厲的態度。當時，柯林頓政府的財政部長貝茨明確表示，爲了糾正日美貿易的不均衡，需要有百分之二十左右的日圓升值。根據美國政府的誘導目標，到了一九九五年四月，日圓的匯率急升至一美元兌七十九日圓，創下了歷史最高紀錄。

這一輪長達十年的美元和日圓的不公平戰爭，結果是美國大獲全勝，成功地擊退了日本的經濟進攻。洛克菲勒廣場重新回到了美國人手中，通用汽車在這個廣場的一賣一買中淨賺四億美元。美國的日資企業在艱難度日中大規模虧本，退出美國市場，日本和美國的GDP之比重新拉開了距離，而且越來越大。美國消除了日本經濟的威脅，保住了美國經濟世界第一的地位之後，日圓又重新回到了一比一百四十的位置上，美元的堅挺依然和三十年前一樣，美元暫時性的貶值並沒有損害到它的國際地位。

如今，美國又把新一輪的貨幣戰爭的矛頭指向了中國。目前，中國已成爲僅次於美國的第二大經濟體；中國有大概兩萬億美元的外匯儲備，其中接近一半是購買的美國國債；「中國製造」已經成爲美國普通家庭的生活必備用品，中國製造業大量向美國輸入造成了美國製造工人的大量失業。中國的經濟發展正對美國造成潛在的巨大威脅。另一方面，在金融危機下，美國的經濟衰退明顯，美國財富受到了大幅度損失。作爲操縱著世界貨幣「美元」的國家，美國已經習慣於通過貨幣戰爭從別的國家掠奪財富來彌補本國的經濟損失。

中國雖然在這場由美國發起的全世界的美元對中國財富的瘋狂掠奪戰爭中損失巨大，但中國畢竟已經不是三十年前的中國，現在的國際形勢也不是三十年前的國際形勢，中國在國際上有了更多的發言權，更關鍵的是，世界離不開中國。已經覺醒和強大起來的中國人民，不會屈服於任何外來的任何形式的侵略。中國的沉著應戰將會給美國和西方國預期的目的打上大大的問號。也許美元和人民幣這一輪的征戰會是人民幣走向國際化、成爲國際貨幣的一個契機。

人民幣與美元的競爭

無論如何，在未來的國際貨幣體系中，人民幣的影響力將會大大上升，中國也會憑藉自身的經濟實力努力推進人民幣在這一體系中的地位提升。擴大人民幣的國際影響力，使之成爲中國在全球的資源和產品市場上實現經濟循環的有力工具，是中國既定的戰略目標。而另一方面，美元依然會在未來的國際貨幣體系中扮演非常重要的角色。所以，在未來的世界經濟格局中，將形成中美兩種不同經濟模式的競爭；在貨幣體系中，美元和人民幣也會形成激烈競爭的格局。

正如前面所言，由於美元立足於自由市場經濟，在可接受性上有著天然的優勢，而人民幣的可接受性則建立在雙邊的政治關係和貿易關係的基礎之上。目前，中國企業在南美市場和非洲市場上攻勢凌厲，西方國家的企業越來越難以與之競爭。中國企業之所以能夠在南美和非洲地區的第三世界國家市場上取得這樣的優勢，不僅是因爲中國產品在價格上的優勢，更大程度上還是有賴於雙邊的良好政治關係。非洲目前已經成爲中國重要的能源和原材料來源地，而非洲也日益成爲中國產品的重要市場。中國與非洲國家之間的傳統友誼和目前所營造的良好政治關係，爲中國企業開拓非洲市場奠定了良好的基礎。自由市場經濟在第三世界國家的退潮無疑將帶給中國更多的機會。

而在第三世界國家做生意的方式也與在西方國家做生意的方式有著很大的區別，前者需要以良好的政治關係爲前提，而後者則以透明和法制爲基礎。當然，中國產品在價格上的優勢依然會發揮重要的作用，而這一優勢在相對貧窮的發展中國家尤爲關鍵。可以想像，未來，中國與非洲、南美之間的經濟聯繫將日益緊密，人民幣在這些地區的影響力也會逐步得到增強，人民幣有望在這些地區獲得較高的可接受性。在中國周邊某些國家和地區出現的人民幣實際流通現象，很可能會擴散到南美和非洲地區。但美國在其主導的自由市場經濟圈乃至整個世界的影響力仍然不可撼動。至於人民幣在西方國家的前景，我們應該坦承，並不樂觀。

在全世界推行美國的價值觀和自由貿易是美國的國策，事實上，自由貿易本身就與美國的價值觀有著非常密切的聯繫。可以肯定的是，未來兩大經濟圈的形成，會被美國視爲對其價值觀和經濟利益的挑戰。雖然中國與以美國爲首的西方世界的經濟競爭主要將發生在第三世界國家（特別是南美和非洲地區的第三世界國家），但是美國仍然很可能把這種競爭看成是一種潛在的致命威脅。

總而言之，美國必定會竭力阻止和破壞國家干預主義經濟圈的形成，當然也必定會致力於遏制中國在這個經濟圈的經濟影響力的擴大，特別是阻止人民幣「顛覆」美元在這個經濟圈中的地位。這攸關美國的關鍵利益。爲達成這個戰略目標，美國會採取一切必要的手段，甚至可能不惜向中國發動隱秘甚至是公開的經濟戰。從目前的博弈態勢來看，美國對中國仍然擁有非常大的整體優勢，其中佔據優勢地位的美元更是其手中的王牌武器。

4 人民幣真能成為世界貨幣嗎

「人民幣將成爲國際貨幣，繼美元、歐元和日圓之後成爲『金融第四島』」。這對於中國人民來說是多麼「妙不可言」的事情。

美國《僑報》刊出署名文章說，中國人民幣國際化路線圖日漸清晰。人民幣國際化好處顯而易見：可以改變中國「貿易大國、貨幣小國」的尷尬；降低當前海量外儲的風險；提升中國在國際金融體系中的地位和發言權；可以換取人民幣持有者的資源，增加鑄幣稅收入。人民幣國際化已經從區域化到全球化分階段實施。以目前的影響力來看，人民幣最終成爲世界貨幣只是時間問題。

人民幣成爲國際貨幣之後，對中國經濟及中國人民日常生活的好處無與倫比，但關鍵是，人民幣想成爲國際貨幣的內在實力條件和外部許可環境以及作爲牽引推動的導火線機會是否都已成熟和具備。

中國的GDP總量僅次於美國，是世界第二大經濟體。中國國內市場潛力巨大，世界對中國的信心指數和實力認同感正旺盛。特別是在金融危機衝擊之下，歐洲受到東歐國家破產危機的拖累，經濟疲軟不振；美國金融體系崩潰，國家經濟下滑；日本經濟衰退明顯；唯有中國的經濟基本面仍很穩定，經濟仍在增速發展。世界各國正期盼著中國經濟的穩健能帶動世界經濟走向復蘇。在此背景下，人民幣似乎已經具備了成爲國際貨幣的談判的必要條件：自身經濟實力及在國際貿易、投資和金融體系中的影響力。

在二〇〇九年的中國兩會上，人民幣國際化成爲熱點，還被提上了日程。有代表直言不諱地提出中國應該把人民幣去國籍化改爲「華元」，讓香港、澳門和統一後的臺灣省共同使用。待全中國強大以後，將使中國的華元成爲與美元、歐元並駕齊驅的世界貨幣。

就目前階段看，把人民幣改華元的假想是在亞洲不可能出現「亞元」的情況下，未來亞洲可能將出現三種以上主要貨幣相互競爭的局面，特別是日圓、人民幣和印度盧比之間的競爭。而要使中國的貨幣隨著經濟實力的上升成爲居於統治地位的亞洲通用貨幣，就要放棄帶有政治色彩十分濃厚的「人民幣」稱號，改爲具有中華民族和經濟特徵的「華元」，並在適當的時候讓港、澳、臺地區也使用「華元」。這樣，在本世紀中期，華元在亞洲將居於支配地位，在世界上將和美元、歐元勢均力敵。

更有經濟學家們在討論建立一個大中華貨幣區的設想。從趨勢上看，亞洲已經逐漸成爲重要經濟體，比如說ＧＤＰ差不多占到全球的三分之一，如果在亞洲建立一個統一的貨幣金融制度，跟歐元、美元形成穩定的三足鼎立的貨幣關係，能在客觀上保證全球政治經濟的長期穩定，從中長期來看，應作爲新一輪貨幣金融體系構建的方向。

建立亞洲貨幣體系以什麼爲核心、以什麼樣的制度安排是問題的關鍵。想要形成東亞和東南亞的聯盟，一個重要的前提是日本必須跟美國脫鉤，這樣才能具備產生亞元的社會基礎。至少在十年到二十年的跨度中，這是一個很難實現的貨幣制度安排。剩下來就是兩個選擇，要麼以日圓爲主，要麼以人民幣爲主，來構建亞洲統一的貨幣制度。在日圓和人民幣兩者選擇當中，很明顯，人民幣要優於日圓，主要是中國相對獨立一些，和亞洲文化上更融通一些。亞洲的貨幣制度應以人民幣爲核心，形成亞洲人民幣，相對其他方案來說，這個方案更具備現實可行性。

中國人民銀行行長周小川不失時機地在兩會期間透露：「將全面推進人民幣貿易結算。」這位曾在二〇〇五年國際貨幣會議上挑戰格林斯潘的「人民幣先生」，看來是決心要邁出人民幣走向世界的步伐了。

根據周小川行長的這一啓動路線圖，很大一部分中國的經濟學家們提出了很現實也很必須的前提條件假設。

關於如何來推動人民幣的國際化，首先還是要回到全球金融體系怎麼構建上。現在，中國在國際貨幣規則的制定上介入的太少，幾乎完全是被牽著走。在金融規則方面的被動，也與我們金融國際化程度低有直接關係。現行的有些國際金融貨幣規則本身是限制發展中國家銀行的規則，由於我們的發言權太少，只能被迫接受。所以，從這幾個角度來說，人民幣的國際化其實是中國整個國家國際戰略的重要組成部分。

從實施層面看，人民幣能否在全球尤其是亞洲流通起來，關鍵還在於我們能不能創造一個使用人民幣的環境。就中國而言，確實要把激發內需的長期機制建立起來，也就是說，從現在開始，中國要有一個戰略上的轉移或轉折，要依靠國內消費真正帶動中國經濟的長期增長。廣大的低收入階層和廣大農民，他們的收入、消費機制，包括信用機制需要儘快建立起來。而與此同時，中國也要參與創造或參與分享國際一般購買力。

我們知道美元是國際儲備貨幣，是國際一般購買力，美國通過發行美元，不僅買你的服務，買你的產品，買你的旅遊，它還通過各種基金買你的公司，控制你的行業。中國過去沒有從國家戰略的層面來高度重視金融，不像美國和歐洲，金融危機爆發以來，美國政府一直在思考怎麼繼續維持美元霸權，讓全世界繼續用美元。因此，未來想要成爲國際貨幣，人民幣就必須參與控制國際的一般購買力，參與發行國際儲備貨幣，擺脫美元霸權。

人民幣國際化的道路是漫長的，不可能一蹴而就，要做好長期而戰的心理準備和循序漸進的穩健步驟。中國首先要在政治層面上針對現有的國際貨幣框架體系儘量地去周旋，儘量地多要一些利益。現有的框架，美國的態度非常明確，它就是要維持它的國際貨幣基金組織和世界銀行體系。既然眼下這個體制改不了，那就設法增加中國的投票權。在一定的特殊條件下，中國應該及時對美國提兩個條件：首先，美國境內的資產允許中國去購買，中國拿著各種血汗錢換來的美元，如果在美國實現不了購買力，那就是一堆廢紙；如果只能買美國國債，那也是廢紙，你永遠只能拿著美國國債，而無法換取其他任何資源和物資。其二就是拒絕美國人對人民幣升值的要求，要美國人給一個相對固定的承諾。

很顯然，美國和美元不會主觀答應人民幣成爲國際貨幣的訴求。美國想方設法保持其在國際貨幣基金組織的強勢地位，目的就是要捍衛美元的國際貨幣霸主地位，美國經濟的運轉仍建立在美元的國際貨幣地位之上。除了美國，歐盟和歐元也不會答應人民幣國際化。雖然歐元在國際金融中的地位不斷攀升，可從私利出發，歐元也不希望世界上再出現一個強勢貨幣與其分一杯羹。日本和日圓似乎對於人民幣的國際化沒有太多的理由提出反對意見，其實不然，日本和日圓同樣排斥人民幣國際化。原因是同在亞洲，目前中國的經濟發展速度或發展潛力對日本經濟都是一種威懾，中國經濟的崛起和人民幣的國際地位升級都將威脅日本在亞洲國家間的統領地位。當然，除此之外，還有同是發展中國家的印度和俄羅斯，他們在主觀上都反對人民幣成爲國際貨幣。

但是中國經濟發展到今天的地步，已經成爲世界貿易大國，貿易順差差額越來越大，中國已經超越日本成爲外匯儲備和美國國債擁有量最大的國家。美國擔心中國瘋狂拋售美國國債；歐洲擔心中國拒絕購買他們的技術和服務；日本更擔心中國「抵制日貨」；韓國希望中國儘快完善中日韓三邊貨幣互換協議，以此來拯救韓國經濟；國際貨幣基金組織正等候中國的援助借款；東盟十國也希望中國的經濟穩定帶給他們福音。世界都在看中國經濟，都離不開中國經濟的發展。可中國的「貿易大國」與「貨幣小國」的不協調矛盾阻礙了中國經濟的進一步發展，中國務必要尋找「大國需要強幣」的出路。此時，中國經濟的既得優勢就成爲了中國推動人民幣國際化的談判砝碼。

全球金融危機引爆的全球經濟衰退將是中國人民幣國際化的機遇和轉捩點。然而，人民幣成爲國際貨幣不能靠一系列假設條件，它將是一個複雜的貨幣革命里程。中國也認清了現實，沒有想當然地宣稱吶喊。中國已經在推動人民幣參與國際貨幣的行動，只是步伐穩妥。周小川在中國人民銀行網站上發表文章建議改革國際貨幣基金組織，「創建一個超主權國際儲備貨幣」，中國央行行長向世界重申了中國推動人民幣國際化的態度和立場。

5 中國該不該發行千元大鈔

假如中國現在有了一千元面額的人民幣，會是什麼狀況？是否會在減少成本、帶來便利的同時，出現假鈔、貨幣貶值、通貨膨脹等問題呢？

建議中國發行千元大鈔的理由是：電子支付體系尚不完善，現金仍然是流通的主要方式，發行大額鈔票，目前所遇到的攜帶、儲存、交易、流通等問題就能迎刃而解。

在二〇〇四年的「兩會」上，政協委員宗立成提出了儘快發行五百元和一千元面額大鈔的建議，當時央行官員給予的答復是，發行大鈔時機尚不成熟。二〇〇九年「兩會」期間，政協委員廣東省律師協會副會長朱征夫也提出了「建議中國發行千元大鈔」的提案。在二〇一二年的「兩會」上，宗立成委員又提出，發行五百元或一千元人民幣的時機已經成熟，大面額人民幣擁有諸多優勢和好處：第一，便於攜帶；第二，減少流通環節的時間，提高效率；第三，節省紙張……而且，目前的人民幣最大面額相對偏小，與中國經濟總量的高速增長相比，已經不能滿足日常交易的需求。

就政協委員提出的千元大鈔的「三大好處」而言，不乏認同者，因爲不久的將來，

「社會的發展必然會實現千元大鈔」；而反對者們則更著眼於現實，認為「這不能刺激消費，百姓不需要千元大鈔」。

對於中國發行千元大鈔所能帶來的益處，大家眾說紛紜，暫且不說千元大鈔是否可以刺激消費，拉動內需，畢竟錢在你的口袋裏，花不花還得看個人。有人說，百元大鈔已經「經不起花了」，普通的工薪階層稍大點的消費就上千，大宗消費也越來越多，千元大鈔對於攜帶和交易無疑都是方便的，這樣一來，自然也有環保的好處。然而，也有人說，大宗的消費可以刷信用卡，那樣更環保一些，但並非所有的交易場所都能一刷了之，當今習慣了現金消費的人們，適應刷卡消費還沒到如此普遍的程度。從這一點來說，委員的提案並不是沒有道理的。

當前中國百元鈔票真的不夠用了嗎？中國真的有必要發行千元大鈔嗎？

凡事有利也有弊，中國發行千元大鈔除了有宗、朱兩位委員所說的諸多好處之外，也會有一些不利之處。從一個普通老百姓的角度來權衡，中國到底該不該發行千元大鈔？錢包裏錢多可以刺激消費的說法，有什麼依據呢？我們知道，新發行的貨幣是直接作為財政收入的，與人民消費關係不大。錢袋裏有錢可以刺激消費，乍一看的確很有道理，但這必須有一個前提，那就是匯率穩定，幣值穩定。

有人指責說千元大鈔是為行賄、受賄大開方便之門，還有人擔心此舉會引發新的通

貨膨脹，這些擔心都不無道理。一位銀行職員的觀點是，刷卡是有痕跡的，轉賬一查一個準，現金腐敗卻沒有痕跡，銀行記錄根本查不到。

有人說，問題的關鍵在於老百姓真的需要千元大鈔嗎？老百姓最擔心遭遇假鈔和貨幣貶值。如果遇到五百元、一千元的假鈔，人們被騙後就虧大了。

一般來說，只有當一個國家的單位貨幣價值降低，才需要發行大面額貨幣，比如日本、韓國。而日常百姓家庭生活支出完全可以用銀行卡，現在發行大面額貨幣，除了少數富人，一般家庭都用不上。

除了僞造，大額紙幣的另一個問題是找零困難。試想，爲了達到與以往同樣的找零滿足率，比如至少能應付連續三筆最大鈔支付，商家需要在錢櫃裏至少保留二十多張百元鈔，而以前則只需要保留百元以下的零鈔，這樣一來，便大幅增加了社會的現鈔持有量；同時，大額紙幣的出現相當於擴大了每個錢包的容量，降低了攜帶單位紙幣的成本，這同樣會增加社會總現鈔量。相信很多人都有過類似的經歷，上街購物的時候，有時候碰巧口袋裏沒有零錢，只好掏出一百元的鈔票去付款。每當這時候，總會聽到一些小攤販抱怨：「怎麼拿這麼大的錢？」如果有一天真的拿一張千元大鈔上街，能不能把它花出去還真是個問題。

與此同時，大額現鈔在西方發達國家由盛極一時也走向了衰落。美國人在付賬時不喜歡大鈔，荷蘭和比利時的許多小商店和加油站都貼有告示：「本店拒收五百歐元。」拒收理由無非就是怕收僞鈔、找零難。

目前的經濟環境下適合發行大面額鈔票嗎？有人認爲，發行大面額鈔票會讓老百姓產生人民幣貶值和通脹的心理預期，對控制通貨膨脹以及人民幣在國內的購買力都會產生諸多不利影響。一國貨幣的面值要根據貨幣內在的價值在市場流通，像美元、英鎊這些「硬通貨」面額都不大，最大面額分別是一百、五十，這些國家的經驗是大量使用銀行卡等來解決類似的問題。手握一張五百元鈔票和手握五張一百元鈔票所帶來的心理感受是不一樣的，對五百元鈔票的反感，很大程度來自於百元大鈔購買力的下降，在「錢不值錢」成爲人們一致認知的情況下，發行大額鈔票只會增加恐慌感。人們擔心如果發行大面額鈔票，那人民幣就有可能變得像韓元、日圓一樣不值錢。

對於是否發行大面額鈔票的問題，央行給出了回應。央行行長周小川表示，千元大鈔暫無發行計畫。副行長胡曉煉也說，是否發行大面額鈔票需要統籌考慮利弊，目前沒有計劃發行五百元或者一千元大額鈔票。這一選擇是明智的，目前的情況下，確實沒有什麼靠得住的理由來發行更大面額的紙幣。

根據國際通行的貨幣發行公式：當前在市場上流通的紙幣總量中，當最大幣值的紙幣交易量超過百分之七十時，才表示目前發行的紙幣幣值太小，應發行更大幣值的紙幣；但目前中國最大幣值的鈔票即一百元，在市場流通的紙幣總量中，僅在百分之二十至百分之三十之間。即使是今天，一百元在市場流通的紙幣總量中的比率仍然遠低於百分之七十。

各國的經驗顯示，我們不需要五百或一千這麼大面額的紙鈔。相反，在目前的支付技術條件下，約相當於人均GDP千分之二的最大面額已足夠使用，而超出人均GDP千分之十的面額則是大而無當的。在各大主要貨幣中，只有歐元有五百元大鈔，美元只有百元鈔，日圓最大面額一萬，幣值近似於百元美鈔。

一個更有啓發意義的例子是港元。按上述GDP標準，港幣的最大面額五百元就夠了。實際上，港元早就有了千元大鈔，但有大量證據顯示，千元港鈔的發行是個很大的敗筆。和所有大面額紙幣一樣，千元港鈔從誕生之初起，面臨的最大問題就是僞造。

千元大鈔會給洗錢、逃稅及假鈔等不法行爲帶來便利空間，顯然，如何對其進行合理預防是主管部門需要愼重考慮的問題。香港就曾因千元假鈔事件而引發市民的恐慌情緒，一度導致多家商場拒收千元大鈔。從內地的假鈔查繳實踐看，二〇一〇年全國金融機構從流通中收繳人民幣假鈔四三〇點九萬張，面額合計幣三點三八億元，其中也以面額一百元的假鈔居多。

發行大面額紙幣也與通貨膨脹有聯繫，這裏有一個典型的案例：第一次世界大戰之後，在戰爭賠款的重壓下，德國出現了史無前例的惡性通貨膨脹，結果於一九二四年發行了人類有史以來最大面值的一百萬億馬克紙幣。在當前物價高、企業行業經濟普遍不太景氣之際，發行大面額人民幣可能會引發通脹預期，助推通貨膨脹。

發達國家的經驗已表明，電子交易將是未來的主流支付模式，這一趨勢是大額貨幣發行所不能阻擋的。故而有關部門在致力於防範大額貨幣對金融市場負面衝擊的同時，也絕不能放鬆對電子結算業務的關注，而是應當在此前規範第三方結算業務的基礎上繼續加強監管，以此降低「無紙化」交易風險，促進其快速發展。可以說，現在中國發行大面額人民幣的時機仍未成熟。凡事都具有兩面性，有利也有弊，關鍵是要先權衡利弊，分清哪頭重哪頭輕，再來說當前中國是否真正需要千元大鈔。

6 誰在制定國家貨幣政策

貨幣是一個國家掌握經濟命脈的一種工具，但是制定這種工具也有一定的講究，即需要考慮如何抑制通貨膨脹，如何實現完全就業或經濟增長，於是，關於貨幣的政策（規則）應運而生。貨幣政策是指政府或中央銀行爲影響經濟活動所採取的措施，尤指控制貨幣供給以及調控利率的各項措施。

在實際操作中，面對各種不確定性，政策的制定往往就是將想法與資料組合起來；同時，把政策實施後可能出現的政策後果進行羅列，試圖測算出一旦做出錯誤的決定會有多大的代價，最後在各個政策中儘量選擇出能夠提供最大利益、承受最小風險的政策。簡單講，就是如何使得貨幣在運行中收入大於支出。

不管我們是否真正全面掌握了所有的貨幣政策，事實上，這些政策也僅僅是依賴於對未來的一種預測，這一不確定性在貨幣增長規則上表現得尤爲尖銳。其實，通貨膨脹在本質上就是一種貨幣現象，它是指流通中的貨幣的價值與流通中的貨物與服務的價值相比出現下跌的現象。隨著技術革命對一國金融體系的不斷衝擊，區分某種特定的貨幣、準貨幣或未來價值貯藏的差別變得越來越困難。儘管有一個結論是千真萬確的，即通貨膨脹產生的根源是流通中的貨幣供應量超過了社會全部購買產品所需的貨幣量。我們在對付不確定性時，只能確保按照合理定義的貨幣增長沒有超出可預見的謹慎範圍之外，但問題是，我們根本無法精確地定義這些範圍。而且，即使在這些範圍之內，我們在制定貨幣政策時仍會給自己留有一些空間。

在歷史上，謹小慎微的貨幣政策當然並不是完美無缺的，在生產力不斷加速提高並占主導力量的今天，我們目前執行的不斷微調的貨幣政策已經使人感覺到了恐慌。實際上，所有的預測人員，包括政策制定者在內，在實際操作中都毫無例外地在按照我們的經濟學家研究出的各種假設前提或模型行事。因此，當政策在面對市場的不確定性時，即便再謹慎小心，也無法完全避免風險，政策難免有所失誤。也就是說，貨幣政策有的時候會失靈。

二十世紀九〇年代初、中期起，各種跡象表明，資本回報預期正在不斷上升。這一點既反映在投資於高技術設備回報率的顯著上漲，又反映在公司管理對長期收益增長估計不斷上升。可是，我們沒有把握我們觀察到的這一切，究竟是短期內生產力提高的突然爆發，還是生產力長期持續的增長。當生產力持續增長、經濟擴張期明顯變長時，處於一個生產力持續上升過程的觀點可信度會更大一點。重要的是，只有當我們在其他經濟活動中看到證據，同時資本市場的資料與加速發展生產力相一致，我們才能進一步增強我們的自信心。

當面對一段時期內的結構性變化時，我們的政策行動在很大程度上必須建立在能夠從驚異與異常的資料中辨別出正在形成的走勢基礎之上，然後仔細地刻畫出這些走勢的內在含義。面對矛盾的資訊，死守某一個經濟模型是極其荒唐和愚蠢的。因此，面對生產力的提高，積極調整自己適應社會是政策制定需要極力考量的。

在過去的十年裏，中國經濟年均增長百分之十，這個世界上人口最多的國家因其經濟政策發生了巨大改變。但如今，中國正面臨自上世紀九〇年代以來最大的通脹威脅。如果中國政府給經濟降溫的剎車踩得過猛，可能會扼殺經濟增長，也會給全球經濟帶來潛在衝擊；但如果中國任由通脹加劇，可能又不利於國內消費者，還會給出口商和銀行帶來壓力。因此，中國的貨幣政策就是和中國通貨膨脹作鬥爭的過程。

美國的貨幣政策由伯南克決定，那誰是中國的「伯南克」呢？中國央行前顧問、經濟學家余永定的答案是：沒有哪一個人可以單獨決定。貨幣政策的重要決定是集體做出的。因此在經濟發展的現階段，這些貨幣政策的出爐必須要有一整套制度加以規範和完善，因為它有助於在不同部委當中樹立行動共識。

在中國貨幣政策的出爐過程中，有三種機制扮演著重要角色。

第一個層次是貨幣政策委員會。根據《中國人民銀行法》和國務院頒佈的《中國人民銀行貨幣政策委員會條例》，經國務院批准，中國人民銀行貨幣政策委員會於一九九七年七月成立。二〇〇三年十二月廿七日新修訂的《中國人民銀行法》第十二條明確指出，中國人民銀行貨幣政策委員會應當在國家宏觀調控、貨幣政策制定和調整中發揮重要作用。根據《中國人民銀行貨幣政策委員會條例》，貨幣政策委員會的職責是在綜合分析宏觀經濟形勢的基礎上，依據國家宏觀調控目標，討論貨幣政策的制定和調整、一定時期內的貨幣政策控制目標、貨幣政策工具的運用、有關貨幣政策的重要措施、貨幣政策與其他宏觀經濟政策的協調等涉及貨幣政策的重大事項，並提出建議。

第二個層次是國務院會議。根據當前制度，在制定關鍵的貨幣政策時，利率或銀行存款準備金率必須要由國務院常務會議批准。從目前來看，國務院常務會議由十人組成，以國務院總理主持召開會議對貨幣政策加以制定。

第三個層次最高，是中共中央政治局會議。更加重要的貨幣問題和匯率政策，由中共中央政治局會議決定。

一般而言，貨幣政策委員會基本更加傾向於從貨幣本身考慮政策的出爐和建議，但是中國人民銀行和其他部委一樣，都有自己的考慮。在制定利率決策時，央行有時候會跟地方政府、國家發展和改革委員會的意見不一致。發改委希望把利率維持在低水準，以便能夠爲其新項目融資；央行的匯率決策常常遭到商務部的反對，後者希望低估人民幣幣值，這樣，出口商在對外貿易中才會佔有優勢。因此，制定貨幣政策並不輕鬆，貨幣政策的制定過程包含著國家戰略和發展大計，同時還存在著利益的協調。如果利益存在衝突，則需要停下來，等到大家意見統一了再制定。

大規模的刺激計畫很有可能會密集產生一批不良貸款，並在很大程度上會導致通脹。刺激性的消費和借貸的確令中國經濟實現了飛速發展，二〇〇九年全球大部分經濟體陷入衰退之時，中國經濟增速卻高達約百分之九。但這也產生了具有潛在威脅的信貸激增現象，房價被刺激得居高不下也讓貨幣政策制定者十分頭疼。

由此可見，貨幣政策的制定絕非易事，每一個小小的加息政策都會對國民生計產生重要的影響。因此，貨幣政策的出爐必須是理性和冷靜的。

 設想中的「新雙雄格局」

近幾年來，中國的總體經濟規模在世界上的排位持續上升。目前，中國的GDP已超過日本，成爲全球第二大經濟體。可以相信，中美兩國之間的經濟規模差距也將日益拉近。

中國經濟地位的這種改變，給整個世界經濟格局帶來了深遠而重大的影響。中國憑藉自身日益增強的經濟實力，正積極謀求在國際經濟和貿易事務上的更大發言權，在此過程中，很可能與西方特別是美國發生強烈的碰撞；與此同時，世界經濟的總體格局也在悄然發生著重大的變化：一方面是世界各國的經濟力量對比正在發生重大的改變，另一方面則是全球化進程悄然走向停滯，各國的經濟發展模式走向裂變，全球性的經濟衰退大大加速了這一進程。

本次全球性金融危機爆發以後，在世界範圍內引發了對自由市場經濟的反思。雖然在總體上，西方主要國家依然會堅守自由市場經濟的基本原則，但在其他國家，特別是第三世界國家，恐怕會不可避免地出現一輪自由市場經濟的退潮，國家對經濟活動的干預和管制會日益加深，甚至有可能再次出現國有化的浪潮。

自從冷戰結束之後，自由市場經濟幾乎在全球範圍內被奉爲圭臬，第三世界國家也經歷了一波經濟自由化的浪潮。但經歷了將近二十年的發展，自由市場經濟帶來的結果並非總是那麼如意。當然有明顯的受益者，比如印度。印度大選國大黨大勝，說明即便是在全球性的金融危機爆發、輿論紛紛指責「自由放任」乃是禍端之際，印度對自由市場經濟仍然堅信不疑。因爲過去將近二十年的經濟改革，已經讓印度大大嘗到了甜頭。但是對於其他很多國家而言，現實卻並不樂觀，自由市場經濟給這些國家帶來了一連串嚴重的社會經濟問題，諸如國內市場被外國商品佔領，傳統產業受到嚴重衝擊，資源濫採及工業廢物排放導致環境污染和破壞，貧富分化嚴重，犯罪率上升，等等。

全球經濟自由化的二十年，同時也是世界各國的經濟差距急劇擴大的二十年。特別是在國際金融危機全面爆發的背景下，欠發達國家弱小的經濟競爭力更是備受衝擊，他們急需國家力量的介入來保護本國經濟。即使是主要的西方國家，也在憂慮這麼一種情況：由於中國對經濟活動的國家干預很深，中國企業在危機狀況下有可能獲得更多的來

自國家的隱性補貼和政策支持，使得類似的西方企業難以與其競爭，因爲西方的企業往往很難從政府那裏獲得這樣的幫助。

對於其他第三世界國家而言，由於其企業的競爭力本來就普遍不強，這種狀況只會更糟，所以他們有了對經濟進行國家干預的充分理由。此外，奉行國家干預主義的中國在經濟上的成功，又爲他們提供了一個可以效仿學習的典範。隨著國家對經濟活動干預的深入和制度化，自由市場經濟的退潮將成爲必然。而從更陰暗的角度來看，由於貪污腐敗和權力尋租在第三世界國家的盛行（權力尋租是指握有公權者以權力為籌碼謀求獲取自身經濟利益的一種非生產性活動），經濟衰退帶來的蕭條也使得官員們急需擴大對國內經濟資源的控制，以繼續撈取巨額利益。第三世界國家的政府和各級官員因此都有著對經濟主體進行國有化，以及加強對經濟活動干預的強烈動機。所有這一切或明或暗的因素，共同推動了自由市場經濟在第三世界國家的退潮。

新雙雄格局

由於自由市場經濟將不可避免地在第三世界國家退潮，世界各國的經濟發展模式也必將發生裂變。有西方學者預言，世界上將出現兩個截然不同的經濟圈：國家干預主義經濟圈和自由市場主義經濟圈。

如果確實如西方學者所預言的那樣，出現這樣兩個經濟圈，可以肯定的是，在這兩個經濟圈裏做生意的方式是大大不同的。

在國家干預主義經濟圈裏，由於外匯市場被嚴格管制、貿易主體為國家所控制等原因，貿易方式將更為直接和簡單，將以本質上的雙向「以物換物」貿易為主。在這個經濟圈裏的貿易，可能不會有所謂的「主導貨幣」，但人民幣無疑會成為這個經濟圈裏的重要貨幣，這種貿易也會被注入非常濃厚的國際政治因素。

而在自由市場經濟這個經濟圈裏，貿易形式將豐富複雜得多。這裏的貿易不僅要求維持非常發達的外匯市場，也必然會要求維持一個主導貨幣，一般而言，這個主導貨幣就是美元。當然，美元不僅會在這個經濟圈裏成為主導貨幣，在國家干預主義經濟圈裏也會有重要影響，這不僅是因為西方在總體經濟實力上仍然具有巨大的優勢，更因為美元的機制使美元更具有可接受性。如果按此方向發展下去，美元與人民幣的關係就會變得特別微妙。

如果兩大經濟圈形成，中國還有沒有可能維持對美國的巨額貿易順差，以及持續從美國獲得大量美元呢？答案顯然是不可能。美國乃至整個西方世界必然會對國家干預主義經濟圈實施新的貿易壁壘政策，以抵消這個經濟圈內的企業由於從國家那裏獲得支持和補貼而具有的競爭力優勢。在此情況下，人民幣有沒有可能維持對美元的穩定匯率

呢？答案是有可能，但這只有在嚴格的外匯管制的基礎上才能達到，而這也意味著中國外匯管理制度改革有可能陷入停滯甚至倒退。

如果中國堅持讓人民幣走向國際化，實現可自由兌換，同時又要維持對美元匯率的穩定，兩者必然會構成矛盾。中國很可能會放棄維持人民幣對美元匯率的穩定，如果這樣的話，可以想像，人民幣兌美元將會有多麼劇烈的震盪。這種匯率不穩定的狀況如果得以持續，就可能給中國乃至世界的金融市場穩定帶來重大威脅，同時也將嚴重抑制中國與以美國爲首的經濟圈之間的貿易活動，這將使得中國更加倚重在國家干預主義經濟圈內的貿易。

兩大經濟圈各有自己的經濟循環模式。自由市場經濟的經濟循環模式已經爲我們所熟知，而國家干預主義經濟圈的經濟循環模式則有著自身的獨特特點。

首先，政治與經濟貿易活動緊密結合是國家干預主義經濟圈的第一大特徵。在自由市場經濟裏，利潤是經濟貿易活動背後最主要的推動力；而在國家干預主義經濟圈裏，利潤只是經濟貿易活動總體目標的一部分，在某些情況下甚至是比較次要的一部分。所有的經濟活動和貿易活動都會注入濃厚的政治色彩，由政府主導和推動。與當地政府之間的良好關係目前已經是在第三世界國家做生意的一個關鍵要素，未來這一點會更爲突出。所以，政府之間關係、企業與政府之間的關係將是國家干預主義經濟圈裏經濟貿易活動的出發點和前提。

其次，國家干預主義經濟圈無疑有著巨大的潛力。比如中國擁有龐大的廉價產品的生產能力，而這個經濟圈裏的其他國家擁有非常豐富的自然資源，足以爲中國的生產機器提供原料，第三世界國家眾多的人口又將爲中國的廉價商品提供巨大的市場。這種經濟循環模式已經在中國與非洲之間的經濟合作中得到了初步的體現。中國爲諸多非洲國家提供了大量的援助，同時也在國際政治事務上爲他們提供支援。

作爲聯合國安理會常任理事國之一，中國能在這些非洲國家面臨西方的政治干涉時，爲他們提供關鍵的保護。這些國家則相應地向中國的產品和服務開放市場，以及允許中國企業在其國內勘探和開採能源礦產等重要資源。目前，這種經濟模式的巨大威力尚未完全發揮出來，其前途不可限量，這種經濟模式必將給整個國家干預主義經濟圈的經濟面貌帶來重大的改變。

總的來說，未來世界的經濟格局將出現一種新的「雙雄格局」，這種雙雄格局與冷戰時期的雙雄格局相比，有相似的地方，但也有著非常明顯的區別。在這種新雙雄格局裏，中美兩國的競爭無疑將是焦點。

新貨幣戰爭

作者：鄭德明
發 行 人：陳曉林
出 版 所：風雲時代出版股份有限公司
地址：105台北市民生東路五段178號7樓之3
風雲書網：http://www.eastbooks.com.tw
官方部落格：http://eastbooks.pixnet.net/blog
信箱：h7560949@ms15.hinet.net
郵撥帳號：12043291
服務專線：(02)27560949
傳眞專線：(02)27653799
執行主編：朱墨菲
美術編輯：風雲時代編輯小組

法律顧問：永然法律事務所李永然律師
北辰著作權事務所　蕭雄淋律師
版權授權：馬峰
初版日期：2016年03月

ISBN：978-986-352-300-0

總 經 銷：成信文化事業股份有限公司
地址：新北市新店區中正路四維巷二弄2號4樓
電話：(02)2219-2080

行政院新聞局局版台業字第3595號
營利事業統一編號22759935

定 價：280元

國 家 圖 書 館 出 版 品 預 行 編 目 資 料

新貨幣戰爭 / 鄭德明 著. — 初版. — 臺北市
: 風雲時代, 2016.01
面 ; 公分
ISBN 978-986-352-300-0(平裝)
1.國際經濟 2.國際金融 3.貨幣市場

552.1　　104029032